Institution Design on the Equalization of Compulsory Education Public Service

国家教育宏观政策研究院智库建设成果书系

主编 郅庭瑾 朱益明

义务教育公共服务均等化制度设计

柳欣源 著

华东师范大学出版社

图书在版编目(CIP)数据

义务教育公共服务均等化制度设计/柳欣源著. —上海：华东师范大学出版社，2019
(国家教育宏观政策研究院智库建设成果书系)
ISBN 978-7-5675-8722-9

Ⅰ.①义…　Ⅱ.①柳…　Ⅲ.①义务教育—教育制度—研究—中国　Ⅳ.①G522.3

中国版本图书馆 CIP 数据核字(2019)第 038329 号

本书由上海文化发展基金会图书出版专项基金资助出版

国家教育宏观政策研究院智库建设成果书系

义务教育公共服务均等化制度设计

著　　者　柳欣源
策划编辑　彭呈军
项目编辑　白锋宇
特约编辑　桂肖珍
责任校对　邱红穗
装帧设计　高　山

出版发行　华东师范大学出版社
社　　址　上海市中山北路 3663 号　邮编 200062
网　　址　www.ecnupress.com.cn
电　　话　021-60821666　行政传真 021-62572105
客服电话　021-62865537　门市(邮购) 电话 021-62869887
地　　址　上海市中山北路 3663 号华东师范大学校内先锋路口
网　　店　http://hdsdcbs.tmall.com

印 刷 者　临安曙光印务有限公司
开　　本　787×1092　16 开
印　　张　15.75
字　　数　279 千字
版　　次　2019 年 4 月第 1 版
印　　次　2019 年 4 月第 1 次
书　　号　ISBN 978-7-5675-8722-9/G·11780
定　　价　48.00 元

出 版 人　王　焰

本书是国家社科基金重点项目(管理学)“城镇化背景下我国义务教育综合治理研究”(14AGL017)成果之一

总　序

教育兴则人才兴，教育强则国家强。党中央、国务院高度重视教育事业，始终将其牢牢摆放在优先发展的战略位置，为开辟中国特色社会主义教育发展道路，加快实现我国从教育大国向教育强国迈进奠定了更加坚实的基础。在习近平新时代中国特色社会主义思想指引下，"加强中国特色新型智库建设"首次写入了党的十九大报告中。中国特色新型智库建设的核心是通过依法、科学、民主的决策咨询制度来建立并完善国家治理体系和治理能力现代化，进而确立中国的文化软实力和话语体系。这一体系有赖于建设一支高素质、专业化、研究型的人才队伍作为智力支撑，注重新型智库的内涵式发展，避免出现"库多智少"、"有库无智"的不良倾向。当前中国社会所面临的发展形势更加错综复杂，各类思潮纷繁芜杂，特别是要处理好"人民日益增长的美好生活需要和不平衡不充分的发展之间的矛盾"，亟需一流大学智库提供专业支撑、决策建议、精确信息、实证观点和深刻思想。

华东师范大学国家教育宏观政策研究院（又名教育经济宏观政策研究院，以下简称宏观院），由教育部和上海市人民政府共建，由华东师范大学和上海市教育科学研究院共同创办，致力于打造一个全面服务国家宏观政策需求的思想高地，成为一流的国家教育智库和有世界影响力的中国教育智库代表。宏观院于 2018 年起陆续推出系列专著、系列政策咨询报告、教育发展年度报告、专题数据库、数字化可视化研究成果等。本套丛书是国家教育宏观政策研究院集中推出的第一批系列专著成果，也是本院基于 2014 年建院以来在教育政策领域的积极探索和经验积累，主要打造的学术产品和研究成果。

丛书基于中国特色新型智库的内涵建设，站在新的历史方位，立足于新时期新阶段中国教育改革发展的实践探索，集纳、收录了一批高质量、前瞻性的教育政策研究成果，致力于打造并传播国家教育智库的拳头产品。丛书选取了当前我国教育改革实践的重大问题，聚焦教育政策的理论研究、制度设计和实践案例，落脚于教育政策的研制、执行、评估、预测等关键环节，通过科学的实证依据，集中展示近年来我国教育政策研究领域的新进展、新趋向，完整呈现中国教育改革与发展中涌现的新理念、新思潮、新方法。

丛书覆盖面广，内容丰富，紧紧扣住当前教育政策领域重大的热点和焦点问题，着眼于展现国内教育政策最新的研究成果，立足于新时期新阶段我国教育改革实践，集教育政策的理论与实践于一体，对于加快推进我国教育实证研究与实践探索具有广泛的学术价值和指导意义。丛书共有10本专著，分为理论、制度、主题三大模块。其中，理论模块探讨教育政策基本理论问题，主要涉及"基于系统支持的教育决策研究"、"教育政策执行保障体系研究"、"教育治理体系构建"等内容；制度模块则分别从不同的角度切入，关注教育政策的相关体制机制与政策制度的创新之路，主要有"义务教育公共服务均等制度设计"、"教育精准扶贫与代际流动"、"城镇化与农村中心学校出路"、"高校办学质量监测"等内容；主题模块主要包括基于区域教育、教师政策和大学学科等不同主体对象的多元视角研究。丛书遵循"直面问题、贴近实践、服务政策、深度透析"的基本原则，把当前我国教育改革与发展中的关键问题作为重点研究方向，以政策分析的视角集中审视中国教育改革与发展中所面临的新现象与新问题。丛书各专著针对义务教育、高中教育、职业教育、高等教育中的典型问题，基于问题的分析逻辑展开理论铺陈、学理阐释与循证论证，在寻求问题解决的过程中实现理论建构的新突破，进而为相应的政策设计提供实证依据和决策参考，同时为广大读者了解和把握我国教育政策最新研究进展提供崭新的视角。

全套丛书紧紧围绕建设中国特色新型智库的时代需要，统筹智库优质资源，激发智库创新活力，是一次学术研究和政策研究深度融合的有益探索。欢迎广大读者批评指正。

郅庭瑾
华东师范大学国家教育宏观政策研究院副院长
2017年11月16日

目　录

图表目录

第一章　导论

“促进教育公平，需要循序渐进和制度创新，既要把促进公民受教育机会公平摆在突出位置，又要善用政策手段促进公共教育资源配置公平，还要更加重视促进教育制度规则公平，这些都将是深化教育领域综合改革的着力点。”①

——袁贵仁

第一节　问题提出：制度设计的必要性

一、义务教育公共服务均等化制度设计的提出背景

21世纪以来，我国义务教育的发展实现了从基本普及（2001年）到全面普及（2011年）的重大跨越。这一普惠大众、举世瞩目的重大民生工程，是我国政府积极适应经济与社会发展需要，有力回应人民群众的教育需求，切实履行公共服务职责，持续重点投入、大力发展，历经25年完成的伟大成就。与此同时，在以人为本、全面实施素质教育这一战略主题的引领下，国家不断深化教育改革，把促进教育公平作为教育的基本政策，着力建成惠及全民的教育体系。

在这样一个宏观背景下，如何看待义务教育公共服务相关制度的变迁过程，如何逐步构建一个科学、合理的制度以保障全体公民享有起点公平和机会公平的受教育权，提高义务教育公共服务在城乡、区域、学校及不同阶层和群体之间的均等化水平，从而加快基本公共服务均等化的实现，这是我国巩固并提高义务教育水平的一个重要政策方向。

① 袁贵仁. 深化教育领域综合改革[N]. 中国教育报，2013-11-20.

（一）促进义务教育公共服务均等化是国家重大教育战略

义务教育是基本公共服务的基本内容之一，因此，义务教育公共服务均等化也是促进基本公共服务均等化的重点任务之一。随着国家经济增速的持续保持和经济实力的显著增强，推进和实现基本公共服务均等化，成为我国建设服务型政府、构建社会主义和谐社会、全面建成小康社会和实现中华民族伟大复兴中国梦的迫切要求。2005年，“公共服务均等化”这一词语首次出现在《中共中央关于制定国民经济和社会发展第十一个五年规划的建议》（下文简称《“十一五”规划建议》）中。此后，在党的诸多重要会议和国家诸多“发展规划”中，这一原则得到了进一步坚持和阐述。2006年10月，党的十六届六中全会提出“明确各级政府提供教育公共服务的职责”，并“逐步实现基本公共服务均等化”。2007年，十七大报告强调必须注重实现基本公共服务均等化以缩小区域差异。2008年，党的十七届三中全会指出，2020年农村改革发展基本目标之一就是“城乡基本公共服务均等化明显推进”。2010年，《国家中长期教育改革和发展规划纲要（2010—2020年）》（下文简称《教育规划纲要》）公布，将覆盖城乡的基本公共教育服务体系建设、逐步实现基本公共教育服务均等化作为国家教育改革的战略目标之一。2012年，《国家基本公共服务体系“十二五”规划》（以下简称《服务“十二五”规划》）系统阐明了公共教育的制度安排，为政府的公共服务职责提供了重要依据并指明了方向；明确提出2020年我国基本公共服务的目标是：建立比较健全的基本公共服务体系，明显缩小基本公共服务的城乡和区域差距，争取基本实现基本公共服务均等化。2012年11月，党的十八大报告再次将2020年“基本公共服务均等化总体实现”作为全面建成小康社会和全面深化改革开放的目标之一。在2016年3月发布的国家“十三五”规划纲要中，促进基本公共服务均等化的精神贯穿民生的各个领域，不仅提出“逐步实现城乡基本公共服务制度并轨、标准统一”，还专节提出要“加快基本公共教育均衡发展”，更有专章提出“增加公共服务供给”，要求围绕标准化、均等化和法制化，加快完善基本公共服务体系和健全国家基本公共服务制度。

均等化的义务教育公共服务是我国基本公共教育服务体系建设的核心。尽管我国在经济和社会建设领域首次提出城乡、区域间基本公共服务均等化是在2005年10月，但在教育政策领域尤其是义务教育政策上，体现公共服务均等化原则的政策却先行一步。这一政策即是国家推行的义务教育均衡发展政策。2005年5月，《教育部关于进一步推进义务教育均衡发展的若干意见》（以下简称《2005均衡发展意见》）中明确提出，“把义务教育工作重心进一步落实到办好每一所学校和关注每一个孩子健康成长上来，有效遏制城乡之间、地区之间和学校之间教育差距扩大的势头，积极改善农村学校和城镇薄弱学校的办学条件，逐步实现义务教育的均衡发展”。2006年，新修订的《中华人民共和国义务教育法》（下文简称《义务教育法》）明确提出，“国务院和县级以上地方人民政府应合理配置教育资源，促进义务教育均衡发展”，首次以国家立法的形式保障“均衡发展”这一基本理念和重要政策在义务教育领域的贯彻落实。随后在2007年党的十七大上，“促进义务教育均衡发展”又被首次写入党中央文件。2009年，教育部召开全国推进义务教育均衡发展的经验交流会，对推进义务教育均衡发展的意义、目标、关键环节、实施责任与要求等进行了全面部署。2010年，《教育部关于贯彻落实科学发展观 进一步推进义务教育均衡发展的意见》（以下简称《2010均衡发展意见》）对义务教育均衡发展提出了明确的目标，需“在2012年实现义务教育在区域内达到初步均衡，到2020年实现义务教育在区域内达到基本均衡”。同年发布的《教育规划纲要》中，更是将均衡发展列为义务教育的战略性任务，明确要求缩小区域、城乡和校际间的义务教育差距。2012年，《国务院关于深入推进义务教育均衡发展的意见》（以下简称《2012均衡发展意见》）中进一步明确了国家推进义务教育均衡发展的时间表和路线图。2017年，习近平在党的十九大报告中，提出在2020—2035年间基本实现基本公共服务均等化。

党和国家的上述重要政策文件的颁布和落实充分表明：提供均等化的义务教育公共服务不仅是我国国家治理的主要原则和目标之一，也是政府必须履行的重要职责。促进教育均衡发展是义务教育的重中之重；切实缩小义务教育公共服务在区域、城乡、学校之间的差距，着力改善农村地区、边远贫困地区、民族地区以及处境不利特殊群体的教育民生，为我国实现义务教育公共服务均等化提供了保障并指明了发展方向。

（二）推进义务教育公共服务均等化是教育改革迫切需求

1986年《义务教育法》的颁布，以法律的形式确立并开启了九年义务教育制度。2011年，全国所有的省、自治区、直辖市均通过了国家的“普九”验收，这标志着我国仅用了25年时间就实现了义务教育的全面普及，解决了适龄儿童“有学上”的问题。相较于新中国成立前我国学龄儿童入学率仅为20%、人口文盲率达到80%、15岁以上人口平均受教育年限只有1.6年的教育发展水平，相较于西方先发展的工业国家普遍花费六七十年时间才普及初中义务教育的历史，我国的这一成就无疑是我们中国人创造的又一个世界奇迹。然而，由于我国正处于社会主义初级阶段，各地区和城乡条件差异显著、经济社会发展极不平衡，尽管从全国来看已经如期实现全面普及的目标，在一些地区也已率先实现“双高普九”，但城乡、地区、学校之间的教育差距依然存在，在某些地方还有进一步扩大的趋势。一方面，人民群众对优质义务教育需求的呼声愈发高涨，另一方面，义务教育公共服务仍存在地方性的供给不足；二者之间的矛盾依旧凸显，公众享受义务教育公共服务的平等性未能得到充分保障，这也是我国政府深化教育综合改革的关键领域和薄弱环节之一。

一是义务教育公共服务的城乡差距问题亟待破解。有学者指出，在某种程度上，城乡差距是我国教育差距的核心问题，缩小教育的城乡差距是缩小教育差距的关键。[①] 国内已有大量研究成果证明，在义务教育发展的关键数据，比如教育经费、教师水平、升学率、辍学率等方面，城乡差距有进一步拉大的趋势，流动人口子女的教育问题更是亟需尽快解决。而造成义务教育公共服务非均等化的关键，是城乡的二元分制结构以及与其相适应的一系列户籍制度、税收制度、土地制度、社会保障制度等制度安排。城乡教育投入机制的差异，使得义务教育的资金投入水平在城乡之间差距显著；经费的投入不足，导致城乡学校配置、师资力量等方面的差距进一步拉大。

二是义务教育公共服务的区域差距问题亟待破解。我国东、中、西部由于自然环境和经济发展状况的不同均呈现不同的发展势态，生产力发展水平造成的地区差异必然导致不同的教育发展水平。东部沿海地区自清朝洋务运动开始便逐渐成为近代教育发展的核心地带，发展至今，其内部依然是先进与落后、富裕与贫困等多种发展水平并存。中部地区属于中等发达地带，但教育条件仍显薄弱，教育投入呈现"中部塌陷"的局面。西部地区的经济总体欠发达，尽管国家通过"两基攻坚"等计划，在义务教育财政投入上已然向西部倾斜，但其教育条件的区域差距仍十分明显。总体而言，"东部基础教育的各项教育经费指标平均是中西部的一到两倍"[②]，义务教育公共服务条件在东、中、西部呈现出"断层"状态。

三是义务教育公共服务的校际差距问题亟待破解。校际差异产生的根源是我国长期以来实行的非均等的教育政策，如精英主义倾向与重点学校政策等。在改革开放初期，国家出台了一系列的政策，将稀缺的优势资源集中于少数重点学校，以期培养出一批能为国所用的急需人才。重点学校政策是典型的精英主义的制度选择，这对推动当时社会经济和教育发展都起到了重要的作用，但也不可避免地造成了重点学校和其

---

① 转型期中国重大教育政策案例研究课题组. 缩小教育差距：中国教育政策的重大命题[M]. 北京：人民教育出版社，2005：9.

② 转型期中国重大教育政策案例研究课题组. 缩小教育差距：中国教育政策的重大命题[M]. 北京：人民教育出版社，2005：19.

他学校之间办学条件及教育质量差距的加大，加剧了我国教育发展的不均衡。在优质教育资源有限的前提下，家长放弃就近入学而使用各种手段争抢稀缺的教育资源，择校现象屡禁不止。此外，高额的择校费可以为“重点学校”带来可观的教育投入，大大提高学校的硬件设施条件，吸引更多优秀的教师资源。如此，学校间的教育供求不平衡加剧，两极分化日趋严重，教育的公平性难以保障。因此，如何缩小“重点学校”和“薄弱学校”之间的差距，让更多的孩子能上好学，是关系广大民众切身利益的迫切需要解决的大难题，这项工程任重而道远。

上述教育差距的形成固然有历史性的因素，但人们更关注的是其制度性因素，尤其是影响我国教育公平的最基本的制度结构——城乡二元、重点和非重点这种双重的二元结构①，以及在此基础上形成的制度文化和政策取向。对此，袁振国先生曾一针见血地指出，政府对缩小教育差距负有首要责任，解决问题的关键就是建立限制和缩小教育差距的制度和完善的公共教育政策。② 义务教育直接关乎人民群众的切身利益，健全的义务教育公共服务体系的建设是最大的教育民生工程。如何能切实打破教育差距不断拉大的制度瓶颈，实施城乡一体化的义务教育制度改革，制定出不断促进义务教育公共服务均等化的制度，办好每一所学校，促进每一个适龄儿童健康成长，满足广大人民群众对多样优质教育的实际需要，这不仅是全面深化教育改革的重点难点及关键之处，更关系到保障和改善民生能否真正落到实处。

（三）实现义务教育公共服务均等化是人民群众普遍诉求

20世纪末以来，我国教育事业进入了高速发展时期，义务教育公共服务已经取得了较为显著的成就。然而，就是在此时，教育公平却作为突出的社会问题为公众所广泛关注。许多媒体对有关教育不公平导致的极端个案进行了令人震撼的报道，众多研究机构和研究者纷纷投身于有关教育公平、平等、正义或公正的学术研究，以人大代表、政协委员、学者和学生家长为代表的各类人群则通过多种途径强烈呼吁政府建立均等化的公共教育服务体系。

“在任何社会，不平等从来都是社会不满的根源，严重的不平等都是社会不稳定的根源。”③社会公众之所以高度关注教育公平，最直接的原因是他们对现实教育领域种

① 杨东平. 中国教育公平的理想与现实[M]. 北京：北京大学出版社，2006：12—13.

② 转型期中国重大教育政策案例研究课题. 缩小教育差距：中国教育政策的重大命题[M]. 北京：人民教育出版社，2005：3.

③ 胡鞍钢，等. 第二次转型：国家制度建设[M]. 北京：清华大学出版社，2003：11.

种不平等问题的不满。多年来，“乱收费”屡禁不止、“择校热”高温不降、农村教育“空心化”、教师形象“妖魔化”、公共教育服务水平“悬殊化”、教育效率“优先化”等现象，让一直被誉为净土、圣殿的校园总是被许多负面的社会舆论所困扰。城乡、地区、学校以及不同社会阶层之间日渐拉大的教育差距，让人们对教育行业产生诸多不满。同时，人们又普遍担心，形成这些差距的教育制度和教育政策正在演化为一种凝固和扩大社会阶层差距的教育机制。因此，源于不满的这些关注无不指向一个目的——实现公共教育服务均等化，进一步改善教育公平。

人民群众的满意度是中国教育改革与发展的“晴雨表”，也是中国教育治理的“温度计”。自 2006 年以来，国内知名的 21 世纪教育研究院联合搜狐网教育频道等机构持续举办了年度性的“中国教育满意度调查”项目。① 在该调查项目中，教育公平被列为重点关注的核心指标。在 2005 年度中国教育满意度调查中，公众对教育的总体情况处于低满意度状态（满意度分值仅为 35.38 分，很不满意、不太满意的比例为 77.8%）；在教育公平、教育收费、教育质量等七个满意度分项评价指标中，满意度最低的是教育公平。公众选择“当前应当首先解决的问题”比例最高的两个问题是：农村义务教育和教育腐败。② 在 2008 年度中国主要城市公众教育满意度调查中，我国公众的教育满意度仅处于比较满意到一般之间，并明显偏于一般的评价。而“教育部门廉政建设/行业风气状况”和“中小学‘择校热’改善情况”这两个体现教育公平的分项指标在全部分项指标中分别位居倒数第一、二位。③ 2008—2010 年，主要城市的公众教育满意度和教育公平指标的满意度均呈现下降趋势，其中以基础教育均衡性和重点学校状况指标问题为甚。④ 在 2012 年度中国主要城市公众教育公平感调查中，公众对本市教育公平的过往判断和未来预期，平均得分仅为 67.6 分，距离让人民满意的程度（80 分及以上）还有明显差距；尽管多数人积极评价近三年教育公平改善的状况，但仍有 26.7%的人对彻底治理“择校热”缺乏信心。⑤ 多年未见改观的系列调查结果，直观地呈现了我国公众的教育公平满意度处于什么水平，充分反映了人们对公共教育服务均等化的普遍诉求，同时也揭示了我国未来教育改革与发展的重点所在。

---

① 作者注：该项目于 2008—2011 年变更为“中国主要城市公众教育满意度调查”；2012 年改为“城市公众教育公平感调查”；2013—2014 年改为“公众教育满意度调查”。

② 杨东平. 中国教育发展报告（2005）[M]. 北京：社会科学文献出版社，2006：433—436.

③ 杨东平. 中国教育发展报告（2009）[M]. 北京：社会科学文献出版社，2009：250—259.

④ 杨东平. 中国教育发展报告（2011）[M]. 北京：社会科学文献出版社，2011：253—260.

⑤ 杨东平. 中国教育发展报告（2013）[M]. 北京：社会科学文献出版社，2013：233—235.

面对上述不满的前兆以及人民群众对教育公平的普遍诉求，党和政府高度重视并给予了及时回应。在中共中央宣传部理论局 2010 年编写的《七个“怎么看”——理论热点面对面 2010》[①]一书中，“教育公平”与“发展不平衡”、“就业难”、“看病难”、“房价过高”、“分配不公”、“腐败现象”等被作为当前干部群众普遍关注的热点难点问题提出来，并得到了透彻的说明。该书的“同在蓝天下——怎么看教育公平”部分，不仅对教育公平问题缘何引起社会高度关注、什么因素影响了教育公平等问题作了有说服力的回答，同时还就义务教育公共服务均等化的相关问题提出了针对性的解决思路。

义务教育公共服务均等化是我国教育公平发展的重要组成部分，也是义务教育改革与发展的“定向器”和“稳定器”。当下，我们既要清醒地正视人民群众对义务教育公共服务均等的普遍诉求，加大义务教育公共服务的供给水平，更要清楚地认识到，缺乏公平的教育改革发展将是一种没有灵魂的教育改革发展。

二、义务教育公共服务均等化制度设计的研究价值

随着基本公共服务均等化的逐步深入推进，义务教育公共服务均等化的学术议题愈发彰显出较强的生命力。本书的理论价值主要体现在：其一，进一步深化义务教育公共服务均等化研究。本书在现有研究的基础上，深入探讨均等化、公共服务、基本公共服务、教育公共服务、制度、教育制度等基本含义，进而解析义务教育公共服务均等化的内涵及其制度核心、实质、类型、属性、特征等基本理论问题，从制度的变迁与建构的视角进一步深化义务教育公共服务均等化的理论研究。其二，为推进义务教育公共服务均等化提供理论指导。当前，我国正致力于推进城乡义务教育一体化，努力提高义务教育公共服务的均等化水平，促进义务教育的均衡发展。为此，国家颁布了一系列制度和政策规定，形成了诸多模式、办法、机制和策略，在实践方面取得了许多可喜的进展。但由于政府的教育治理观念发生了较大的转变，基本公共教育服务均等化制度在基层的落实上仍缺乏明确的理论指导和系统的顶层设计，这使得一些地方和一些领域的制度设计和执行存在一定程度上的头痛医头、脚痛医脚的问题。本书试图通过系统理论和实践改进相结合的研究，对如何科学有效地架构推进义务教育公共服务均等化的制度提出了自己的理论构想，为义务教育公共服务均等化的实现提供一些政策性的参考。

---

① 中共中央宣传部理论局. 七个“怎么看”——理论热点面对面 2010[M]. 北京：学习出版社，人民出版社，2010：52—68.

义务教育公共服务均等化，作为基本公共服务均等化的优先突破口，是缩小义务教育发展差距、实现社会公平正义、提高社会公众满意度的有力举措，具有重大的实践价值，主要体现在：其一，有助于优化政府改善教育民生的制度设计。义务教育是关系民生的重中之重，因而推进义务教育公共服务均等化是改善教育民生的重大工程。提高义务教育在城乡、区域间的均等化水平，公平地满足人民群众对教育公共服务的巨大需求，既迎合了广大民众的切身利益，更是直接体现了政府保障民生、改善民生的诉求，为此国家采取了一系列促进基本公共教育服务均等化的措施，但现有制度仍然存在较大的优化空间。本书科学地阐述了制度构建中应秉承的设计理念，实地考察了义务教育公共服务落实过程中存在的问题，并就如何做到有的放矢、在哪些方面进行实践推进、其薄弱环节如何加强等问题提出了自己的设计构想，以为我国教育制度的改进提供一定的借鉴和参考。其二，有助于加快促进教育公平与社会公平。教育公平是社会公平的保障和基础，而义务教育公共服务均等化则是教育公平的集中体现和实现底线。推进义务教育公共服务均等化是建成公平教育的重要手段之一，它旨在为全国公民提供水平相当的、公平的义务教育服务，尽可能地缩小城乡、地区、校际之间的教育差距，使社会多元主体均能同等地受益。新世纪以来，国家不遗余力地推进义务教育均衡发展，在促进义务教育公平方面取得了长足进步。不过，一些有关教育机会不均等、教育资源配置不均等、教育结果不均等的问题仍然没有得到充分解决，需通过进一步的学术研究和实践尝试去深入剖析并找到解决路径。

第二节　理论基础：制度设计的合理性

在我国，促进基本公共服务均等化是近年来理论研究的热点领域之一。众多研究者围绕基本公共服务均等化的内涵、属性、范围、标准、实现策略、发展现状及其问题、国外经验等议题展开了较为深入的研究。

基本公共教育服务均等化研究在我国属于一个相对新兴的研究领域，虽然直接论述基本公共教育服务均等化的研究成果并不多，但与其相关的研究成果层出不穷。笔者在中国知网（CNKI）上对相关文献进行了专业检索，[①]检索表达式为 TI（题名）=（“基础教育”+“义务教育”+“教育”+“公共教育”）*（“均等化”+“均等”），涵盖 2001

① 作者注：检索操作时间为 2017 年 1 月 15 日。

年 1 月 1 日—2017 年 1 月 1 日全部资源类型(包括期刊、报纸、学位论文、会议论文等),共获得检索结果 933 条。其中,在年度发文量上,2013 年(101 篇)、2011 年(97 篇)、2016 年(95 篇)、2012 年(90 篇)是四大高产年份,均超过 90 篇(见图 1-1);在资源类型的分布上,期刊 597 篇,报纸 161 篇,硕士学位论文 150 篇,博士学位论文 7 篇;在关键词分布上,"均等化"(219 篇)、"教育机会均等"(123 篇)、"义务教育"(104 篇)分居前三位(见图 1-2)。

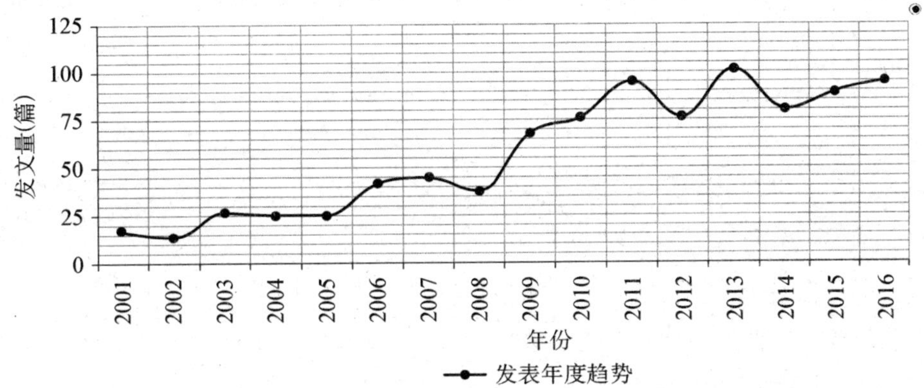

图 1-1　2001—2016 年年度发文量(含"均等"字段)

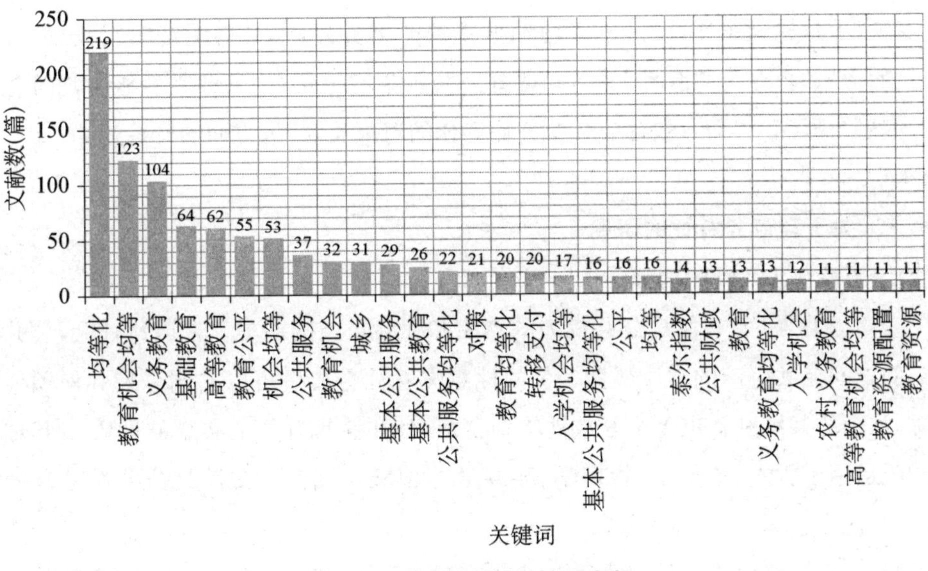

图 1-2　检索结果的关键词分布

若将检索字段删掉“均等”，即检索表达式改为 TI(题名)＝(“基础教育”＋“义务教育”＋“教育”＋“公共教育”)＊(“均等化”)，检索结果减少到 538 条，文献起始年度也推迟到 2006 年——这是因为“公共服务均等化”话语是在 2005 年党的十六届五中全会首次提出的，且有随着时间推移而增长的趋势(2016 年达到峰值 81 篇，见图 1－3)。而如果在检索字段上增加“均衡发展”，即检索表达式改为 TI(题名)＝(“基础教育”＋“义务教育”＋“教育”＋“公共教育”)＊(“均等化”＋“均等”＋“均衡发展”)，检索结果则会激增至 9 105 条，这与我国义务教育均衡发展政策推行较早有直接关系。

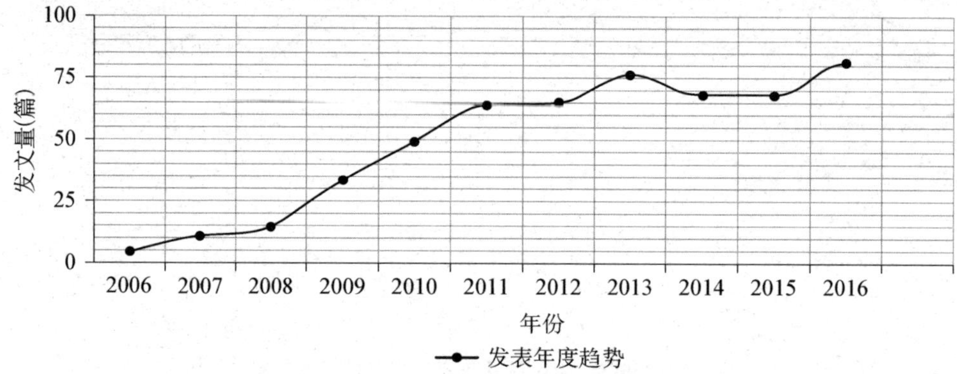

图 1－3　2001—2016 年年度发文量(不含“均等”字段)

基于上述检索工作，以及笔者前期搜集的图书资源，本书将围绕“教育公共性”、“公共服务”、“教育公共服务”、“义务教育公共服务均等化”、“义务教育服务均等化的现存问题与原因”、“义务教育公共服务均等化的对策建议”等方面展开综述。

一、关于教育公共性的研究

(一) 教育公共性的内涵

在康德看来，公共性是公共权力的本质和社会正义的前提。在当代社会，公共性是人们之间公共生活的本质属性。公共性意味着社会成员可以共同分配和使用公共资源，社会的共同利益也公平开放地给予公众，公共性具有公平共享的性质，[①]其理念被广泛运用于哲学、政治学、管理学、教育学等领域。教育公共性是公共性的延伸概

① 朱新梅. 政府干预与大学公共性的实现——中国大学的公共性研究[M]. 北京：教育科学出版社，2007：33.

念，体现了教育是一种公共领域的事务。教育公共性是公共性在特定领域的反映，也是对公共性在教育领域的具体说明和应用。从哲学视角看，它是社会分析和批判的工具，是尊重与共识的存在之地；从政治与行政学视角看，它是政府公共服务的价值尺度，是公民公共利益存在之所；从社会学视角看，它是社会舆论的良知，体现了公民社会的公共理性。

宏观上，教育公共性的内涵包括教育的公益性；微观上，教育公共性的内涵包括教育的平等性。①

1. *教育的公益性*。公共利益具有开放性或非排他性，符合社会全体或者大部分成员的需要，体现他们的共同意志。公共利益的主体具有整体性，公共利益的内容具有普遍性，局部性和特殊性不是公益性的特征。② 教育是公共利益实现的途径，它是国家发展和进步的助动力，也是个体生存发展的智力和人格基础。当前很多国家将教育列为重要的民生问题，奠定了政府提供教育公共服务的价值基础。教育公共性是公共利益和私人利益的结合，在公共利益和私人利益相互矛盾时，需要政府干预来保证教育的公共性。教育的公共性需要国家、政府、学校、家庭和社会团体的共同维护，尤其是教育机会均等和教育资源均衡配置等，教育公共性是国家意志和社会公共利益的体现。教育公益性也为社会参与教育提供正当合法依据。教育公益性不仅仅体现为教育为社会全体成员提供无差别的公共服务，还体现在教育对社会力量参与的接纳上，比如社会监督和舆论批评、公众参与决策与管理等。当前，社会参与学校教育建设、学校资源的社会共享等共享共建的实践正在逐步探索和实现中，极大地拓展和丰富了教育公益性的内涵。

2. *教育的平等性*。平等的核心思想就是无差别地对待所有公民。平等是制度公正的一项重要原则，也是制度公正与否的重要标志。努力追求教育平等是教育公共性的价值要求。教育平等首先体现为教育机会平等。教育机会平等，是指所有社会公民都无差别地享有接受教育的权利，具有相同的起点和成功机会。其主要表现为：起点平等，是指无论人的资质差异如何，其受教育的权利都应得到无差别的保障；成功机会均等，是指尊重个体差异，根据差异提供适宜的教育机会并采取相应措施使每个人都能取得学业成就。其次，比教育机会平等层次更高的是教育的实质性平等，它代表了

① 张茂聪. 论教育公共性及其保障[D]. 济南：山东师范大学，2010：39.

② 蒲蕊. 公共利益：公共教育体制改革的基本价值取向[J]. 教育研究与实验，2007，01：34—37.

一种真正的面向全体或全部的平等，比如当前国家为了落实教育均衡发展所推出的各项举措，如教育财政全面落实义务教育、农村中小学布局调整等。①

（二）教育公共性的现存问题

1. *教育公共性价值的消解*。公共性的问题几乎触及人类生活的各个领域。教育领域中的公共性危机始于20世纪90年代中期，即教育公共服务发展到由市场提供的时期。市场机制的根本原则是效率优先，对待教育资源分配亦如此，这使得教育资源配置的路径发生很大的变化。优质教育资源向重点学校倾斜，其办学条件和质量日益提高，而由竞争产生的薄弱学校则教育资源极度匮乏。学校两极分化导致择校、乱收费等现象屡禁不止。另外，教育的竞争性导致学校更多地关注公共关系、市场化和形象管理，而忽略了本质——教育教学的改进和提升。这一切都严重背离了教育公共性的特征，导致教育机会不平等的加剧，教育公平受到了极大的损害。

2. *传播媒体对教育公共性的影响*。当前的信息时代，大众传媒对公众的影响力巨大。当前文化的"快餐化"，拜金主义、享乐主义等消费观念的传播渗透，使得民众尤其是青少年受到潜移默化的影响，造成文化价值取向的多样化。面对价值冲突和混乱，教育对公民品德的培养和公共事务的关怀能力弱化，难以用主流的教育价值观来树立学生的集体观念。②

除此之外，教育公共体系内政府和市场间的矛盾、义务教育财政体制的城乡二元结构等都是当前教育公共性面临的问题与困难。

二、关于公共服务的研究

（一）公共服务的内涵

公共服务的涵盖内容与范围较广，这一概念起初来源于经济学中对公共产品特征的分析。公共产品的概念是美国著名经济学家保罗·萨缪尔森(P. A. Samuelson)在1954年首次界定的，他提出，公共产品是集团所有成员都均等消费的商品，每个人的消费都不会导致其他成员对该产品消费的减少。③ 他也归纳了公共产品的三大特性：效用的不可分割性、消费的非竞争性以及享用的非排他性。同时满足上述三个特性的

---

① 张茂聪. 论教育公共性及其保障[D]. 济南：山东师范大学，2010：42—44.

② 袁祖社. "公共性"的价值信念及其文化理想[J]. 中国人民大学学报，2007，01：79—81.

③ 保罗·A·萨缪尔森，威廉·D·诺德豪斯. 经济学(英文版，第16版)[M]. 北京：机械工业出版社，1989：36.

产品被称为纯公共产品，而具有纯公共产品部分特性的这类产品，被称为准公共产品。从总体来看，教育被视为准公共产品，而义务教育则是纯公共产品。学术界对公共产品和公共服务并无明确的区分和解释，在政治经济学领域，很多时候人们将公共服务等同于公共产品，即公共服务是无形的公共产品。

1912 年，法国公法学者莱昂·狄骥(Léon Duguit)首次提出了公共服务的概念。国内学者李军鹏认为，公共服务从本质上讲是“为社会公众的工作、生活以及参与政治、经济、社会、文化等活动提供保障和创造条件”。[①] 陈昌盛提出，“公共服务指在一定社会共识基础上，一国全体公民不论种族、收入和地位差异，都应公平、普遍享有的服务”。[②] 曹海琴认为，公共服务指政府运用各种机制和方式，使用公共权力所提供的公共物品，从而达到不断回应社会公共需求偏好、维护公共利益目的的实践活动。[③]

公共服务包含基本公共服务与一般公共服务。基本公共服务概念最早由德国社会政治政策学派代表瓦格纳(A. Wagner)提出，他认为基本公共服务是政府财政支出的重要组成。[④] 马国贤也强调了政府的重要性，提出基本公共服务是指“由政府提供、政府保障，并与人的生存和发展权利相关的公共服务”。[⑤] 安体富认为，基本公共服务是纯公共服务，与民生密切相关，除基本公共服务以外都是一般公共服务。[⑥] 基本公共服务是公共服务中最基础和核心的部分，是政府公共服务覆盖的最小边界和范围。[⑦] 基本公共服务是公共服务的特殊形式，其基本要点有两个：涵盖社会全体民众并满足最低的公共资源需求。[⑧] 由此可见，政府将提供基本公共服务视为一项重要工作职能，广大民众则具有平等享受基本公共服务的权利。根据本书所研究的内容，书中所提公共服务均是指基本公共服务。

---

① 李军鹏. 公共服务型政府[M]. 北京：北京大学出版社，2004：32—34.

② 陈昌盛，蔡跃洲. 中国政府公共服务：体制变迁与地区综合评估[M]. 北京：中国社会科学出版社，2007：3.

③ 曹海琴，张立克. 对我国城乡义务教育公共服务均等化的思考——以城乡二元户籍制度为视角[J]. 理论与改革，2013，06：65—67.

④ 姜晓萍，等. 基本公共服务均等化：知识图谱与研究热点述评[M]. 北京：中国人民大学出版社，2016：10.

⑤ 马国贤. 政府预算理论与绩效政策研究[M]. 北京：中国财政经济出版社，2008：202—203.

⑥ 安体富，任强. 公共服务均等化：理论、问题与对策[J]. 财贸经济，2007，08：49.

⑦ 陈昌盛. 基本公共服务均等化：中国行动路线图[J]. 财会研究，2008，02：15.

⑧ 赵俊男. 推进基本公共服务均等化战略的路径选择[J]. 党政干部学刊，2015，01：68—72.

（二）公共服务的类型

大卫·N·海曼(D. N. Hyman)将公共服务划分为不计价格的公共物品、拥挤的公共物品、纯粹公共物品。陈昌盛等人将公共服务分为八类："基础教育、公共卫生、公共安全、社会保障、基础设施、环境保护、科学技术以及一般公共服务。"①蔡春红提出，"与人民群众的生存和发展最密切、最基础和最相关的公共服务，有义务教育、基本公共医疗、基本社会保障等"。② 北京大学陈海威提出，基本公共服务可分为四大领域，其中之一是公众发展服务，包括义务教育、公共卫生、基本医疗等。③ 邓祖龙提出，基本公共服务是指与民生问题密切相关的公共服务，主要包括最低生活保障、基本养老保险、义务教育和就业服务、基本医疗卫生等。④ 丁元竹提出，我国现阶段的基本公共服务包括医疗卫生、义务教育、社会救济、就业服务和养老保险，而义务教育、公共卫生和基本医疗、最低生活保障，应当是我们基本公共服务中的"基本"。⑤

综上，根据学者的普遍观点，以及我国颁布的《服务"十二五"规划》，义务教育被视为基本公共服务中的一个重要方面。

（三）公共服务的特点

有学者认为，公共服务具有以下三种特点：消费的非竞争性、占有的非排他性、生产和消费的不可分性。⑥

有研究者指出，公共服务的主要特点有四：一是非排他性，二是非竞争性，三是提供公共产品的主体是政府的财政支付，四是具有外部性。⑦

另有学者提出，基本公共服务具有以下几个特点：政府负责性、基本权益性、公平性、公益性、普惠性。⑧

---

① 陈昌盛，蔡跃洲. 中国政府公共服务：体制变迁与地区综合评估[M]. 北京：中国社会科学出版社，2007：6.

② 蔡春红. 完善财政转移支付制度的政策建议——兼论推进基本公共服务均等化和主体功能区建设的关系[J]. 中国行政管理，2008，04：80.

③ 陈海威. 中国基本公共服务体系研究[J]. 科学社会主义，2007，03：3.

④ 国家统计局江西调查总队课题组，邓祖龙. 完善评价指标体系　促进基本公共服务均等化[J]. 中国井冈山干部学院学报，2015，02：121.

⑤ 丁元竹. 促进我国基本公共服务均等化的基本对策[J]. 中国经贸导刊，2008，05：20.

⑥ 吴美香：公共服务供给方式研究[D]. 厦门：厦门大学，2008：2—3.

⑦ 李连宁. 努力做好义务教育公共服务的提供与管理[J]. 人民教育，2003，01：7.

⑧ 李振海，任宗哲. 西部地区基本公共服务均等化：现状、制度设计和路径选择[J]. 西北大学学报(哲学社会科学版)，2011，01：5.

三、关于教育公共服务的研究

（一）教育公共服务的概念

教育公共服务是基本公共服务的重要内容之一。随着 2005 年政府工作报告中“建设服务型政府”话语的提出，教育公共服务逐渐引起学界的关注，也成为政府的一项重要的教育职能和工作重点。

谢炜认为，教育公共服务是教育领域中提供的公共服务，由政府、非政府组织或其他企业单位提供并承担教育供给的职能。① 何鹏程认为，教育公共服务是由政府主导的公益性服务，它的特点是使全社会公众均能受益并满足社会的教育共同利益需求。② 蒋云根提出，教育公共服务是“以教育公平为导向，以满足组织及广大公民的教育需要为目的，对公共教育资源进行优化配置，实现为社会培养人才、提高全民素质、促进经济发展的社会生产与供给过程”。③

（二）教育公共服务的类型和特征

陈慧敏提出，教育公共服务的类型有两种：一是政府提供的教育公共服务，在我国政府一直是教育公共服务提供的主体，政府通过政治程序实现国家和社会利益的最大化，促进教育均衡发展和教育公平；二是市场提供的教育公共服务，包括学生、家庭、企业及民办投资人，使用市场机制配置教育公共服务，从而达成利润最大化。④ 另外，何鹏程提出，教育公共服务的类型除了政府控制型、市场主导型，还有政府和市场混合型。

何鹏程等人提出，教育公共服务除了具有公共产品的非竞争性和非排他性，还具有公共性和公平性。公共性体现在，教育公共服务是以公共价值为导向的，教育部门与教育者应具有公共教育责任意识；教育公共服务，应在公共领域通过公共讨论来解决；通过教育公共服务，可以为国家培养出具有公共道德、公共精神和公共意识的公民。公平性则体现在三方面：接受教育机会平等，选择教育形式平等，享有教育资源配置平等。⑤

（三）教育公共服务的执行模式

何鹏程指出，目前教育公共服务的执行模式具备如下三种特征：教育决策由单向

---

① 谢炜，陈进红. 教育公共服务的国际经验及其借鉴[J]. 内蒙古师范大学学报(教育科学版)，2008，03：58.
② 何鹏程，宋懿琛. 教育公共服务的理论探讨[J]. 教育发展研究，2008，09：40.
③ 蒋云根. 我国现阶段教育公共服务存在的问题及对策研究[J]. 天津行政学院学报，2008，01：53.
④ 陈惠敏，荀关玉. 我国教育公共服务提供路径的优化[J]. 中国成人教育，2012，21：36—37.
⑤ 何鹏程，宋懿琛. 教育公共服务的理论探讨[J]. 教育发展研究，2008，09：40.

的政府决策转为社会公众互动参与，服务供给由单一的政府统管转为多元的市场竞争，监督评价由封闭的自我监督转为开放的第三方中立机构监督。

从决策运行的层面来看，早期的教育公共服务主要处于政府的管控范围，国家干预和权威领导是当时决策运行的主要特点。到20世纪70年代，公共教育体制发生了巨大变化，教育领域开始接受市场力量的渗入。尽管如此，以上两种模式下的公共教育服务仍带有强烈的垄断色彩，教育的决策过程表现为自上而下单向的行政决策，消费者没有太多的选择表达权。近年来，随着服务型政府的逐步建立和市场的扩大，公众开始具有更多选择的话语权，公民参与和民主对话推进了公民教育利益表达机制和跟踪反馈机制的建立，教育公共服务的决策逐步演变为公开化、透明化和社会公众参与互动的模式。

从服务供给的层面来看，教育公共服务从产生初期到现在一直是以政府提供为主，但是以往由政府提供的垄断性教育开始转变，逐步向多元化的提供主体方向发展。比如合约形式的教育公共服务，其形式是政府将管控不足的领域下放给市场运行，但仍需政府进行统一的质量控制和检验；私人供给的教育公共服务，当前的运行方式一为民间资助、政府提供，二为民间购买服务；供消费者选择的教育公共服务，消费者可以自由选择多个教育提供者提供的教育服务，如教育券的运行。

从监督评价的层面来看，教育公共服务的模式正从政府控制管理向监管治理转型，具体表现为三种发展趋势。第一，注重教育共同利益的问责制，即教育领域的评价不再仅靠量化指标，而是把教育公共利益的实现和教育权利的共享程度包含在内。第二，倡导教育服务的绩效评估机制，即公众对教育的目标、财务、结果与影响、资源配置和社会响应等方面进行评价。第三，加强教育评估中中介的作用。①

（四）教育公共服务的现存问题

迟福林认为，教育公共服务在我国主要有以下四方面问题：第一，教育公共服务的供给结构无法适应城乡和区域的均衡发展以及产业结构的升级，职业教育发展的不适应也值得反思；第二，教育公共服务的投入依然不足，教育资源配置的公平性不足；第三，教育决策机制的不完善，教育机构的利益倾向和行政化倾向明显，教育信息透明度不够，监督体制不健全；第四，市场开放程度较低，社会参与制度有诸多障碍，政府监

---

① 何鹏程，宋懿琛. 教育公共服务的理论探讨[J]. 教育发展研究，2008，09：42—43.

管模式指向模糊等。①

四、关于义务教育公共服务均等化的研究

（一）义务教育公共服务均等化的基本内涵

义务教育作为关乎民生以及国家发展的大问题，其公共服务均等化是基本公共服务均等化过程的核心内容。由于研究视角的不同，学术界对基本公共服务均等化并无统一定义。人们主要从基本权利、机会均等、结果均等、构成要素等角度对其进行了界定，基本认同基本公共服务均等化有如下特征：多元化的供给主体、普适性的服务对象、多样化的服务内容、公平公正的价值追求。②

邓蓉敬提出，公共服务均等化是指在基本公共服务方面，政府为广大民众提供最基础的、大致均等的公共产品和服务，使全体公民享有同等的权利，从而体现社会的公平正义。③

陈书全认为，义务教育公共服务均等化是指通过国家统一规划的制度安排，保障全体社会成员都能享受到最低标准的义务教育，实现机会均等，将义务教育的差距缩小至可承受的范围内，促进社会教育公平。④ 雷晓康认为，基础教育公共服务均等化是指经济、社会发展阶段相适应的情况下，政府作为公共服务的供给主体，秉承公平正义，最大限度地提供能够满足民众需求的基础教育。⑤

从城乡的角度看，尹华认为教育公共服务均等化是指政府通过合理配置城乡间的公共教育资源，使城乡居民在接受基本教育公共服务方面的机会、原则和结果上都能均等公平。⑥

从制度层面看，丁元竹认为基本公共服务均等化是指中央政府根据基本公共服务标准，保障地方政府均等地支付基本公共服务，从而确保不同城乡和地区的每个公民

---

① 迟福林."十二五"时期教育公共服务体系建设：突出矛盾与主要任务[J]. 经济社会体制比较，2011，02：4—5.

② 姜晓萍，等. 基本公共服务均等化：知识图谱与研究热点述评[M]. 北京：中国人民大学出版社，2016：11—13.

③ 邓蓉敬. 公共服务均等化研究综述[J]. 资料通讯，2007，05：14.

④ 陈书全. 论义务教育公共服务均等化政策取向——以山东省为例[J]. 山东社会科学，2011，05：171.

⑤ 雷晓康，曲婧. 基础教育公共服务均等化问题研究——以陕北几县为例[J]. 西北大学学报（哲学社会科学版），2011，01：20.

⑥ 尹华. 实现我国城乡公共教育服务均等化的路径选择[J]. 农业经济，2013，03：81.

都能有机会接近法定的公共服务项目的过程。①

（二）义务教育公共服务均等化的指标体系构成

不同学者针对我国公共服务均等化的衡量维度进行了不同角度的细化，有的建立了衡量义务教育均衡发展的指标体系。翟博根据教育均衡发展的目标及经济社会与教育发展的实际，分别从教育公共服务的全过程角度和仅从教育资源配置角度构建教育均衡发展指数体系1和体系2。例如，体系1包含教育机会、教育资源配置、教育质量均衡和教育成就四个指标维度。体系2则包含区域教育、城乡教育、学校教育和群体教育均衡四个指标维度。该指标体系可分别用来纵向和横向分析教育的均衡发展，前者侧重综合性，后者侧重多样性。② 学者王善迈也有较为相似的教育公平指标体系。③

薛二勇从义务教育资源配置均衡和义务教育质量均衡发展两个维度来构建指标体系。前者包含3个一级指标，即教育经费（二级指标为生均教育经费支出、生均专项经费支出、师均工资性支出、师均培训经费等），教育设施（二级指标为生均建筑面积、生均教学设备值、生均信息设备值、生均卫生健康设备值、生均体育设施设备值、学校网络建设等），教师队伍（二级指标为班师比、专任教师合格率、学校教师专业对口率、学校教师中区级骨干和学科带头人数、学校教师中市级骨干和学科带头人数等）；后者包括2个一级指标，即学校管理（二级指标为学生每周平均在校学习活动小时数、学校他评合格课比例、学校他评优秀课比例、学校学年班均开展社会实践活动次数、家校交流机制的建设、学校班均学科分组实验开课数，以及学校中层以上干部年均听评课数等），教育效果（二级指标为学生体质健康达标率、学生学业水平测试合格率、学段巩固率、学生就近入学率、学生家长满意度以及学生犯罪率等）。该指标体系可用来寻找特定时间、特定区域内优先发展和达成的教育目标，从而有效反映政府公共服务职能的落实情况。④

陈立基于教育的投入、产出和受益三个维度，针对我国西部构建了均等化评估体系，选取预算内教育经费占财政支出的比重、生均公用经费（小学生均公用经费与初中

---

① 丁元竹. 理解均等化[J]. 读书，2009，11：44.

② 翟博. 教育均衡发展指数构建及其运用——中国基础教育均衡发展实证分析[J]. 国家教育行政学院学报，2007，11：45—46.

③ 王善迈. 教育公平的分析框架和评价指标[J]. 北京师范大学学报（社会科学版），2008，03：93—97.

④ 薛二勇. 区域内义务教育均衡发展指标体系的构建——当前我国深入推进义务教育均衡发展的政策评估指标[J]. 北京师范大学学报（社会科学版），2013，04：23.

生均公用经费)、生均事业费(小学生均事业费与初中生均事业费)和专任教师数作为教育投入的二级指标,选取学校数和毕业生数作为教育产出的二级指标,选取文盲或半文盲占15岁以上人口比重作为教育受益的二级指标。①

与上述研究类似,崔惠玉等人也从投入、过程和结果三方面入手,选取教育基尼系数、教育投入指标、城乡收入比和初中升学率等维度,从宏观角度度量了这些因素对辽宁教育均等化的影响。②

王春兰为了比较上海市和重庆市的教育差异,分别从财力、物力、人力的角度分析了两市的教育均衡状况。财政投入方面选取了生均预算内教育事业费、生均预算内公用经费等;教育设施方面选取了生均危房面积、生均机、生均仪器设备总值、生均图书等;人力资源方面选取了专任教师学历、专任教师职称、生师比等。该指标体系涵盖义务教育硬件和软件的主要内容,可以相对充分地反映和比较上海与重庆的相关差异。③

周彬所建立的基础教育均衡分析指标体系是从人力资源、物质投入、现金支出三个维度进行构建的。人力资源主要体现为生师比;物质投入主要体现为生均藏书金额、生均IT类装备费用、生均实验设备费用;现金支出主要体现为生均教育经费和生均财政拨款。周彬使用该指标体系分析了上海不同区县基础教育的发展情况。④顾铁军仅从基础教育资源配置的角度,细化为师资配置、生均公用经费和优质教育资源三方面,对比分析了上海城区和郊区义务教育均衡发展的状况,并提出了自己的政策建议。⑤

(三) 义务教育均等化的现存问题与原因研究

1. 义务教育公共服务均等化的现存问题

在义务教育公共服务非均等化问题方面,主要体现为有关"教育差距"的研究。学者们主要对地区之间、城乡之间、学校之间的教育差距进行了研究,进一步细化,则有办学条件、师资队伍、教育经费等方面的研究。其中最有影响的是袁振国带领的课题

---

① 陈立.西部地区基本教育公共服务均等化现状、原因与对策[J].知识经济,2013,12:179.

② 崔惠玉,刘国辉.基本教育公共服务均等化研究[J].财经问题研究,2010,05:83.

③ 王春兰,李文靖.我国区域公共服务均等化分析——基于重庆与上海义务教育的比较[J].重庆三峡学院学报,2013,02:129—133.

④ 周彬.上海基础教育均衡发展的实证分析[J].中国教育政策评论,2008,00:166.

⑤ 顾铁军,夏媛.上海市基础教育资源配置现状及对策分析——基于基本公共服务均等化的视角[J].教育导刊,2015,02:35—36.

组开展的关于“缩小教育差距”的研究，其提出的城乡、地区、阶层、类别四类差距，作出的三个判断——教育差距形势严峻、教育差距继续拉大、政策是差距拉大的主要原因，[①]在学界和决策领域产生了重大影响。

(1) 关于地区差距的研究

多位学者针对我国不同地区的基本教育公共服务均等化的现状进行了调研。如郅庭瑾通过数据分析发现，针对中学，全国范围内 15 个省份有半数以下地区的生均财政预算教育事业费低于全国平均水平；而针对小学，在该项费用上有 16 个省份的一半以上地区低于全国平均水平。另外，普通中学生均教育事业费最高值是最低值的 5.3 倍，小学生均教育事业费的最高值是最低值的 5.55 倍，而北京市在此项排名中位列第一。[②]

王自亮针对经济发达的浙江省的财政投入现状进行研究，发现 2006 年至 2011 年，浙江省教育事业的财政投入逐年增长，教育支出占财政总支出的比例较为稳定，但各地级市之间的均等化水平仍存在一定的差异。[③]

崔惠玉测算了辽宁 1987 年至 2007 年间的教育基尼指数，发现随着时间推移教育基尼系数在不断下降，但是下降趋势渐缓，说明教育均等化程度在不断提高。但其同时也指出，该分析掩盖了区域不均等和城乡不均等。随后比较了辽宁 2005 年至 2007 年不同地区之间预算内教育经费的差异，发现各地区差异明显且有进一步拉大的趋势，沈阳预算内教育经费是阜新的 8.31 倍。[④]

陈书全以山东省为例，发现 2001 年至 2008 年，山东区域间的公共服务均等化水平呈现先下降后上升的状态，但是总体看来义务教育均等化程度还是较高的。另外，山东省内东、中、西部地区的万人拥有学校数逐年下降，而在校师生比上则是西部最高，东部最低。

王春兰对上海与重庆的义务教育情况进行比较，结果显示：2007—2009 年之间，在财力方面，上海的教育投入明显高于重庆，上海生均预算内教育事业费和生均预算

---

① 转型期中国重大教育政策案例研究课题组. 缩小教育差距：中国教育政策的重大命题[M]. 北京：人民教育出版社，2005：5.

② 郅庭瑾，尚伟伟. 新型城镇化背景下义务教育基本公共服务均等的现实困境与政策构想[J]. 华东师范大学学报(教育科学版)，2015，02：18—19.

③ 王自亮，陈卫锋. 公共财政支出与推进教育公共服务均等化研究——基于浙江省的案例[J]. 浙江海洋学院学报(人文科学版)，2013，04：32—33.

④ 崔惠玉，刘国辉. 基本教育公共服务均等化研究[J]. 财经问题研究，2010，05：84—85.

内公用经费数倍高于重庆。在人力资源方面，上海的教师合格率、研究生学历教师比例均高于重庆。另外，上海小学的高级职称教师比例高于重庆；两市初中均以中级职称教师居多，但是重庆的生师比较高，教师的教学负担普遍偏重。在物力方面，上海中学和小学基本不存在危房，而重庆在这三年里危房数量有增无减；上海中小学生均计算机数远高于重庆，说明重庆学校信息化程度相对较低，而两市的生均仪器设备总值更是相差甚远。①

张志刚在针对西部的教育公共服务文章中提到，西部教育基本公共服务均等化推进存在如下问题：其一，教育基本公共服务投入少、教育硬件设施落后。青海省内校舍危房面积比例较高，达日县、甘德县等均在36%以上。化隆县某中学图书馆的图书不到一千本，且年代久远，无人翻阅。标准化的运动场、音乐教室、美术教室也十分少见。其二，从事基本公共服务的师资贫瘠，并存在相当严重的流失率。受条件限制，其他地区毕业生不愿到西部地区从事教育服务，西部地区毕业生也受东部发达地区吸引而无法留在当地工作。另外，当地教师在编制和职称晋升上也没有任何优势，教师激励政策几乎没有。其三，教育基本公共服务的质量和水平无法满足逐渐增长的教育消费要求。②

(2) 关于城乡差距的研究

城乡之间教育的不均等化程度更是非常明显。在长期的城乡二元结构和户籍制度下，我国教育基本公共服务体系也被二元分割。大量的政府财政投入流入城市，随之带来了城乡教育资源配置的失衡和城乡教育质量差异的加剧。王剑分析了2008年城乡教育基本公共服务经费投入情况，发现城市初中生均教育经费投入、生均财政教育经费投入、生均预算内教育经费投入分别为农村初中的3.23倍、2.78倍、2.65倍，而以上指标城市小学分别是农村小学的2.58倍、2.28倍、2.16倍。③

郅庭瑾通过对城市和农村教育基础设施分配方面的统计分析发现，城市普通小学办学用房数量、固定资产总值、教学仪器设备和实验设备资产值、信息化教学设备占有量均高于农村，城市普通中学的教室、实验室、体育馆等设施数量、固定资产总值、教学

---

① 王春兰，李文靖. 我国区域公共服务均等化分析——基于重庆与上海义务教育的比较[J]. 重庆三峡学院学报，2013，02：129—133.

② 张志刚，张晶晶. 西部地区基本公共教育服务均等化的实现路径探讨[J]. 经营管理者，2013，06：55.

③ 王剑. 教育基本公共服务均等化的财政保障机制研究[J]. 西北工业大学学报（社会科学版），2012，03：65—66.

仪器设备和实验设备资产值也远超农村，其中城市普通中学计算机占有量是农村的4.1倍。除此之外，教育公共服务的师资配置也严重失衡。① 尹华统计发现，2009年全国城市小学教师中大专及以上学历教师比例为90.6%，比农村高18.9%，而城市初中教师中本科及以上学历教师比例为79.9%，比农村高出25.3%；另外农村学校工资待遇普遍偏低，而且有时会拖欠工资，因而无法吸引优秀教师前来，城乡师资力量差异巨大。②

(3) 关于学校差距的研究

很多学者针对学校之间的义务教育均衡发展情况作了一定的调查。比如苏娜针对广州市的13个县(区)190所公办义务教育学校进行了实证研究，发现：政府的生均经费投入降低了，校际间教师待遇差距很明显，薄弱学校的弱势显著；办学条件的总体水平有所提高，但经济落后区县和农村学校仍处于弱势；师资上，优质学校的教师数量、质量和专业发展机会仍优势明显，师资交流政策推行效果不显著；生源上，优质资源均有明显向高级别、城区学校集中的趋势，外来务工人员子女入学机会难以保障；体制上，均衡发展的保障机制缺乏，不利于校际均衡发展。③

张绘则通过对北京市两所初中(优质初中和普通初中)五年来在教育经费收入、教育经费支出和办学条件上的差异调查，发现优质学校的教育经费总额、生均公共经费和生均人员经费均远高于普通学校，师资力量同样有显著优势。同时，二者的办学条件指标也差异明显，且这种差距五年之内没有缩小。④

翟博采用问卷调查的方式对一类中小学和三类中小学进行比较，发现：2004年，一类小学的生均经费、生均预算内经费分别是三类小学的2.3倍、2.6倍；从办学条件来看，一类小学专科以上学历教师达到90%，三类小学为78.6%，一类中学本科以上学历教师达到82.1%，三类中学仅为34%；另外一类中小学的生均设备金额也明显高于三类中小学。⑤

由于种种基础教育发展不均等化的现象，催生了当下很多热议的问题，比如农民

---

① 郅庭瑾，尚伟伟. 新型城镇化背景下义务教育基本公共服务均等的现实困境与政策构想[J]. 华东师范大学学报(教育科学版)，2015，02：19—20.

② 尹华，严明明. 实现我国城乡公共教育服务均等化的路径选择[J]. 经济视角(上)，2013，02：82.

③ 苏娜，黄崴. 区域义务教育校际均衡发展现状与改进——基于广州市的调研分析[J]. 教育发展研究，2010，02：6—8.

④ 张绘. 我国义务教育校际资源分配不公平现象的现状、原因及对策[J]. 教育发展研究，2007，17：15—16.

⑤ 翟博. 中国基础教育均衡发展实证分析[J]. 教育研究，2007，07：27—28.

工随迁子女教育问题。随着我国城镇化进程的加快，越来越多的农民工涌入城市，与之相伴的是随迁子女教育难的问题，国家为此也出台了许多政策，比如《关于进一步推进户籍制度改革的意见》、"两为主"政策等。尽管如此，政策在执行过程中仍有很大的现实阻碍，农民工子女普遍存在融入城市教育困难的问题。由于一些学校在执行中存在差别对待和评价，以及经济条件、观念等方面的差异，使得农民工子女备感压力，容易产生自卑心理，社会认同感较低，社会融入较困难。① 农民工子女易产生排斥感，这种排斥感的根源除了来自教师，还来自城市家长以及同龄儿童。这些问题不解决，就无法实现随迁子女在城市生活的意义与价值重建。② 除此之外，还有广受关注的择校问题。义务教育的配置和空间发展失衡，诱发了义务教育阶段的择校和高收费问题。教育部门对此出台了电脑排位、三限（限人数、限钱数、限分数）、就近入学等政策措施，但收效甚微。择校会严重损害我国当前的教育公平，不利于义务教育的均衡发展。③

2. 义务教育公共服务非均等化的主要原因

关于义务教育公共服务非均等化的成因，不同的学者从不同的角度进行了深入的探讨。首当其冲的就是中央财政投入不均问题。尽管近年来我国正在逐步完善义务教育财政投入体制，但是财政投入不均仍是不争的现实，并且极大地影响了我国义务教育均衡发展的进程。冯学军在其博士论文中，详细地分析了我国义务教育财政投入不均衡现象，提出不均衡的原因有五点：一是义务教育财政资源供给不充足。二是区域间经济发展水平有较大影响，由于东、中、西部的经济发展态势有较大差异，各地政府的义务教育财政投入水平也不尽相同，义务教育投入过度依赖地方经济，使得义务教育财政不均衡现象很难解决。三是义务教育财政制度有许多弊端，比如投入主体过低，导致义务教育发展更多依赖当地经济状况和当地财政收支状况；事权和财权没有得到有效统一，这种不对称化加剧了基层政府的财政困难，地方政府在监管不力的情况下，将有限的资源投入到产生经济效益的项目上，使得投资回报周期长的义务教育受到排挤；义务教育的财政转移支付的作用十分有限，存在资金总量少、拨付过程不规范、拨付方式单一化等问题。四是长期的城乡二元结构体制导致农村的义务教育财政投入明显低于城镇。五是法律和监督机制不完善，义务教育的法律体系不完善，较多

---

① 毛倩如，金丽馥. 农民工随迁子女教育的问题与对策[J]. 江苏农业科学，2015，02：444.

② 郅庭瑾，尚伟伟. 新型城镇化背景下义务教育基本公共服务均等的现实困境与政策构想[J]. 华东师范大学学报（教育科学版），2015，02：20—21.

③ 高贤美，李曼. 义务教育均衡发展主要问题归因及对策[J]. 现代教育科学，2014，08：6.

的文件都是以政策和行政法规的形式对法律的不足进行补充，难以进行严格的约束；另外，义务教育资金的拨付和使用情况没有得到有效的监督，使得资金流向不明，偏远的农村学校可能得不到充分的资金投入，却投入到了所谓的面子工程中，加剧了义务教育的不公平性。①

许杰从教育分权的角度分析了当前义务教育不均等化加剧的原因。他提出，目前教育公共权力通过如下两个方向进行变迁：纵向上体现为权力下放，如《国务院关于基础教育改革与发展的决定》中提出当前实行地方政府负责、分级管理、以县为主的体制；横向上体现为权力扩展，鼓励教育体制外的主体参与，如市场和个人。在某种程度上，教育权力的变迁造成了教育、财政、人事等部门的权利和义务不匹配，成为县域间义务教育均衡发展的主要障碍，使得城乡义务教育的不均衡程度进一步恶化。② 另一方面，尽管中央已开始简政放权，但由于下放权力不够，政府难以充分了解人民群众对教育公共服务的相关需求，社区、社会机构等也无法有效参与教育公共服务，使得教育公共服务在执行上遇到一定阻碍，比如收费措施单一化、办学需求不能满足现实需求等，因此对教育公共服务不均等的治理效果大打折扣。③

张东娇从社会学角度出发，认为义务教育不均衡发展的原因主要有三：一是不同时期不同地区的生产力水平不同造成教育的区域差异；二是精英主义与重点学校政策的实施造成了教育的校际差异；三是当前评估制度对义务教育学校的办学条件和教育质量差距的监控和分析不足。其后，张东娇进一步提出社会资本通过参与择校成为义务教育均衡发展的条件性障碍，理由有四：一是就近入学政策被破坏；二是促使家庭社会资本产生群聚效应；三是学校社会资本分化加剧；四是教育公平价值被损害。④

张志刚针对我国西部地区，认为造成西部教育基本公共服务非均等化的原因为：一是教育基本公共服务经费投入不足，社会筹措资金困难；二是基本公共文化服务落后，制约西部的教育发展；三是历史遗留的教育落后问题仍长期困扰西部。⑤

（四）关于义务教育公共服务均等化的对策建议研究

宏观上，诸多学者在文章中强调了政府责任和政府职能，政府的财政保障机制、质

---

① 冯学军. 中国义务教育财政投入不均衡问题研究[D]. 沈阳：辽宁大学，2013：56—109.

② 许杰. 试析均衡发展进程下公共教育权力变迁[J]. 中国教育学刊，2013，06：26—27.

③ 蒲蕊，沈胜林. 治理视角下的公共教育服务问题研究[J]. 现代教育管理，2015，06：37—38.

④ 张东娇. 义务教育均衡发展的社会资本障碍及其政府治理[J]. 北京师范大学学报（社会科学版），2008，02：25—26.

⑤ 张志刚，张晶晶. 西部地区基本公共教育服务均等化的实现路径探讨[J]. 经营管理者，2013，06：55.

量保障或监督机制、协调机制都是学者讨论的重点。微观上，学者们对义务教育资源配置、教师资源配置等十分关注，并对薄弱学校、农民工子女等弱势群体教育问题展开讨论。

1. 针对财政投入政策

冯学军指出，保障义务教育财政均衡可以从如下几点进行：第一，加大中央财政的供给，增加投入总量，调整义务教育与非义务教育的投入比例；第二，制定财政投入的统一标准；第三，消除城乡二元结构，缩小区域间的经济差异，促进区域经济的协调发展，推进城乡一体化发展；第四，规范财政转移支付形式，扩大投入总额，并专门对此进行监督和约束；第五，广泛吸纳社会资金，设立捐赠制度；第六，对农村义务教育采取差异性财政投入政策，公用经费重点向农村学校倾斜，为偏远山区的教师提供合理的待遇补偿和额外补贴，为农民工子女入学提供政策保障；第七，为薄弱学校发展建设提供集中的财力支持，遵循财政增量和存量增减平衡的原则，对薄弱学校进行标准化建设，并为教师提供合理的流动方案；第八，完善财政均衡制度的法律法规，建立义务教育经费公开制度。①

不少学者专门针对转移支付制度进行了分析。比如，崔惠玉提出构建均等化的转移支付制度，首先要规范转移支付形式，需要改革税收返还的分配办法并规范义务教育专项补助的方式；第二，可采取实验纵向和横向支付相结合的模式；第三，要完善省级以下转移支付制度，多让利给基层，公开公正。② 王春兰认为，区域教育公共服务均等化的核心是转移支付，地方政府需评估自己的财政能力，提高一般性转移支付的比例，对专项转移支付进行整合，并加强监督。③

另外，郅庭瑾也提出，公共服务均衡的实现，需要建立均衡导向的义务教育财政投入机制，如基本公共服务财政稳定增长的机制；完善义务教育财政转移支付制度，并根据流动人口的规模，对财政转移支付进行合理补偿，调动流入地的积极性；建立事权与财权统一的财政管理制度。④

2. 针对教育监督、评估、协调机制

---

① 冯学军. 中国义务教育财政投入不均衡问题研究[D]. 沈阳：辽宁大学，2013：118—135.

② 崔惠玉，刘国辉. 基本教育公共服务均等化研究[J]. 财经问题研究，2010，05：87—88.

③ 王春兰，李文靖. 我国区域公共服务均等化分析——基于重庆与上海义务教育的比较[J]. 重庆三峡学院学报，2013，02：134.

④ 郅庭瑾，尚伟伟. 新型城镇化背景下义务教育基本公共服务均等的现实困境与政策构想[J]. 华东师范大学学报(教育科学版)，2015，02：21.

随着社会的不断进步，政府职能已从教育服务的提供者逐步转变成教育服务体系的构建者和监督者，实现集权模式向宏观指导模式的转变。因此，监管和评估是我国实现教育公共服务均等化的重要保障。

张茂聪提出，首先，需成立独立的教育监管机构，实现行政与监管部门的分离，中央与地方分设教育监察部门，形成统一的监督网络。其次，发挥社会监督作用，发展教育评估中介机构以对政府行为进行评价。第三，引入听证制度，使得公民可以直接参与公共决策，听取不同利益代表的声音，使得决策尽可能地透明化、公开化和规范化。第四，完善教育监管相关法律。① 同时也有人提出，还应建立合理的回馈机制，对于公民提出的意见和建议，能够作出及时有效的反馈。②

蒋云根也提到，建构绩效评估机制需要：首先，建立科学的绩效目标体系；第二，充分反馈和利用绩效评估结果，协调促进绩效管理系统；第三，规范绩效评估过程。同时他也强调，当前教育的发展趋势是建立以中介评估为主导的多元化的评估体系。③

除此之外，各级政府部门之间需加强合作交流，做好基础数据的资源共享和更新工作，建立统一的人口信息平台，避免因部门之间沟通不及时而造成信息滞后和错位，为实现义务教育公共服务均等化提供可靠的信息保障。④

3. 针对教育资源配置

教育资源既包括物力资源，也包括人力资源。推进义务教育公共服务均等化，首先，需要建立标准化的办学条件，政府需拿出充足资金以维持最低水平的发展，保证对同一区域城乡之间、学校之间一视同仁，尽快缩小物力的不合理差距，制定统一的办学条件标准，加强对农村学校的图书配备、体育场地、实验室、计算机室及校园信息化的建设。其次，要实现教师资源的均衡配置，多种渠道并用以扩充教师队伍，提高农村中小学教师待遇，加大教师补贴和奖励性绩效工资发放，同时注重对现有教师专业技能的培训和提升，推进教师交流制度的建立，使得地区间、城乡间、学校间的师资进行合作交流。第三，设立薄弱学校专项资金，巩固薄弱学校建设政策，使得资金和人力资源向薄弱中小学辐射，同时鼓励区域内校际层面的合作交流，推动教学资源的共享共用，

---

① 张茂聪. 我国教育公共服务体系的创新及构建[J]. 中国教育学刊，2009，05：12.

② 雷晓康，曲婧. 基础教育公共服务均等化问题研究——以陕北几县为例[J]. 西北大学学报（哲学社会科学版），2011，01：25.

③ 蒋云根. 我国现阶段教育公共服务存在的问题及对策研究[J]. 天津行政学院学报，2008，01：57.

④ 郅庭瑾，尚伟伟. 新型城镇化背景下义务教育基本公共服务均等的现实困境与政策构想[J]. 华东师范大学学报（教育科学版），2015，02：22.

从而带动薄弱学校的发展。① 尹华提出，要完善城乡教师资源均衡配置的相关制度：一是政府要实行城乡教师待遇无差别化；二是完善城乡教师的交流合作制度，增强教师培训；三是建立和完善师资配置的评价和监督机制。②

4. 针对农民工随迁子女教育问题

针对农民工随迁子女教育问题，毛倩如分别从政府、学校和社会等层面提出了自己的对策。第一，政府应完善教育政策，逐步消除城乡差别，并加强对中小城市或城市边缘地区的教育投入，同时建立专项资金，加大对农民工子女的补助，保障农民工子女能平等地接受义务教育，如统一享有国家“两免一补”政策等。第二，教育部门对现有农民工子女教育学校进行深入整改，规范办学标准，要求公办学校按一定比例招收农民工子女。学校应担负起促进教师与学生、学生与学生之间融合互动的责任，改变教师对农民工子女的差别对待，给学生更多的关心与包容，创造平等的学习环境，重点加强农民工子女的德育教育，并开展相关的教育或心理辅导。第三，社会上也应消除差别对待，减少身份歧视。只有这样，才能缩小乃至彻底消除农民工子女和城市子女的教育差距。③

郅庭瑾则从学校教育教学的角度，认为我们须从以下几个方面进行工作的改进：对家庭支持不力的学生开展补偿教育，弥补学生在语言、阅读、认知、文化等方面的不足；对阶层分化、背景多元的孩子开展融合教育，引导师生之间、学生之间在思维方式、价值观等方面相互悦纳，使学生能够潜移默化地融入城市学校教育；开展包容差距的个性化教育，尊重学生的独特性。④

第三节　研究思路与方法：制度设计的可行性

一、研究思路与框架

制度研究是人文社会科学的核心问题之一。人们不仅关注制度的影响力，致力于

① 张东娇. 义务教育均衡发展的社会资本障碍及其政府治理[J]. 北京师范大学学报(社会科学版)，2008，02：29—31.

② 尹华，严明明. 实现我国城乡公共教育服务均等化的路径选择[J]. 经济视角(上)，2013，02：82.

③ 毛倩如，金丽馥. 农民工随迁子女教育的问题与对策[J]. 江苏农业科学，2015，02：445—446.

④ 郅庭瑾. 人的城镇化：教育何为[J]. 人民教育，2015，09：38—39.

"研究制度如何塑造个体行为和历史",[①]比如制度在国家兴衰过程中之作用的研究,[②]而且更加关注制度的形成过程与变迁方式,探求有意图的、理性的制度设计的可能性,比如关于个体行动和集体行动之互动的研究。[③] 其中,当下的研究尤以后者为重点。正如有学者指出的,如果深入了解制度的影响力(或效果)及制度变迁的方式,学术旨趣自然会转向"为获得特定效果应创造何种制度",即制度设计的问题。[④]

教育发展由现实走向可能总是以制度作为中介,教育改革总是以制度的转型和创新作为突破口。诚如许多学者所指出的,就我国教育发展的历史与现实而言,推进义务教育公共服务均等化和基本公共教育均衡发展,关键在于制度性因素的调整,首当其冲的无疑是剖析既有制度存在的缺陷,优化缩小教育差距的制度安排,实现义务教育公共服务的制度创新。因此,本书研究的基本思路是：基于义务教育公共服务均等化的普遍诉求,以新制度主义的制度变迁理论为理论基础和分析视角,系统探究我国义务教育制度的形成与变迁过程,深入剖析我国义务教育公共服务的主要现实问题,进而尝试提出促进义务教育公共服务均等化的制度设计。

基于上述思路,本书的研究框架见图 1－4,具体研究按照如下逻辑思路从三个方面展开。

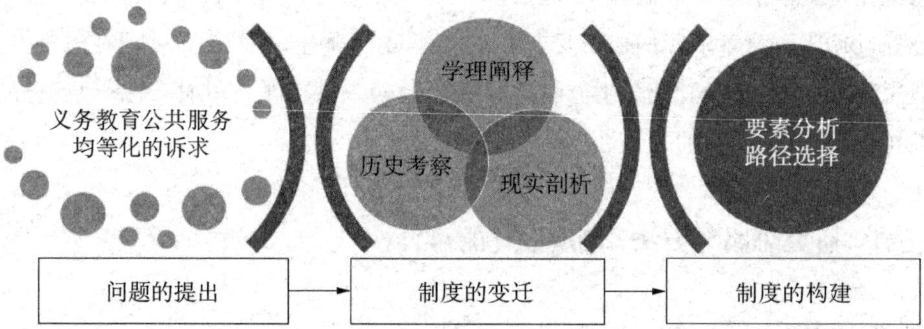

图 1－4　本书的研究框架

---

① 唐世平. 制度变迁的广义理论[M]. 北京：北京大学出版社,2016：1.

② 张宇燕. 经济发展与制度选择——对制度的经济分析[M]. 北京：中国人民大学出版社,1992.

③ 埃莉诺·奥斯特罗姆. 公共事物的治理之道：集体行动制度的演进[M]. 余逊达,陈旭东,译. 上海：上海三联书店,2000.

④ 河连燮. 制度分析：理论与争议(第 2 版)[M]. 李秀峰,柴宝勇,译. 北京：中国人民大学出版社,2014：83.

首先，从巩固和提高义务教育发展水平以及教育基本公共服务均等化的现实诉求出发，扼要地梳理问题提出的背景，综述有关研究现状，阐明本书选题的价值和意义（见第一章）。

其次，从学理阐释、历史考察和现实剖析三个维度，系统分析义务教育公共服务均等化制度的变迁。一是基于新制度主义的理论视野，对义务教育公共服务均等化的内涵、制度特征、制度属性、制度类型等基本理论问题进行系统的学理阐释，为全文深入探究义务教育公共服务均等化制度提供一致的研究立场和理论基础（见第二章）。二是运用历史主义与现实主义结合、借鉴外来与研究本土统一的方法论，通过比较研究和历史研究，从中、外两个维度剖析义务教育公共服务均等化制度的演进历程，为当前的制度创新提供历史参照和经验借鉴。为开掘研究深度，本部分先行阐释制度变迁的相关理论，即制度变迁的发生机制、基本方式、发生周期以及制度发展的时代价值；接着对美国、英国、日本等发达国家的义务教育公共服务均等化制度的形成进行历史考察，总结制度建设经验及其问题；随后，以 1986 年《义务教育法》的颁布为界，着重梳理新中国成立以来义务教育公共服务均等化的发展进程，并对义务教育公共服务均等化的制度发展进行价值分析（见第三章）。三是通过调查研究，对我国义务教育公共服务均等化的现状及其问题进行现实剖析，揭示我国义务教育公共服务均等化制度的执行在城乡、区域和学校之间具有显著不同，一些制度在推进过程中具有一定的局限性，反思取得成就和存在问题的深层社会原因，为新的制度构建和精准施策提供依据（见第四章）。

最后，从制度的要素分析和变迁的路径选择两个维度，深入阐明义务教育公共服务均等化制度的构建路向。一是基于制度的价值、理念、对象和环境等要素构成，系统论证了义务教育公共服务均等化制度构建的理性构想，从而确保制度安排的科学性和操作性（见第五章）；二是联系现实需求，从投入、监管、绩效评估方面尝试提出促进义务教育公共服务均等化的制度设计和重点策略（见第六章），这是本书的主要研究目的之一。

二、研究方法

根据研究的实际需要，本书综合采用如下几种研究方法。

（一）文献分析法

为了探索本书的研究方向和研究内容，笔者进行了较深入的文献研究。文献研究从两个方面展开，一是依托中国知网等网络数据库和国家图书馆、华东师范大学图书馆，系统查阅了国内外学术界有关义务教育公共服务均等化的研究文献，从理论上厘清了义务教育公共服务的内涵、类型、特征、属性及运行模式等基本问题，了解到我国现阶段义务教育公共服务存在的主要问题，进一步归纳了学界针对这些问题所作的原因分析和对策建议；二是通过文献追溯，全面查阅了我国有关义务教育发展的政策文本(含法律法规文本)，在政策层面梳理了我国义务教育制度的形成与变迁过程。通过阅读、整理、归纳和总结，加深了对研究内容的理解，并为本书的撰写提供理论框架和理论支撑。

(二) 问卷调查法

为深入了解义务教育公共服务均等化在不同地区的发展状况及不同区域内的现存问题和发展差异，笔者于2016年参加了教育部人文社会科学重点研究基地东北师范大学农村教育研究所(现名为“中国农村教育发展研究院”)进行的全国农村教育发展年度调研活动。调研中，笔者将自己负责的区、县教育局，学校，教师调研问卷融入大调研总问卷中，并跟随其中一个调研组深入湖南乡村进行了问卷和访谈调研，同时共享了农村教育发展研究院各调研组的调查表和调研数据，由此获得了大量的第一手调研资料。

中国农村教育发展研究院调研组所采用的样本选取原则包括以下几个方面。

本次调研主要采用分层抽样和随机抽样的方式，分别选取了我国东、中、西部的研究样本。为了使样本能真实全面地反映我国各个地区义务教育公共服务和均衡发展状况，在省份选取时遵循了如下原则：所选省份的经济发展水平需代表所在区域(东、中、西部)的发展水平，即分别选取经济发展状况较高、居中和较低的省份，体现区域的整体性。据此，调研组共选取了12个省，其中东部地区选取了山东、广东、浙江3个省，中部地区选取了湖南、湖北、河南、江西4个省，西部地区选取了重庆、云南、甘肃、贵州、广西5个省和自治区。

市、县级样本抽取主要遵循以下几条原则：其一，样本需代表本省的平均经济发展水平，原则上不选取省会城市及下属区县，舍弃最发达或最落后的区县，选取与本省平均发展水平最相近的区县；其二，样本应具有区域特色，如以山地、丘陵为主的地区，则样本也需以山地、丘陵类型为主；其三，样本需属于同一地级市。根据以上原则，调研组在每个省中抽取1个地级市的1个区和市属的1个县作为调查样本单位。另外，在县域内抽取3—4个乡镇，抽取原则为：以人口密度为主导，同时考虑交通和经济状况，人口密度高、中、低各选取 1 个。此项由分属调研组领队老师和当地教育局根据以上原则统筹抽样。

学校样本的抽选方法为：1 个区抽取 2 所初中（含中心城区和农民工聚集城郊各 1 所）、2 所小学（含中心城区和农民工聚集城郊各 1 所）；县域样本中，城关镇含 2 所初中（中心城区与城郊各 1 所）、2 所小学（中心城区与城郊各 1 所），其他乡镇每个乡镇含 1 所初中、4 所小学（含 1 所中心校、1 所村小、2 个教学点）。除广东省外，其他 11 个省市自治区的调研点覆盖教学点、农村小学、中心校、镇县小学、城市小学和初中，学校类型上力求覆盖全面。

根据本次调研的抽样特色，调查问卷分为教育局卷、学校卷、教师卷 3 类，其中教育局卷主要针对区、县层面的教育状况进行调研，包括中小学学校数量、班级数量、学生数量、教职工状况、教师交流、区域内部的经费投入等；学校卷为校长调查问卷，主要针对学校的基本建设情况、教师基本情况、学生基本情况、学校经费收支等进行调研；教师卷主要针对教师的基本情况及满意度进行调研。本次调研共回收了 11 份区教育局调查问卷、11 份县教育局调查问卷、194 份学校调查问卷、215 份校长调查问卷、7 475份教师问卷（有效问卷为 7 463 份）。

除此之外，义务教育均衡发展相关指标中的多数数据可使用调查表的调研方式来采集，因此，中国农村教育发展研究院调研组设计了区县教育局调查表、学校调查表，分别由教育局和相关学校填写，为全面的数据采集工作提供了有力的支持。通过问卷调查，笔者全面且系统地了解到不同地区间义务教育公共服务均等化进程中存在的问题和差异及差异的分布，为本书研究的比较分析和政策设计提供实证基础。本书有关现实剖析的部分，主要以这次调研数据为主。

（三）访谈法

访谈法是指通过研究者与被调查者面对面的交谈，继而根据被调查者的回答来搜集客观、真实的调研材料的一种数据搜集方式。访谈法是问卷调查法的有力补充，通过访谈，我们可以了解到问卷调查中难以获知或触及的隐性问题，更具体地了解到义务教育公共服务均等化过程中的突出问题和棘手问题，从而把握现实中义务教育公共服务的各个方面的真实样态，如经费投入、监管评估、教育资源配置、师资配备、学生基本情况等；同时对当今教育领域关注度较高的、有价值的焦点问题进行追问，如择校、留守儿童等。本次调研的访谈主要是针对区、县教育局局长，学校校长，教师，学生进行的开放式访谈，对前两者主要采用一对一的个人访谈形式，对后两者多采用群体访谈形式。其中，在教师访谈的对象选取上，选择了正式教师、免费师范生、代课教师、特岗教师等类别，尽量包含主科教师（数语外等）和副科老师，同时考虑年龄段问题；学生访谈的对象选取则保证不同年级覆盖性、男女覆盖性，另外对家庭特殊的情况会格外关注，如留守儿童、单亲儿童等。

（四）比较研究法

由于我国教育财政投入和教育政策实施状况在各地区之间甚至同一省份内各地区之间的不同，根据大规模的问卷调查数据，分析比较同一教育指标在不同地区之间的差异，有助于了解我国教育公共服务均等化的实施状况，发现国家在教育政策实施过程中具体存在何种问题。除此之外，通过了解、比对不同国家为实现义务教育公共服务均等化所提出的政策法规和政策建议，不同时期我国针对义务教育公共服务的制度发展历程以及不同地区、机构或者学者提出的教育均衡指标内容，为我国实现义务教育公共服务均等化提供一定的借鉴意义和参考价值，从而提出相应的制度改进方案。

三、研究创新

（一）研究视野创新

义务教育公共服务均等化是一个常谈常新的问题。在推进义务教育均衡发展、促进教育公平的道路上，我国虽出台了系列政策、制度，但任重而道远，如“择校热”、学业负担重、留守儿童教育、流动儿童教育等累积性问题仍难以根治。特别是随着新型城镇化的快速推进，义务教育公共服务均等化的问题更加凸显。当前，已有很多研究触及该问题，同时也有一些研究开始注意到义务教育改革与发展过程中的“制度因素”，并形成了一些从制度的视角探究义务教育改革与发展的成果，但以新制度主义为分析视角的成果并不多见。

本书基于前人已有的探索，从林林总总的“制度因素”中，抽离出“制度变迁”的因素，以新制度主义为理论视野，客观地呈现了我国义务教育公共服务均等化制度的形成过程，又基于现实制度困境的深入分析，从价值诉求、理念界定、对象确证和环境审度等要素分析的角度，以及投入制度、监管制度和绩效评估制度三个维度，逻辑地展现我国义务教育公共服务均等化的制度变迁路径，丰富了有关义务教育公共服务均等化制度的研究视野。

（二）研究路径创新

制度的建构应基于实际的需要。以往关于义务教育公共服务的“制度因素”的研究，主要基于义务教育公共服务的制度难题与困境，或从制度执行的研究路径，或从制度设计的研究路径，或从制度变迁的研究路径，着力于历史地或逻辑地探求制度的改进与完善。这些研究路径在一定程度上揭示了既有制度的矛盾，其中有关制度建构的探索也在一定程度上满足了义务教育改革与发展的实际需要。然而，正如发展总是多种因素互动的结果一样，制度的功能发挥也总是在多种制度因素互动的基础上实现的，因此，单一向度的研究路径难免陷入以偏概全、片面解释的窠臼。

基于上述考量，本书在研究路径上尝试了一系列“综合创新”，主要体现在三个方面：第一，历史与逻辑相统一的“基础性综合”。历史与逻辑相统一是辩证思维的基本性原则，也是学术研究的基础性素养。因此，本书既注重义务教育公共服务均等化制度的逻辑推演，也注重义务教育公共服务均等化制度的历史发展，力图在二者相统一的基础上揭示义务教育公共服务均等化的制度变迁。第二，制度分析的“多向度综合”。即摈弃过往常见的单一向度的制度分析路径，从“制度变迁”、“制度执行”与“制度设计”三个向度出发，试图全景透视义务教育公共服务均等化制度的形成与变迁过程。第三，具体研究策略的“三维性综合”。即在对义务教育公共服务均等化的制度设计进行总体构想时，从“实证调查”、“比较借鉴”及“模型建构”三方面入手，同时参考当前教育政策执行研究的前沿理论，从“政策”、“人员”和“地域”三个维度切入，为完善我国促进义务教育公共服务均等化的政策提供更具证据性、更加可靠的“施工”蓝图。

第二章　制度视野：义务教育公共服务均等化的理论解读

建构一个能够充分体现义务教育公共服务均等的制度，必然要先从学理方面着手，解决基本理论的问题。本章内容将集中回答与义务教育公共服务均等化及其制度相关的主要理论，包括基本含义、主要类型、核心与实质、属性与特征等。

第一节　相关核心概念的理性认知

一、均等与均等化的基本含义

“均等”一词，在《现代汉语辞典》中的解释为“平均、相等”，①且无论在哪个时代、哪个社会，都与社会制度密切相关，都是一定社会制度规约下的均等。

在中国古代文献中，最初，“均”和“等”通常是分开使用的。关于“均”，《说文解字》里说：“均，平徧也。从土，从匀，匀亦声。”②“均”的本意是平，指地势高低一样。《论语·季氏》写道：“丘也闻有国有家者，不患寡而患不均，不患贫而患不安，盖均无贫，和无寡，安无倾。”③这里的“均”是均匀、公平的意思。《史记·廉颇蔺相如列传》写道：“均之二策，宁许以负秦曲。”“均”引申为衡量的意思。④《墨子·尚同下》写道：“千里之外有贤人焉，其乡里之人皆未之均闻见也，圣王得而赏之。”⑤“均”的意思为遍、普遍。《国语·楚语下》写道：“君有二臣，或可赏也，或可戮也。君王均之，群臣惧矣。”⑥

① 中国社会科学院语言研究所词典编辑室. 现代汉语词典[M]. 北京：商务印书馆，2002：694.
② 张章. 说文解字(上)[M]. 北京：中国华侨出版社，2012：219.
③ 孔丘. 论语[M]. 杨伯峻，杨逢彬，注译. 长沙：岳麓书社，2000：157.
④ 司马迁. 史记[M]. 长沙：岳麓书社，2002：482.
⑤ 墨子. 墨子[M]. 苏凤捷，程梅花，注说. 开封：河南大学出版社，2008：144.
⑥ 左丘明. 国语[M]. 上海：上海古籍出版社，2015：388.

这里的均则是相等、等同之意。关于“等”,《说文解字》里说:“等,齐简也。从竹,从寺。寺,官曹之等平也。”[①]“等”主要有三个含义:其一,同,等同。《淮南子·主术》写道:“有法者而不用,与无法等。”[②]《周礼·春官·大宗伯》写道:“以玉作六瑞,以等邦国。”[③]《钜宋广韵·上声卷第三·四十三》写道:“等,齐也。”这里的“等”指一样。其二,称小量东西的衡器。后作“戥”。其三,衡量。《孟子·公孙丑上》写道:“由百世之后,等百世之王,莫之能违也。”[④]

把“均”和“等”合为一体作为一个词使用的情况,见于以下文献:《二十五史·清史稿·志·卷九十一·志六十六礼十宾礼·直省官相见礼》:“雍正八年,定直省官相见,位均等者,宾至署,吏入白,启门,自中门入,至外堂檐下降舆马。”《论衡·卷第三·物势篇》:“力不均等,自相胜服。”[⑤]《天工开物·卷中·舟车第九·杂舟》:“舟制首尾方阔均等,仓梁平下,不甚隆起……”[⑥]《通典·卷第一百五十九·兵典·兵十二·力少分兵必败》:“地势均等,无独便利,先挑之战,不利也。”[⑦]《论衡·雷虚》:“天之所恶,小大不均等也。如小大同,王者宜法天。”[⑧]这些“均等”多是相等、等同、一样的意思。

进入近现代社会,“均等”一词被广泛地应用于政治学、经济学、社会学等领域。在政治学领域,均等主要指制度、权力、人与人之间关系等方面的相等。在西方经济学里,均等与效率一词对应。均等,指社会成员收入相等。效率,指资源的有效配置,即各种生产要素都能得到最充分的利用,达到人尽其才,物尽其用。收入均等化和资源有效配置是资本主义国家微观经济政策的目标,但二者是矛盾的。为了提高效率,实现资源有效配置,必须按市场原则进行分配,即按每个社会成员所提供的生产要素的经济效率支付报酬;同时市场竞争的结果又是优胜劣汰,贫富悬殊。这样效率得到了保证,收入分配却不是均等的。相反,如果一味追求收入相等,就必然要割断效率与收入的联系,使人们失去追求效率的积极性,损害经济发展。因此,均等和效率是一种交替关系。追求效率,均等就受损。追求均等,效率就无法保证。既然二者不能兼而有

---

① 张章. 说文解字(下)[M]. 北京:中国华侨出版社,2012:606.

② 刘安. 淮南子[M]. 杨有礼,注说. 开封:河南大学出版社,2010:349.

③ 吕友仁. 周礼译注[M]. 郑州:中州古籍出版社,2004:242.

④ 孟子. 孟子[M]. 万丽华,蓝旭,译. 北京:中华书局,2006:59.

⑤ 王充. 论衡[M]. 陈蒲清,点校. 长沙:岳麓书社,2006:42.

⑥ 宋应星. 天工开物[M]. 管巧灵,谭属春,点校注释. 长沙:岳麓书社,2002:231.

⑦ 杜佑. 通典[M]. 长沙:岳麓书社,1995,2155.

⑧ 王充. 论衡[M]. 陈蒲清,点校. 长沙:岳麓书社,2006:85.

之，就只能有所侧重，即如何以最小的不平等换取最大的效率，或以最小的效率损失换取最大的平等。进而，从追求经济上的收入均等，到追求与人类自身发展密切相关的公共服务的均等，均等的理念不断深入人心，并成为政府机构致力于实现的社会治理目标之一。

均等、平等与公平、公正是既有联系又有区别的概念。均等即平等、等同、相等。在现代汉语里，平等指依据一定的标准所达到的事物“等同”的结果。在英语中，平等指事物在性质、数量、大小、程度等方面的同一。放到公共服务的情境中，平等有两层含义：一是实质平等，即无差别或等同的状态或结果；二是形式平等，即依据一定标准调整事物之间多寡、大小、高低及其他差别的原则或过程。而公平则不一定是均等和等同。换言之，均等未必就是公平、公正，不均等未必就不是公平、公正。客观事物纷繁复杂，人类奋斗追求的目标是既均等又公平，这是一个十分理想化的境界。但在具体的现实中，不同的社会、不同的群体、不同的能力、不同的需求、不同的发展历史、不同的自然环境等各种因素，都会导致均等和公平之间的差异。

均等化，即将社会均等的理念和目标现实化、实践化的过程。福利经济学创始人庇古的社会福利最大化思想是均等化概念的源头。均等化作为一种社会发展理念，是人们奋斗的期望、生活的目标和达到的境界。但要把理念变成现实，则需要一番艰苦卓绝、踏踏实实的奋斗过程。因此，“均等”与“均等化”之间有着细微的差别，均等化在广度和深度上都对均等理念的实现作了规定。从广度上讲，单个地区、单个服务项目实现了均等服务，并不能说实现了均等化。从深度上讲，还要看服务的质量、水平是否能够无差别地满足人们的生产生活需要。最后，从结果上看，均等化所产生的社会效益和价值能否极大地推进人类的文明进程。均等化的最终目的是实现社会的公平、正义，因此，均等化不可能是绝对的平均化和无差异化。平均化是给予每一个社会成员同质同量、内容相同、形式相同的服务产品；而均等化则是社会在可能的条件下，在机会、过程和结果方面提供给每一个社会成员同等权利的一种社会发展境界。

二、公共服务与基本公共服务

（一）公共服务

公共服务是现代经济学和管理学中一个十分重要的概念。它与公共产品一词紧密相联。公共产品是政府主导满足社会公众需求的有形产品，公共服务是政府依据社会需求履行行政职能的各类消费服务。一般认为，萨缪尔森为公共产品提供了比较经典的定义：公共产品是指具有共同消费性质的产品，它有两个基本特征：非竞争性、非排他性。①

在我国，公共服务的官方话语最早出现在 2002 年。2002 年党的十六大报告中首次提出政府须履行四项职能：经济调节、公共服务、社会管理、市场监管。2005 年《政府工作报告》提出，政府要实现历史性的转变，成为“服务型政府”。2008 年 2 月，胡锦涛在政治局第四次集体学习的讲话中指出，要在经济发展的基础上，不断提高服务水平；基于服务均等化的目标，使得基本公共服务体系逐步形成并惠及全民，为人民提供方便、快捷、高效、优质的服务，完善监管体系、扩大服务范围、增强服务能力；努力做到服务与管理的有机统一，扎扎实实推进服务型政府建设。2010 年，国家发布《中共中央关于制定国民经济和社会发展第十二个五年规划的建议》(以下简称《“十二五”规划建议》)，对“加强社会建设，建立健全基本公共服务体系”作专题论述。其中保障和改善民生、完善公共服务体系、提高政府保障能力、实现服务均等化、创新社会管理、促进社会和谐稳定等成为重要内容。

对公共服务的理解有很多维度。从供给的维度看，将来自市场和政府的服务理解为：站在市场角度看，公共服务指市场不能提供或提供不足的服务；从政府的角度看，公共服务指政府职责范围内的事务，②如政府为保证社会发展而提供的国防安全、基础设施建设、人才引进与培养、医疗卫生保障等服务。从服务内容和对象的维度来看，满足大众的基本生活需要的是公共服务，满足特定人群超出“基本需要”的则不属于此类范畴。如从人类需求方面来理解公共服务，公共服务主要是指能满足社会公众直接需求的服务，不包括满足间接需求的各类服务。所以，医疗、卫生、教育等都是公共服务项目，它是保证个体能够维持基本生活状态。人口是国家赖以存在的基础，人口消亡，国家也将不复存在。因此，国家必须通过一切手段为其全体公民提供公共产品，以保证维持人民的基本生活状态，满足其基本生活需求。

关于公共服务的含义，学者们则从不同的角度表达了不同的主张。从公共产品角度，有学者界定，社会公共部门依托公共设施、公共资源，为满足公共需求而提供的服务就是公共服务。③ 有学者认为公共产品与公共服务有所区别，前者指有形的公共产

---

① 保罗·A·萨缪尔森，威廉·D·诺德豪斯. 经济学(英文版，第 16 版)[M]. 北京：机械工业出版社，1989：36.

② 陈昌盛. 基本公共服务均等化：中国行动路线图[J]. 财会研究，2008，02：15.

③ 郭小聪，刘述良. 中国基本公共服务均等化：困境与出路[J]. 中山大学学报(社会科学版)，2010，05：150.

品，后者指无形的社会服务。有学者认为社会提供的有形产品和无形服务都是公共服务，[①]两者没有本质区别，只是表达方式不同而已。[②] 从政府职能角度，研究者将公共服务与政府职能联系起来，对公共服务内涵作了界定。有学者认为，政府利用公共权力和公共资源，为实现公共需求均等化而发生的公共行为是公共服务。[③] 也有学者提出，公共服务既是政府职能的集中体现，也是其核心与实质。

基于上述内容，本书认为，公共服务是政府安排公共资源、履行其职能、为使公众需要得到解决而提供的公共受益的社会服务，在实践形态上体现为全体公民公平、普遍享有。从现象上看，政府提供的公共服务是指政府部门、国防机构、司法机构、事业单位等所有承担国家公共职能的部门和单位提供的各种服务的总称。从本质上看，是指按照理顺政府和市场关系的要求，政府及其所属部门和单位为弥补市场缺欠过程中产生的供给行为，或者说政府及其所属部门和单位提供广义公共产品的活动。

公共服务的服务范围包括：全国性和地区性的公共服务。其服务类别有：基础设施、公共安全、社会保护、基础教育、文化体卫、社会保障、国防外交等。其服务内容有：基础设施建设，维护社会公平，主持社会正义，颁布法律制度，稳定社会秩序，保证国家安全，维护居民生存权、受教育权、自由迁徙权、劳动权等。《服务“十二五”规划》将一般公共服务视为广义上的公共服务，其服务范围包括：交通通信、公共设施、环境保护、公共安全、消费安全和国防安全等。

总而言之，本书认为，公共服务是政府提供的，以满足公共需要为特征、以公共共享为尺度、以公共资源为支撑、以推进社会公平为目标的服务，它以解决公共问题为出发点，以满足公共需要为落脚点，实现社会公平是价值归宿。

(二) 基本公共服务

依据逻辑构成，可将公共服务分为一般公共服务和基本公共服务。基本公共服务是公共服务中最基础、最核心、与民生最相关、最需保证的部分。基本公共服务的内容、范围、程度、水平受制于多种因素的影响。从大的方面看，主要有主观因素和客观因素。主观因素指政府对推进基本公共服务的立场、态度、决心、力度和积极作为。在资源有限的同等条件下，政府把基本公共服务放在什么地位，如何统筹调配公共资源，科学设计制度安排，提出实践操作举措并督促下级政府积极努力落实，这些都取决于

---

① 安体富，任强. 公共服务均等化：理论、问题与对策[J]. 财贸经济，2007，08：48.

② 江明融. 实现公共服务均等化目标的政策思考[J]. 特区经济，2006，08：181.

③ 刘尚希. 基本公共服务均等化：现实要求和政策路径[J]. 浙江经济，2007，13：25.

政府的重视程度和行政力度。想尽千方百计，排除千难万阻，吃尽千辛万苦，这是积极而为的体现。同时，主观因素还包括服务对象的文化素质、对国家政策的积极理解和努力配合等。客观因素的制约也是不可忽视的，如社会政治环境、经济发展水平、人口数量分布、服务对象结构比例、自然地理条件、历史问题累积、创新努力空间等无一例外地制约着政府提供服务的可能性、服务范围的大小和服务内容的多少。改革开放把中国带入了一个全新的时代，中国由极端的贫困落后逐步进入了小康社会。伴随着社会经济发展水平的不断提高，社会公众的物质文化需求也在不断增长。2002 年以来，我国政府持续地将为社会提供公共服务作为政府施政的重要任务之一。到 2012 年，政府更把服务的目标重点聚焦在基本公共服务，力求在政府财政能力和公共服务资源有限的条件下，通过科学调配和统筹规划，逐步解决我国城乡之间、区域之间、学校之间发展的不均衡，不断提高基本公共服务的水平和质量，让全体公民共享改革开放和社会发展的成果。发达国家实现基本公共服务均等化的历史经验告诉我们，公共服务范围扩大和服务水平的提高是个历史过程，这个过程伴随生产力发展水平和社会治理水平的不断提高，由初始的低级阶段逐步达到高级阶段，由服务的有限范围扩大到较大范围。我国由于人口众多，地域差别较大，近些年经济发展虽然迅速但时间短暂，因此在基本公共服务的总体安排上提出了“保基本、兜底线、全覆盖”的策略，符合中国国情和现有发展实际，是国家在经济发展起来后，应社会公众需求而积极作为的善治体现。当社会经济发展进入发达阶段，政府提供的公共服务范围会更大，水平也一定会更高。

19 世纪的德国社会学派代表瓦格纳被认为是基本公共服务概念的最早提出者。20 世纪初，法国公法学者莱昂·狄骥提出，组织基本公共服务是公共权力行使者的义务。他认为，基本公共服务是由政府来加以规范和控制的活动，通过这种规范，不可分割地实现和促进社会团结。[①] 西方公共经济学者萨缪尔森、马斯格雷夫（R. A. Musgrave）、布坎南（J. M. Buchanan）等提出，基本公共服务是这样一种活动，即“公民建立、服务公民、利益共享、义务共担的活动”。[②] 近年来，我国学者也对这一热点问题进行了有益的探索。从消费的角度来看，有学者提出，与低层次消费需要或差异性消

① 莱昂·狄骥. 公法的变迁：法律与国家[M]郑戈，等，译. 辽宁：辽海出版社，长春：春风文艺出版社，1999：53.

② 詹姆斯·S·鲍曼，等. 职业优势：公共服务中的技能三角[M]. 张秀琴，译. 北京：中国人民大学出版社，2005：4.

费需求有直接关联的为基本公共服务；[①]有学者主张，覆盖全体公民、满足公共资源最低需求的为基本公共服务；[②]有学者赞同满足生存与发展最低需求的民生性的服务为基本公共服务。[③] 从权利的角度来看，有学者认为，基本公共服务是指政府提供的、保障居民最低生存和发展的服务；[④]有学者主张，基本公共服务指公民普遍享有的公共服务，是具有保障最基本人权和公平、平等的服务类型。[⑤] 从范围的角度来看，有学者将基本公共服务确立为居民共享的公共设施和服务。

本书认为，基本公共服务是指由政府提供的，面向公民生存、发展等共同需求的服务。享有基本公共服务是公民的基本权利，提供基本公共服务是政府履职尽责的义务。判断一项公共服务是否为基本公共服务的标准有两个：一是这种服务需与低层次消费需求直接关联；二是服务具有无差异的同质性。

党的十六届六中全会通过的《中共中央关于构建社会主义和谐社会若干重大问题的决定》（以下简称《和谐社会决定》）提出，到 2020 年，基本公共服务体系更加完备，政府管理和服务水平有较大提高。努力建设服务型政府，强化社会管理和公共服务职能。以发展社会事业和解决民生问题为重点，优化公共资源配置，注重向农村、基层、欠发达地区倾斜，逐步形成惠及全民的基本公共服务体系。根据《和谐社会决定》精神，政府提供的基本公共服务应包括四大类型：一是底线生存类，包括社会救助、社会福利、社会保障、社会就业；二是公众发展类，包括义务教育、公共卫生医疗、公共文化体育等；三是环境服务类，包括居住环境、公共交通、公共通信、公共设施建设和环境保护等；四是公共安全类，包括国防安全、交通安全、公共场所安全、食品安全、信息安全、药品安全等。《服务"十二五"规划》把基本公共服务的范围确定在社会保障、医疗卫生、教育、就业、文化体育等保障基本民生需求的领域。2017 年国务院发布的《"十三五"推进基本公共服务均等化规划》中，确立了基本公共服务清单制，其中包括公共教育、劳动就业创业、社会保险、医疗卫生、社会服务、住房保障、公共文化体育、残疾人服务等八个领域的 81 个项目。

由上可知，基本公共服务有以下五个特性。其一，社会性，即基本公共服务是由政

---

① 刘尚希. 基本公共服务均等化：现实要求和政策路径[J]. 浙江经济，2007，13：25.

② 《基本公共服务均等化与政府财政责任》协作课题组，刘尚希，等. 基本公共服务均等化与政府财政责任[J]. 财会研究，2008，06：6.

③ 李剑，王好. 分类逐步推进基本公共服务均等化[J]. 企业经济，2009，06：107.

④ 唐钧. 基本公共服务均等化保障 6 种基本权利[J]. 时事报告，2006，6：42.

⑤ 陈海威. 中国基本公共服务体系研究[J]. 科学社会主义，2007，03：98.

府主导、面向全体社会公民而提供的一种服务，是集体行动的结果。政府提供这种服务的出发点是依据现有的经济社会发展水平和可支付能力，逐步满足社会公众基本生存和发展的共同需要。其二，基本性，即政府提供的服务是基础性、基本性的服务，其实践样态体现为“兜底线、保基本”，“兜底线”即公众的生存需要，“保基本”即社会和公民基本生活和发展的需要。其三，公共性，指政府提供公共服务的出发点指向公共领域和公共利益，服务全体国民而不是个人需要。其四，公平性，指所有教育对象享有平等的教育资源和教育机会、平等的教育过程和教育结果。其五，动态性，指公共服务是伴随着社会经济发展水平的不断提高而不断改善的，其态势是由低到高，由局部到整体，由乡村到城市，由弱势群体到全体公民。

基本公共服务应遵循的供给原则有以下几点：一是政府主导和多方参与原则。政府是公共服务的主要提供者，政府要履职尽责地建设基本公共服务并在其中发挥主导作用。与此同时，政府应善于运用市场机制，吸纳多方社会主体和民间力量等服务资源，形成扩大公共服务范围的合力。二是公平优先、效率兼顾原则。政府的基本公共服务供给包括经费投入、资源配置、政策倾斜、资金扶助等。各级政府在落实这些改善现有生存与发展状态的政策安排时，要把公平放在第一位，保证每一个服务对象都能够等质等量地享有来自政府的公共服务。与此同时，政府在出台公共服务的政策安排时，要追求最佳的资源配置和最优的操作策略，以使有限的公共服务资源获得最大效益。三是市场为辅原则。市场作为一只看不见的手，在资源配置和效益提高方面有其独到的优势，政府可通过购买的方式适度引入市场机制，发挥其在资源优化、经费使用、成本控制、效益增加等方面的优势。四是广覆盖原则。党的十八届五中全会提出了共享发展的理念，在社会公共服务领域更要贯彻共享的原则，使全体社会公民不论其家庭出身、经济地位、文化背景等都能处在基本公共服务的覆盖范围里，均能普遍享受到改革开放、经济进步、和谐社会建设带来的发展成果。

教育公共服务是基本公共服务的一部分。目前，教育研究领域对教育公共服务尚未形成权威、经典的表达，更多是借鉴公共服务的概念来加以阐释。有学者认为，教育公共服务是政府、非政府组织以及其他经济主体在教育发展中所担当的服务职能。[①] 有学者从教育公益性的角度，认为教育公共服务是由政府主导，能惠及全体教育对象

① 谢炜，陈进红. 教育公共服务的国际经验及其借鉴[J]. 内蒙古师范大学学报（教育科学版），2008，3，58.

并满足社会共同教育利益需求的非营利性服务。[①] 有学者则从产品属性的立场，认为社会公共组织为满足公共教育需要而提供的公共物品或混合物品为教育公共服务。[②]也有学者从过程的角度，提出教育公共服务是以教育公平为导向，以满足公民教育需求为宗旨，对公共教育资源优化配置，实现为社会培养人才目的的教育投入与产出过程。[③]

本书认为，教育公共服务是以政府为主导，向全体社会公众提供的满足共同教育利益需求的公益性服务。它以教育公平为导向，以满足广大公民的教育需求为宗旨，通过优化公共教育资源配置，实现提高民族整体素质、培养社会所需人才、促进经济社会发展、建设和谐社会的目标。

从类型上看，教育公共服务主要有两类：一是政府提供的教育公共服务，指政府通过政治程序，如计划机制或财政手段来实现国家和社会利益，促进教育公平和教育均衡发展；二是市场提供的教育公共服务，指企业及民办投资人使用市场机制提供教育公共服务，从而达成利润最大化。[④] 另外，也有学者提出教育公共服务的类型有：政府控制型、市场主导型、政府和市场混合型。

从特征上看，教育公共服务除具有一般公共服务的基本特征（即非竞争性、非排他性）外，还具有两大特征，即公共性和公平性。教育公共服务的公共性体现为，教育公共服务依循着国家公共教育的共同利益诉求，指向义务教育阶段的所有教育对象，以期实现义务教育在数量和质量上的共同发展，其服务主体应具有公共教育责任意识；面对教育公共服务问题，应通过共同协商、公共讨论来解决；通过教育公共服务能培养出具有公共精神、公共德性和平等民主意识的社会公民。公平性则体现为，接受教育机会平等，选择教育形式平等，享有教育资源配置平等。[⑤]

对于教育公共服务的性质，著名经济学家厉以宁认为，教育公共服务是指教育部门和教育单位所提供的教育产品，其性质可划分为五类（见表 2 - 1）。[⑥] 也有学者提出，应从教育的消费特性出发来归类教育产品的属性，由此将教育公共服务的属性划分为三类：纯教育公共产品（或称免费产品）、准教育公共产品（或称优惠服务产品）、

---

① 何鹏程，宋懿琛. 教育公共服务的理论探讨[J]. 教育发展研究，2008，09：40.

② 孙其松. 探索：宿迁市公共教育服务供给形式和机制创新研究[M]. 江苏：江苏人民出版社，2009：10.

③ 蒋云根. 我国现阶段教育公共服务存在的问题及对策研究[J]. 天津行政学院学报，2008，01：53.

④ 陈惠敏，苟关玉. 我国教育公共服务提供路径的优化[J]. 中国成人教育，2012，21：36—37.

⑤ 何鹏程，宋懿琛. 教育公共服务的理论探讨[J]. 教育发展研究，2008，09：40

⑥ 厉以宁. 关于教育产品的性质和对教育的经营[J]. 教育发展研究，1999，10，10.

私人教育产品(或称全收费产品)。①

表 2-1　教育公共服务的性质类型

类别	教育公共服务的性质	类别	教育公共服务的性质
第一种	具有纯公共产品性质	第四种	具有纯私人产品性质
第二种	具有准公共产品性质	第五种	基本具有私人产品性质
第三种	基本具有公共产品性质		

对于教育公共服务的范围,可以从内容范围和类别范围两个方面来认识。《服务“十二五”规划》中确定了我国教育公共服务的内容范围(见表 2-2)。从国家确定的服务内容范围里可生成服务的类别范围,即教育的一般公共服务和基本公共服务。很显然,教育的一般公共服务是指面向全国各级各类教育提供的教育服务。级别上有:高等教育、高中教育、义务教育、学前教育;类别上有:民族教育、特殊教育、继续教育、职业教育。而教育的基本公共服务则指面向小学和初中阶段教育提供的教育服务,因为初等教育和初级中等教育是目前被明确列入国家法律——如《教育法》和《义务教育法》——的义务教育。

表 2-2　《服务“十二五”规划》中确定的教育公共服务项目

服务类别	服务范围
第一类	九年义务教育免费,农村义务教育阶段的寄宿制学校免住宿费,为经济困难家庭的寄宿生提供生活补助。
第二类	对农村和城镇经济困难学生、涉农专业学生实行中等职业教育免费。
第三类	为孤儿、经济困难家庭儿童和残障儿童的学前教育提供补助。

三、制度与教育制度基本内涵

(一) 制度的基本含义

1. 制度的语义与语用溯源

汉语中“制度”一词的语义解释一般来自《词源》和《辞海》。《词源》中对制度有两种解释,第一种解释认为制度是法令、法规。如《周易・节》:“君子以制数度,议德

① 何鹏程. 教育公共服务体系构建研究[D]. 上海:华东师范大学,2012:15.

行。"[①]《书·周官》里说："考制度于四岳。"《汉书·元帝纪》中写道："汉家自有制度，本以霸王道杂之。"这里的制度是法令、法规的总称，在中国古代又叫规矩。第二种解释认为制度是礼俗、用法。如王实甫在《西厢记》里写道："红云：用着几般儿生药，各有制度，我说与你。"[②]这里的制度是指使用方法。由上面两种解释可见，制度是一种约束人的行为的"规"和"距"，其一般形态是"法令礼俗"。

《辞海》中对制度的解释是：第一，制度指办事规程、行动准则，如工作制度、学习制度。第二，制度指"政治、经济、文化等各方面的体系"。[③] 这个定义说明，制度是一种规程、一种准则，或在规程、准则的规范下而构成的某种体系。

英文中制度的语义使用的单词是"institution"或"system"。"institution"指宏观、抽象意义上的制度体系，通常被翻译成制度、惯例、风俗。如"institution"在《牛津英语大词典》中的定义是：业已建立起来的秩序，由此所有的事物被条规着。"system"则指微观的、具体的制度或规则，一般翻译为制度、体制、政体、秩序等。在西方文献中，还有"regime"，或更古老些的用法"regimen"，都翻译作"社会制度"。

由汉语和英语中制度的语义比较分析可以看出，在汉语语义中，"制度"一词的含义更多时候指规则；而在西方的语境中，"制度"的含义比较宽泛，包括了规则、秩序、政体、体制和社会制度等。

在制度的语用范畴里，其使用方法是随着时代的发展不断变化的。《商君书·壹言》写道："凡将立国，制度不可不察也，……制度时，则国俗可化而民从制。"[④]这里的制度是指习俗教化。《后汉书·光武帝纪》写道："帝之下书有四：一曰策书，二曰制书，三曰诏书，四曰戒敕。……制书者，帝者制度之命，其文曰制诏三公，皆玺封，尚书令印重封，露布州郡也。"这里的制度指由皇帝发出的有关国家治理或官员任命的命令、规定和决定。[⑤]《礼记·礼运》写道："故天子有田以处其子孙，诸侯有国以处其子孙，大夫有采以处其子孙，是谓制度。"[⑥]这里的制度近似于制度安排，确切地说是与继承权有关的制度安排。

综合文献记载，我国古代对制度一词主要有以下几种使用方法：第一，最早是制

---

① 吴树平，等. 十三经(全文标点本)(上)[M]. 北京：燕山出版社，1991：69.
② 王实甫. 西厢记[M]. 张燕瑾，校注. 北京：人民文学出版社，1995：160.
③ 辞海编辑委员会. 辞海：语词分册(上)[M]. 上海：上海辞书出版社，1979：158.
④ 张觉. 商君书校注[M]. 长沙：岳麓书社，2006：78.
⑤ 范晔. 后汉书[M]. 李贤，等，注. 北京：中华书局，1965：74.
⑥ 戴圣. 礼记[M]. 郑州：河南科学技术出版社，2013：91.

度一词的拆分，单独使用制和度；第二，直接使用制度一词；第三，将法等同于制度；第四，将礼等同于制度。总之，制度是我国古代统治阶级为保障自身的统治地位和治理社会活动而确立起来的一系列典章规定和行事规则。

从制度的使用中可以看出，在中国的古代社会，制度具有较宽泛的用法。确证制度的具体含义是什么，取决于使用制度一词的具体情境。

2. 制度定义的分析

学者们很早就注意到了制度在社会发展中的作用并进行了积极的研究，但因为学科领域、定义视角、定义范围以及理解、立场、主张的不同，对制度就有了不同的解释与定义（见表2-3）。概括这些主张，富有代表性的观点有：

第一，制度是一种规则。持这种观点的人比较普遍，并得到了多学科的认同。这种观点源于美国学者道格拉斯·C·诺思，他提出制度是“游戏规则”。在其论著《制度、制度变迁与经济绩效》中，他将这种规则描述为“系列约束”：一类是“正式的法规”，另一类是由惯例、习俗和伦理规则组成的“非正式约束”。他认为所有的规则都对人们有约束力，因为制度是必须遵从的程序和标准。[①] 外国学者中舒尔茨、拉坦、马克斯·韦伯、罗尔斯都持这一观点，把制度解释为规则、准则或规范。在中国，许多著名学者也都倾向于认为制度是社会公认而又系统的行为规则、行为规范或规范体系、规则体系，尽管在具体的表达上有所不同。

第二，制度是一种习惯或习俗。凡勃仑是这一主张的代表人物，他认为制度是有关个人和社会的特定关系与特定功能的思维习惯，也是一种自然习俗。由于这些习惯或习俗被人们广泛接受和习惯化，便成为一种公理化的和必不可少的东西。“它在生理学上的对应物，类似于各种习惯性的上瘾。”[②]英国著名学者哈耶克（F. A. von Hayek）将“自发的社会秩序”界定为制度。他主张社会秩序是自发形成的，社会秩序逐渐演化成行为规则，继而通过习俗、文化传承下去。

第三，制度是一种组织机构或结构。持这一观点的学者有康芒斯、科斯（R. Coase）和威廉姆森。康芒斯认为不同的交易类型合在一起成为“运行结构”，“这种运行结构，有业务规划使其运行不停；这种组织，……称为制度”。[③] 经济学家查尔斯·林德布洛

---

① 道格拉斯·C·诺思. 制度、制度变迁与经济绩效[M]. 杭行，译. 上海：格致出版社，上海三联书店，上海人民出版社，2014.

② 凡勃仑. 有闲阶级论——关于制度的经济研究[M]. 蔡受百，译. 北京：商务印书馆，1997：139.

③ 康芒斯. 制度经济学（上册）[M]. 于树生，译. 北京：商务印书馆，1962：86—87.

姆(C. E. Lindblom)将立法机构、监狱、研究单位、军队、商业企业、司局处署、间谍机构、联合国、经互会等一类的国家组织都算作制度。①

第四，制度是行为模式。亨廷顿(S. P. Huntington)认为“稳定的、受珍重的和周期性发生的行为模式即为制度”。② 亨廷顿的研究领域是现代化和发展问题，他在理解制度时重新考虑了社会变化的广阔背景。他认为制度的功能是在社会发展进程中不知不觉的状态下实现的，也就是他主张的制度的非实体性。我国有学者也认为制度是文化现象，是人们在社会生活中自然形成和创造出来的决定主体行动的规则。③

第五，制度体现为博弈系统。日本经济学家青木昌彦是这一观点的代表人物。他主张制度是有关博弈的自我维系系统。根据博弈论，制度有三个内涵：第一，制度指博弈的参与者或组织；第二，制度指游戏规则；第三，制度指均衡策略。他本人倾向于赞同制度是博弈的自组织系统。④

表 2-3　不同学者对制度的阐释

学者	对制度的阐释
凡勃仑(T. B. Veblen)	制度实质上就是个人或社会对某些关系或某些事物的一般思想习惯。
米契尔(W. C. Mitchell)	制度用来指那些普遍存在的、高度标准化的社会习惯中较为重要的习惯。⑤
康芒斯(J. R. Commons)	制度是控制个体行动的集体行动。指约束个人行动的集体行动，而在集体行动中，最重要的是法律制度。
汉密尔顿(W. Hamilton)	制度暗含着某种具有普遍性或持久性的思维或行为方式，并嵌入到群体的习惯或民族的习俗之中。⑥
格鲁奇(A. G. Gruchy)	各种类型的制度都具有规则性、系统性或规律性，在最一般的意义上，制度是构成统一整体的各个项目相互依存或相互影响的综合体或图式。⑦

---

① 查尔斯・林德布洛姆. 政治与市场：世界的政治—经济制度[M]. 王逸舟，译. 上海：上海三联书店，1992：57.

② 塞缪尔・P・亨廷顿. 变化社会中的政治秩序[M]. 王冠华，译. 上海：上海三联书店，1989：12.

③ 陈颐. 简论以制度为学科对象的社会学[J]. 社会科学研究，1998，03：66.

④ 青木昌彦. 比较制度分析[M]. 周黎安，译. 上海：上海远东出版社，2001：28.

⑤ Mitchell, W. C. The Prospects of Economics[M]// Backward Art of Spending Money and Other Essays. New York: Augustus M. Kelley, 1950:373.

⑥ Hamilton, W. Institutions[M]//Edwin R. A. Seligman , Alvin Johnson. Encyclopaedia of the Social Sciences. New York: Macmillan, 1932:84.

⑦ 卢现祥. 西方新制度经济学[M]. 北京：中国发展出版社，2003：34.

续 表

学者	对制度的阐释
诺思(D. C. North)	制度是一系列被制定出来的规则、守法程序和行为的伦理规范,是人们所创造的用以约束人们相互交往行为的框架。约束包括两大类:正式约束(宪法、产权制度和合同)和非正式约束(规范和习俗)。
拉坦(V. W. Ruttan)	制度通常被定义为一套行为规则,它们被用于支配特定的行为模式与相互关系。①
舒尔茨(T. W. Schultz)	制度是一种行为规则,这些规则涉及社会、政治及经济行为。②
马克斯·韦伯(M. Weber)	制度应是任何一定圈子里的行为准则。③
乔纳森·H·特纳(J. H. Turne)	某个群体的成员在既定环境中被组织起来应对为生存而协调自身行为过程中基本难题的方式。制度有五种基本形态:(1)亲族;(2)宗教;(3)经济;(4)政治;(5)法律。④
约翰·罗尔斯(J. Rawls)	制度是一种公开的规范体系。这些规范指定某些行为是允许的,另一些是被禁止的,并在违反产生时给出某些惩罚或保护措施。⑤
林毅夫	制度可以被理解为社会中个人遵循的一套行为规则。⑥
柯武刚	制度是人类相互交往的规则。它抑制着可能出现的、机会主义的和乖僻的个人行为,使人们的行为更可预见,并由此促进着劳动分工和财富创造。制度要有效能,就必须依靠某种惩罚而得以贯彻。⑦
塞缪尔·P·亨廷顿(S. P. Huntington)	制度是稳定的、周期性发生的行为模式。
青木昌彦(Aoki Masahiko)	制度是博弈的均衡策略,是关于博弈如何进行的共有信念的一个自我维系系统。

综合上述观点,本书认为:制度是一个社会发展运行过程中,为规范调解自身的行为及其相互关系而制定或约定的规则体系。依据逻辑学“被定义项=属+种差”的定义法则,“规则”是“制度”概念的上位概念或属概念,且内含着“制”和“度”的意义。

---

① R·科斯,等.财产权利与制度变迁[M].刘守英,译.上海:上海三联书店,上海人民出版社,1994:329.

② R·科斯,等.财产权利与制度变迁[M].刘守英,译.上海:上海三联书店,上海人民出版社,1994:253.

③ 马克斯·韦伯.经济与社会(上卷)[M].北京:商务印书馆,1997:345.

④ Turner, J. H. The Institutional Order: Economy, Kinship, Religion, Polity, Law, and Education in Evolutionary and Comparative Perspective[M]. Menlo Park, CA: Addison Wesley Longman, 1997.

⑤ 约翰·罗尔斯.正义论[M].何怀宏,何包钢,廖申白,译.北京:中国社会科学出版社,1988:50.

⑥ R·科斯,等.财产权利与制度变迁[M].刘守英,译.上海:上海三联书店,上海人民出版社,1994:375.

⑦ 柯武刚,史漫飞.制度经济学:社会秩序与公共政策[M].韩朝华,译.北京:商务印书馆,2000:35.

3. 制度的层次

关于制度的层次划分，不同学者有不同的主张。在上述分层基础上，本书把制度划分为两类四个层次。第一类是社会宏观层面的制度规则。它包括制度的第一层级，那些与社会活动、社会关系秩序和结构的总体状况相关的、具有宏观约束功能的制度，如政府颁布的法律、法规、条例等以及制度的第二层级，即非政府组织制定的章程、规定、规则限度等条款。这两个层级都属于正式制度。第二类是微观个体层面的，与专门、具体的社会群体活动相关的规范规则。它包括制度的第三层级，即强制性的行事程序、活动规范、运行方式、决策步骤等，以及制度的第四层级，即较小范围的行为规则，如价值取向、活动要求、组织纪律、注意事项等。这两个层级都属于非正式制度。

4. 制度的功能

制度之所以在人类社会及其各种活动中广泛应用，源于制度自身具有的功能。具体体现为：

(1) 引导与规范功能。制度是一种行为规则，它为人们的活动提供了行为依据。制度规定了人们应该怎么做，能够做什么，不可以做什么，可以做什么。借助于制度提供的规则信息，复杂的人际交往过程变得更易理解和更可预见，环境变化更加有序，人们可以预期他人的行动，从而调整自己的决策和行动。人们合作关系的确立和实施，需要在一定的轨道内有章可循，这样的合作关系才是稳定的、可靠的。而制度能够为人们的分工与合作提供规范，保证活动有序开展。同时，制度对组织成员的行为也起着方向引导的作用，哪些行为是组织认可的，哪些行为能够给组织和个人带来利益，制度都会予以保障，并促使个体发挥主观能动性，努力使自身行为符合这些规范。

(2) 激励与惩罚功能。制度的鲜明特点是强制性，体现为制度一经确立就要执行，执行的效果通常用激励与惩罚、限制与否定去维护。在具体实践中，制度的惩罚功能体现在，一旦组织中的个体偏离了组织目标和规则，就会受到相应的惩戒。制度同时还具有激励功能，其否定中蕴含着肯定，通过激励树立制度的权威，肯定正确的行为，否定违反制度的行为。通过约束个体的不当行为，激励个体向组织所倡导的规则靠近。

(3) 调解与建构功能。制度是规范法则，是行动尺度。制度为人的活动确立了规则，在不同层次、不同程度、不同范围内，以不同方式、不同内容、不同角度规范着人们的行动、事务管理和人际交往。经过一段时期的了解、认同和内化过程，就会形成特定的生产方式、生活方式、思维方式和行为习惯。在行事方面，通过特定的制度设计，可以调节和优化资源配置方式，扶弱固强，促进区域间、阶层间、群体间的发展平衡，有利于社会公平。

（二）教育制度的内涵

教育制度是制度的重要组成部分，是制度在特定领域的具体化。

除原始社会外，人类的教育一直带着制度的特性。义务教育，不仅本身是制度的产物和体现，更需要制度的保障才能付诸实践。曾几何时，学有所教是人类社会的美好理想，是社会发展的奋斗方向。但由于生产力水平低下，又缺乏相应的社会制度，义务教育成了人类追求的一个梦想。直到 19 世纪中叶，世界最早实现工业化的国家英国率先于 1870 年颁布《初等教育法》，开启了以制度推进义务教育实践的历史。此后，德国、日本于 1872 年，法国于 1882 年先后颁布义务教育令。法律、制度的诞生，把义务教育从梦想变成了现实。当前，我国正处在社会发展的转型时期，政府在以人为本、均衡发展的理念下，确立了义务教育公共服务均等化的制度设计。毫无疑问，做好制度设计和制度落实，不仅需要厘清制度本身，使其符合学理性；更需要系统构思，提高制度构成的科学性。为此，在实践操作的方法论上应秉持历史主义与现实主义的结合、择优而取与独立创新的统一。换言之，在制度确立和实施的过程中，既要观照历史，以历史为基；还要借鉴外来，以他山为镜；更要分析现实，有针对性地进行根本性的制度构建、制度创新和制度推进。

1. 教育制度的概念

《中国大百科全书》对教育制度的界定是：一个国家的教育目的、方针和设施的总称；各种教育机构的系统。① 《教育大辞典》中的教育制度概念是：各种教育机构的体系，包括学校制度（即学制）和教育行政机构体系。② 上述两种界定都把教育制度称为教育机构或教育体系。

台湾地区学者汤志龙等人在著作《教育概论》中认同孙邦正先生的主张，认为教育制度包括的范围很广泛，有教育宗旨、教育政策、教育行政、教育经费、教育人员、学校行政及学校制度。其中，学校教育是一个人接受教育历程中最重要的一环，被视为正式教育。所以，一般通称的教育制度主要指学校教育制度，简称学制。学校教育制度的概念为：一个国家规定的各级各类学校上下衔接、左右连贯的相互关系。在这个概

① 中国大百科全书总编辑委员会. 中国大百科全书：教育卷[M]. 北京：中国大百科全书出版社，1985：187.

② 顾明远. 教育大辞典（增订合编本）[M]. 上海：上海教育出版社，1997：798.

念里，制度是指规定，是关于学校顺利运行的规定。[①] 叶澜教授在其主编的《新编教育学教程》里则把教育制度作了广义和狭义的划分。其中广义的教育制度指国家教育目的、方针、教育经费、控制教育行政的组织系统以及有组织的教学和教育的机构体系。狭义的教育制度指学校教育制度，简称学制，指各级各类学校系统。[②]

本书根据制度主要是规则、规定、规范、标准的倾向性主张，认为教育制度是一个国家确立起来的教育体系及为保证该体系顺利运行的一系列规定和规范。教育制度可以分为宏观制度和微观制度。宏观制度指方针、目的、教育行政机构构成等，微观制度如学制、课程、经费、学位授予、毕业标准等。义务教育公共服务均等化的推进与宏观和微观的教育制度都息息相关，因为要把一种均等化的设想变成现实，把局部经验变成全国做法，最规范有力的推进方式就是制度推进。

2. 教育制度与教育体制

教育体制是一个国家教育的组织结构体系和构成该体系的规定或规范。在现代英语中，“体制”语义使用的是“regime”，译为政体，政权；统治方式，或社会制度。[③] 据此，我们认为政府或行政机构的存在方式和系统为体制。

关于教育体制，《教育大辞典》(1990 年版)解释为：教育事业的机构设置和管理权限的划分的制度。主要指教育内部的领导制度、组织机构、职责范围及其相互关系，涉及教育事业、管理权限的划分、人员的任用和对教育事业发展的规划与实施，也涉及教育机构各个部分的比例关系和组合方式。[④]《教育大辞典》(1999 年版)对教育体制作了新的解释：教育体制即教育管理体制，指国家组织和管理教育的形式、方法和制度的总称，其构成要素包括教育决策体系、教育信息的传递和反馈体系、教育调节体系、组织体系。[⑤]

本书认为，制度与体制之间的相同之点是二者均为国家层面的制度。它们的区别在于，体制比制度要低一些、具体一些，通常指向一个社会活动构成中的类别，特别是国家机构的设置、管理权限、运行方式等。在教育管理体制中，包括了学校内部管理体制、教师管理体制、投入体制、学校办学体制和教育领导体制等。

---

① 汤志龙. 教育概论[M]. 台北：五南图书出版股份有限公司，2005：91.
② 叶澜. 新编教育学教程[M]. 上海：华东师范大学出版社，1991：130.
③ 新英汉词典编写组. 新英汉词典(增补本)[M]. 上海：上海译文出版社，1979：1125.
④ 顾明远. 教育大辞典(第 1 卷)[M]. 上海：上海教育出版社，1990：23.
⑤ 顾明远. 教育大辞典[M]. 上海：上海教育出版社，1999：219.

3. 教育制度与教育政策

《辞海》将政策解释为："政党、国家根据自己的政治路线为实现一定任务而规定的行动准则。"①《教育评价辞典》对教育政策给出的定义是：政党或国家在一定历史时期为实现一定目标而制定的有关教育的行动依据和行为准则。②

教育政策是教育行动依据和行为准则的主张。教育制度与教育政策之间的关系是：教育制度制约着教育政策；教育政策要体现教育制度，是教育制度的具体化。在实践样态上，教育政策体现为教育行政主管部门贯彻落实教育制度而制定的一系列教育行政规则或规定。这些规则和规定引领着个人和团体的教育行为，规范着各个教育领域的教育行动。

4. 教育制度与制度安排

制度安排是制度的体现和具体化，是制度的实现形式，制度通过制度安排而实现。制度表现为社会关系和规则体系，这些体系的建立或废改都要通过制度安排去完成，不存在一朝一夕就能建立或废改的制度。任何一种制度必须有与之相适应的表现和实现形式，即制度安排。如国家为使公有制为主体的经济制度落地而确立的制度安排有：股份制、劳动者的劳动和劳动者的资本联合等实现形式。再如国家为落实《中华人民共和国教育法》（以下简称《教育法》）确立的现行教育基本制度而形成的具体制度安排有：教育投入的"两个增长"、国家教育考试、学历学位证书、教育督导等。其中，九年义务教育是《教育法》确定的"国家基本教育制度"之一，是国家多个重要文件列入的社会基本公共服务的一项重要内容。国家为促使九年义务教育制度得到更好的落实，出台的一系列制度安排有：标准化的城乡学校建设、一体化的学校资源配置、统一化的教师编制核定等。九年义务教育制度实现方式的具体化，有力推动了城乡义务教育一体化发展进程，有效提高了义务教育公共服务均等化的水平。

第二节　义务教育公共服务均等化及其制度类型

一、义务教育公共服务均等化的基本含义

基本公共服务均等化是我国当前创建和谐社会、建立服务型政府的一项基本内

① 辞海编辑委员会. 辞海：语词分册（下）[M]. 上海：上海辞书出版社，1979：1552.
② 陶西平. 教育评价辞典[M]. 北京：北京师范大学出版社，1998：47.

容。2006 年，第十届全国人民代表大会通过的《中华人民共和国国民经济和社会发展第十一个五年规划纲要》（下文简称《"十一五"规划纲要》）和十六届六中全会颁布的《和谐社会决定》，都将"基本公共服务体系更加完备，政府管理和服务水平有较大提高"列为构建和谐社会的九大目标和主要任务之一，要求"完善公共财政制度，逐步实现基本公共服务均等化"。2007 年，党的十七大报告提出，推进基本公共服务均等化，缩小区域发展差距。2008 年，党的十七届二中全会通过的《关于深化行政管理体制改革的意见》（以下简称《管理改革意见》）指出，要着力促进教育等社会事业发展，建立健全可持续发展的公共服务体系，推进基本公共服务均等化。2012 年国家《服务"十二五"规划》提出要"建立健全基本公共服务体系"，要求各级政府履行公共服务职责，建立健全服务体系，逐步实现服务均等化。2012 年，党的十八大报告更是指出，全面建成小康社会和全面深化改革开放的目标之一，就是要总体实现基本公共服务均等化。2017 年国务院发布的"十三五"推进基本公共服务均等化规划中，强调了推进基本公共服务均等化，是全面建成小康社会的应有之义，对于促进社会公平正义、增进人民福祉、增强全体人民在共建共享发展中的获得感、实现中华民族伟大复兴的中国梦，都具有十分重要的意义。到 2020 年，基本公共服务体系更加完善，体制机制更加健全，在学有所教、劳有所得、病有所医、老有所养、住有所居等方面持续取得新进展，基本公共服务均等化总体实现。2017 年党的十九大报告中，习近平总书记提出在 2020—2035 年间要基本实现基本公共服务均等化。国家大政方针中对基本公共服务均等化的反复强调，体现了对推进服务均等的重视程度，基本公共服务均等化的实现是我国现阶段保障民生、促进社会和谐、实现社会公平正义的一项重大战略决策，它使我国的社会发展和社会管理进入到了一个新的历史阶段。

义务教育也称强迫教育、免费教育。强迫性是指，所有适龄儿童少年必须遵照相关法律法规要求入学接受一定年限的教育；所有适龄儿童少年的父母或监护人都必须送孩子入学接受规定年限的教育；社会必须提供适龄儿童少年入学学习必需的教育投入、人力资源和硬件设施。免费性是指，国家免收适龄儿童少年入学接受义务教育的任何费用，以确保义务教育的真正实现。

根据上述内容，结合基本公共服务的内涵，我们判定，义务教育是一项基本公共服务。首先，所谓"基本"，是指关系着民众生存、发展和生活、生产等能力提升所必须和最基本的公共服务，而义务教育属于基本公共服务中的"基本"。具体而言，义务教育是教育层级中的重中之重，具有基础性；义务教育由政府主导实施，具有强制性；义务教育以国家财政保证实施，具有免费性；义务教育面向社会全体适龄儿童，具有普遍性。其次，义务教育满足的是全体公民的基本知识需求。在知识经济时代，接受义务教育是个体立足于社会、服务于社会的根本。义务教育能够满足人进入社会从事基本劳动、特别是具有技术含量的现代劳动的需求。这符合了基本公共服务致力于满足全体公民的基本需求的特征。再者，义务教育面向的是全体儿童，强调每一个儿童都必须接受义务教育。特别是，义务教育致力于为每一个儿童提供无差别的教育服务，不管是城市儿童，还是来自偏远山区的儿童，不论宗教信仰，不论家庭经济状况，每一个个体在最初的教育阶段，都能得到均等的社会服务。2012 年国务院印发的《服务"十二五"规划》中把九年义务教育列为国家基本公共服务的项目之一。由此即可确定，义务教育本身即是一项基本公共服务，基本公共服务均等化在教育领域的体现和延伸就是义务教育基本公共服务均等化，这是社会公平的必然要求。

本书据上述内容认为，义务教育公共服务均等化是指国家基于公平正义原则，通过政策调控和资源调整，让所有适龄儿童少年都能公平可及地获得大致均等的教育公共服务的过程，不论其性别、家庭、民族种族、经济状况和居住地，都能享受到由政府提供的数量相当、质量相近、可及性大致相同的义务教育。潜存其中的具体内涵有：

公平可及地获得的教育公共服务，包括两个方面。一是目的层面，我国现阶段的义务教育公共服务均等化，既是一种价值理性，又是一种工具理性。作为一种价值目标，义务教育公共服务均等化意在实现社会的公平和正义。作为工具目标，义务教育公共服务均等化是通过实践提高制度安排的有效性，达成公共服务均等化的最佳实现。二是操作层面，政府要能够做到保证义务教育在城乡、区域、学校之间获得的公共服务达到均等化，如义务教育财政保障均等化，体现为义务教育财政支出规模、中央与地方教育投入比例、城乡教育经费分配、区域财政经费投入等大体平衡。通过这些努力，保证服务对象在教育起点、教育过程和教育结果上的均等化。教育起点的均等，是指每个学生不受居住环境、经济地位、种族、性别等条件的影响，享有均等的入学机会。教育过程的均等，其客观因素主要指教育资源配置，如经费投入、教育活动、教育内容、物质条件、师资配备等提供的均等；主观因素指不同天资条件和不同家庭背景出身的学生，受教期间获得平等的能力发展。教育结果的均等，指学生在校期间均能保证享受到最低限度标准以上的义务教育，这里并不排斥对弱势群体和欠发达地区的特别关注，并通过补偿的方式给予其更多的公共服务。

大致相同或大致均等，均等化不等同于平均化。《服务"十二五"规划》指出，基本公共服务均等化的核心是机会均等，而不是简单地平均化和无差异化。机会均等是在教育的起点上保证义务教育公共服务的公正。过程和结果均等是在各级政府积极而为的统筹安排下，配置大致相同的校舍场地、图书资料、仪器设备、体育器材等教育硬件设施和人力资源、学校管理等软件条件，以求让每一个学生享有大致相同的教育教学水平和质量，获得符合其期望的身心发展。但是，人的教育与物的加工有巨大差别。人与人之间有相同之处，但更多的是差异。每个学生的已有教育基础、先天智力水平、兴趣爱好个性、毅力态度情感等身心发展特点和后天努力的不同，都会导致教育过程和教育结果的不同。加之城乡、区域、学校之间差别的存在，即使政府投入了平均化的经费，不会也不可能有绝对均等的教育结果。所以，政府需因地制宜，根据城乡与区域的经济发展和自然与社会环境的不同，将义务教育公共服务提供的差距控制在合理的、可接受的范围内。

均等化与平等、公平也有所不同。“平等”指的是教育资源的平均配置，结果是每个人得到等额或等份的教育资源。而“公平”更多的是关注整个社会的福利水平，它追求的是义务教育公共服务的整体改进，允许教育资源分配的差异化和倾斜性的专项支持。“均等”两字体现的是平等，但由于平等绝非一朝一夕即可实现，所以加入“化”字来体现对教育均等的追求和制度安排的倾向性和时代走向。但均等化又不是简单的平均化，其中又确包含着公平的成分。可见，均等化既不是单纯的公平，也不是单纯的平等，而是对公平和平等的兼顾。

服务均等化与教育均衡化亦有所区别。其一，两者的话语领域不同。服务均等化是个被广泛应用于经济、社会、管理、教育等领域的宽泛的共同话语，教育均衡化是教育领域的专有话语。其二，两者的理论来源有别。公共服务均等化的理论来源主要是公共财政理论、福利经济学等，它用福利经济学的基本理论分析公共服务均等化；而教育均衡发展的理论渊源是教育公平理论和教育民主思想，是公平民主理念在教育领域的具体化。其三，两者的落脚指向不同。教育均衡化指向的是教育改革发展的结果；而服务均等化更强调的是人文关怀，体现的是服务的过程，通过均等的服务过程，达到均衡的教育结果。其四，“均衡化”主要针对不均衡问题的解决，是一种工具理性的体现；而“均等化”更追求权利公平、以人为本的价值观，努力消除人们主观上的不公平感，是工具理性与价值理性的结合。

之所以说均等化是一个过程，是因为我国的义务教育公共服务均等化是伴随国家经济社会发展的不断进步、社会收入水平的不断提高和政府管理的不断完善而逐步实现的，它必然要经历一个由不均等到比较均等，由区域、局部均等到全国、整体均等，由低水平的均等逐渐过渡到水平较高、质量较好的均等的过程。中国目前的城市化程度不高，受教育人口庞大，城乡教育基础、教育水平差别依然较大。因此，中国的义务教育公共服务均等化需要在财政体制改革、政府责任划分、城市化进程加速、城乡教育一体化基础上实现，这必然需要作出一段时期持续的努力，需要一番拼搏奋斗的过程，而非一蹴而就、轻而易举就可达成。

当然，上述区别仅仅是为了说明问题而作出的，事实上这些概念在教育理论研究中常常是互通互用，在教育改革的现实中也常常是密不可分的。例如，义务教育公共服务均等化与义务教育发展均衡化之间就具有很大的一致性：义务教育公共服务均等化中的教育财政均等化是义务教育均衡发展的必要前提和物质基础，义务教育公共服务均等化的制度设计是促进并最终实现义务教育均衡发展的主要举措，义务教育均衡发展则是服务均等化的必然结果。

二、义务教育公共服务均等化制度的核心与实质

义务教育公共服务均等化制度的核心是指在承认城乡、地区或个体之间的差异的前提下保证机会均等、过程均等、结果均等，是提供给每个学生因地制宜、因材施教的基本教育服务。均等的实质体现在，这一基本服务不能因个人的外在身份地位、财富状况的差距而不同，也不能被任意剥夺。机会均等、过程均等和结果均等是均等化的三种表现形式，它们相互独立也相互依托。机会均等是过程均等和结果均等的先决条件，过程均等是结果均等的执行手段，结果均等是过程均等的执行目的。义务教育机会均等是实现均等化的首要条件，是指全体社会成员在教育的起点上，不管出身背景，不分城乡、区域，都可享有政府提供的均等的受教育机会，无人被排除在外。只有起点公正，才能保障每个公民对义务教育公共服务的可获得性。义务教育过程均等是指政府在教育资源配置、教育经费投入、教学条件改进、教师队伍建设等方面的大致均等，从而保证不同区域、不同学校的学生都能享受到符合其发展需要的义务教育公共服务。义务教育结果均等指在机会均等得以保证的基础上，每一成员均能有保障地享用到最低限度标准以上的义务教育。实现机会、过程、结果三者均等绝非一朝一夕完成，现阶段我国推进均等化过程主要是在保证机会均等的条件下，努力达到过程和结果的相对均等。

义务教育基本公共服务均等化制度的实质在于：政府发挥宏观调控、政策设计、

教育投入、资源分配及操作导向等领导作用，根据社会发展的整体规划，落实《服务“十二五”规划》及《“十三五”推进基本公共服务均等化规划》总体设计思路，准确把握全国义务教育公共服务不均等的现实问题和分布情况，制定进一步改善义务教育公共服务范围和水平、持续提高义务教育公共服务均等化程度的总体战略。国家通过长远规划、阶段任务、年度重点的形式进行精准施策，有针对性地根据均等和均衡的薄弱之点展开重点攻坚。中央政府着力发挥积极的领导作用，如运用制度或政策的规范引导，对下级政府给予支持和激励，激发其推动服务均等化的积极性和创造性，并督促其检查工作成效。借助政府出台的一系列措施，减少由于历史、社会和地域自然条件等原因带来的教育不平等，从而使更大范围、更多群体受益。义务教育公共服务均等化的推进，不仅是政府的政策要求，更是实践指向，其目标只有一个，即逐步缩小我国义务教育存在着的城乡、区域、学校之间的差距，通过一段时间的艰苦努力，使我国义务教育公共服务均等化的水平和质量都达到一个新的高度。在这场前所未有的攻坚任务中，政府要承担起全面提高中华民族文化素质的责任，为全社会提供基本而有保障的教育公共服务，并确保全体社会成员普遍平等而自由地享受教育公共服务。通过政策的不断改进和落实，使义务教育的起点差距、过程差距和结果差距逐渐缩小乃至消除，从而间接缩小社会发展上的城乡差距、地区差距和贫富差距，消解全体社会成员尤其是弱势群体在生活中遇到的不平等问题，实现基础教育领域的可获得性和可及性，提高全体社会公民的生存和生活质量。

三、义务教育公共服务均等化的制度类型

对于义务教育公共服务均等化的制度类型，可依据不同的侧重点进行划分。

（一）侧重服务来源的制度类型划分

以服务的来源为侧重点进行划分，可将义务教育公共服务均等化的制度类型划分为：政府主导型、市场主导型及政府和市场混合型。

1. *政府主导型制度*。政府是义务教育发展的主要责任人，负有不可推卸的责任。义务教育基本公共服务均等化是政府主导推进的民生工程。首先，义务教育是提高全体公民文化素质的奠基工程，教育行政主管部门的重要职责就是为全体社会成员提供必要的基本公共服务。其次，促进社会公平正义，是政府的另一大职能。社会和谐、公正、平等，能够减少政府行政治理的成本与负担。最后，接受义务教育是每个人的基本权利，政府必须为其提供均等的无差别的义务教育服务。

政府主导型制度又可具体划分为两种：供给导向型和需求导向型。供给导向型指教育行政主管部门依据政府的统筹规划，量力而行地提供公共服务的模式；需求导向型则是政府依据推进义务教育均等需求的多少，调整自身的教育经费支出结构，从而为教育对象提供均等的服务。两种制度类型的形成和选择主要受三个方面的因素影响。一是社会经济发展水平的实际状态，决定了政府有多大能力来满足教育公共服务的经费需求。二是经济结构的实际状态，区域、城乡之间经济社会发展区别的大小，决定了需求导向型提供模式的难度大小。三是财政体制和转移支付制度完善与否，决定了纵向和横向调配教育财政资源的效度和能力。总的来看，随着国家经济发展和对基本公共服务重视的增加，需求导向型的公共服务提供模式会越来越多地成为政府的选择。

政府主导型制度的实现有以下手段和方法：一是通过公共财政经费支出，为义务教育发展提供必需的资源条件。二是制定基本公共服务规范，统整义务教育服务。依据服务规范，甄别服务差距，鉴定服务程度，提出改进要求。三是督导监察。义务教育公共服务均等化的实现，离不开国家的实时监测，离不开国家运用强制的行政手段进行整改。

全世界很多国家都是政府主导义务教育公共服务。政府主导推进义务教育服务均等化，更能够保障城乡义务教育差距的不断缩小。农村义务教育由于历史、经济、社会等因素，始终处于弱势。要想切实推进城乡义务教育均等化，必须依靠政府的财政力量和行政力量。当然，政府主导型的模式也有弊端，首当其冲的就是目前政府财力有限，政府行政效率比较低下，使得义务教育公共服务均等化的推进速度较为缓慢。但这种状态是暂时的，随着国家治理体系的日益完备，政府的行政效能指日可期。

2. *市场主导型制度*。在国家计划管理体制时代，我国各项事业包括教育事业的发展都是在国家计划的统整下进行的，如教育经费、招生数量、教师队伍、学校内部管理等在全国都是统一的。改革开放打破了传统管理格局，特别是市场经济体制的确立给教育发展带来了翻天覆地的变化。以公立教育为主，鼓励社会力量参与办学的教育政策出台后，民办中小学校大量涌现。自此形成的多元化办学格局给我国大一统的义务教育带来了一场深刻变革，同时也给义务教育公共服务均等化带来了新的挑战，悄悄发生的诱致性制度变革使得市场主导型的模式应运而生。市场主导型制度要求政府遵循市场运行发展的客观规律，利用市场在资源流向，价格调节和服务形式、途径等方面适应公众需求的优势，因势利导，引入竞争、效率等机制，推动义务教育公共服务均等化制度和措施的不断完善。

但是，市场主导型制度模式也有其自身的局限性。公共性是义务教育的基本属性。由于市场是建立在个人利益基础之上的，因此与义务教育公共性的冲突是不可避免的。随着市场经济改革的深入，市场的竞争性、选择性、盈利性等也给公共服务带来了新的挑战。因此，保障市场经济体制下教育公共性的实现，不仅需要政府加强责任，更需要转变职能，积极地应对市场经济体制的变化，寻求提高义务教育公共服务均等化水平的新办法和新对策。

3. 政府和市场混合型制度。政府和市场混合型制度模式综合了前两种模式的特点，相互补充、相互促进、各司其职、优势互补，扮演好各自的角色，推进义务教育基本公共服务均等化进程。总的来说，这一制度模式的实行，首先要划分好政府、市场各自的角色和职能范围，哪些是市场可以进入的领域，哪些是政府必须承担的责任。其次，要处理好市场与政府的关系。义务教育领域是公共产品服务领域，强调公益性、保障性和广泛性；而市场则是资源配置的一种自由手段，这双看不见的手，始终是以利益、资本的积累为根本目标，逐利性是市场的根本特性，这与义务教育的公益性相矛盾。因此，政府必须理顺与市场的关系，探索更好的合作方式。比如，政府可以以通过购买义务教育服务的方式引入市场机制。最后，政府、市场共同向全体社会成员提供义务教育，是当前比较流行的一种模式。我国可考虑尝试借鉴该制度模式。

（二）侧重服务内容的制度类型划分

以服务的内容为侧重点进行划分，可将义务教育公共服务均等化的制度类型划分为：人均财力均等化、公共服务标准化和公共服务最低水平。

1. 人均财力均等化制度。人均财力均等化制度是指中央政府建立起来的，按各省、各区教育人口以及每万人应达到的公共支出标准计算教育财政补贴的制度。

该制度模式的主要做法是：以中央对地方补助为主，以区域内教育人口数和人均财政支出水平为主要依据，同时也应用于横向转移支付；各地按中央补助＋地方收入的方式安排教育支出；将教育投入中对地方财力均等有重大影响的支出项目划归中央。

在欧洲，从20世纪60年代后，各国相继采用了以增值税为主的税制。由于增值税属于中央税，故中央政府拥有80％—90％的财政收入，需要通过适当方式分散中央财力，保证地方政府职能的资金需要。在地方政府职能中，除政府管理外，最重要、份额最多的一项支出就是教育，尤其是义务教育。这样的财力分配，就确保了义务教育公共服务得到地方政府持续均等化的提供。

2. 公共服务标准化制度。公共服务标准化制度是指中央政府颁布统一的校舍场地、硬件设施、教师编制、图书资料、体育场馆与器材、厨房宿舍等建设或服务标准，并以此为依据确立专项转移支付的制度。具体做法是：以服务项目为对象，如无线网络、远程电视、卫星接收设备、营养餐补助、困难生补助、微机配置等，采用全国或地区统一的标准，包括服务标准、设备设施配备标准等；在经费供给上采用中央与地方分担、中央专项投入与地方政府配套的投入方式。该制度模式的优点是：服务项目明确，建设标准统一，建设要求清晰，完成进程和时间具体，有利于落实公共服务政策，保证公共服务质量，使公共服务有据可依，完成效果有据可评。不足之处是：建立公共服务标准困难；"一刀切"的全国标准容易导致与区域教育需求的背离，尤其在我国这样一个地域广大、差别明显的国情教情背景下。

3. 基本公共服务最低公平制度。基本公共服务最低公平制度融合了上述两种制度类型的优点。其做法是：第一，确立基本公共服务最低公平原则。国家按照这一原则确定义务教育服务项目清单，制定最低服务标准，并通过各级政府分担经费来保障提供这些服务。第二，确立等价性原则，即国家应有明确的意见或建议，鼓励有财政能力的地方政府因地制宜地提供更好的公共服务，经费由提供服务的地方政府承担。第三，公共服务标准可根据服务项目特点，采用实物标准、经费标准和服务质量标准等确保服务质量，并通过服务绩效评估来促其达到。

（三）侧重服务范围的制度类型划分

以服务的范围为侧重点进行划分，可将义务教育公共服务均等化的制度类型划分为：纵向均等化制度和横向均等化制度。

1. 纵向均等化制度。纵向均等化制度推进主要包括中央和地方政府均等化制度推进与城市和乡村均等化制度推进。

中央和地方政府均等化的制度推进指在义务教育公共服务均等化的提供上，采取系统设计、统筹安排、分工明确、协同推进的科学管理，做到各负其责、提高成效、避免内耗。中央政府主要负责研制服务的顶层设计，出台建设标准，明确服务对象，负责转移支付，监督服务效果。地方政府主要负责按照中央确定的服务内容、工作进程、建设标准、服务规范和具体的服务要求，一丝不苟、一项不落、一一对应地准确落实。

消除义务教育的城乡差别是推进义务教育公共服务均等化的重要任务之一。为了完成这一任务，国家和地方政府确立了一系列的制度安排。通过立制立规，提出推进义务教育基本公共服务均等化的刚性要求。在具体操作上，国家和地方政府采取了诸多切实可行的办法，包括"二元变一元"，建立城乡统一的基本公共服务均等化制度等。如浙江省按照统筹协调发展的原则，对全省的所有居民不再区分城市还是农村，一视同仁地接受义务教育，终止差别待遇；“最低保障”，确定国家最低的义务教育保障范围和标准，在确保每个公民都免费接受九年义务教育的同时，划定义务教育办学条件的最低标准；“适度分权”，理顺政府间财政关系，明确中央和地方的财权与事权，通过专项财政转移支付，把有限的财政资金投向欠发达地区的义务教育；“以城带乡”，确立城乡联动机制，提高城乡义务教育公共服务均等化水平。通过城乡互联互通，学校联盟、校长轮岗、教师支援等方式，促进城乡义务教育共同发展。

2. 横向均等化制度。横向均等化制度推进主要包括区域均等化制度推进和校际均等化制度推进。

区域均等化制度推进主要是解决地区之间、各省之间、同一省份不同地区之间义务教育公共服务均等化的差距。这些差距具体体现为教育投入、办学条件、教师队伍、教育质量等方面存在的问题。解决区域均等化问题的主体是各级政府。中央政府主要负责地区之间和各省之间均等化的制度推进，地方政府负责省内地区和学校之间的均等化制度推进。近些年来，各级政府主动而为，积极致力于义务教育公共服务均等化的推进。主要做法有：落实主体责任、加强统筹协调、强化制度设计、形成项目规划、重视督导落实、尽快取得成效、接受社会监督等。以制度设计为例，自 2011 年以来，中共中央、国务院和教育部出台的直接与推进义务教育公共服务均等化相关的重要文件有：《关于规范农村义务教育学校布局调整的意见》(以下简称《规范学校布局意见》)(国办发[2012])、《服务“十二五”规划》(国发[2012])、《2012 均衡发展意见》(国发[2012])、《关于加强义务教育阶段农村留守儿童关爱和教育工作的意见》(以下简称《留守儿童关爱意见》)(教基一[2013])、《关于全面改善贫困地区义务教育薄弱学校基本办学条件的意见》(以下简称《改善办学条件意见》)(教基一[2013])、《关于开展农村义务教育学校基本办学条件专项督导方案的通知》(以下简称《办学条件督导通知》)(国教督办[2014])、《关于进一步推进户籍制度改革的意见》(国发[2014])、《关于统一城乡中小学教职工编制标准的通知》(以下简称《统筹编制标准通知》)(中央编办发[2014])、《乡村教师支持计划(2015—2020 年)》(国办发[2015])等。除这些制度安排外，教育部还通过各类专项投入，为全面提高义务教育质量和水平提供了更精准的公共服务，如营养改善专项资金、寄宿生生活补助、免费教科书等。地方政府根据本地实际和特点，更有针对性地加强制度设计，加大落实力度，形成了许多推进义务教育公共服务均等化的独到做法和经验，如北京、上海、浙江、山东等省市。

校际均等化制度推进更加微观，主要发生在省域特别是市、区层面。主要做法是：

均等的教育财政投入、均等的教育资源配置、均等的校长轮岗、均等的教师流动、均等的学生入学机会。为了更好地实现校际均等，尽快消除长期存在的校际差异，地方政府把薄弱校的改造作为公平施政的一项重要任务，精准施策，在经费分配、教师编制、设施改造、设备更新、学生入学等方面实行倾斜政策，以尽快改变其薄弱状态，逐步提高均等化发展程度。

第三节 义务教育公共服务均等化的制度属性与特征

一、义务教育公共服务均等化的制度属性

（一）服务均等是一种国家意志

义务教育公共服务均等化是制度安排与公众需求的高度契合，而制度安排体现的是国家意志。我国政府提出的基本公共服务均等化是建设和谐社会目标追求中的具体制度，它是落实社会公平和改善民生的核心与关键，是使社会走向整体和谐的强大推动力。这种制度安排主要通过义务教育、医疗、社会保障等方面的公共支出促进社会公平正义。公共支出为每位公民提供平等的受教育机会以保障起点公平，并为最终实现结果公平创造必要的条件；确定透明和规范化的转移支付制度体现了规则上的公平；政府财政通过税收调节收入分配以实现结果上的公平。因此，基本公共服务均等化目标追求中的社会公正不仅要确立形式平等，而更重要的是实现实质平等。从社会发展进程看，制度建设经历了一个从粗制简单到逐步完善，从存在对立矛盾到逐步和谐的过程。基本公共服务均等化的实践就是向实质平等与自由迈出的重要一步。

义务教育是国家基本公共服务的一种。基本公共服务是一系列的国家善治行为与制度安排和实施，国家性、公共性、政治性是其突出特点。按照马克思的观点，国家的本质是统治阶级的工具，国家机器是统治阶级赖以生存的根本。同时，统治阶级必须承认，为整个社会提供必要的公共管理与服务是其不可推卸的责任和权力的集中体现。[①]恩格斯也曾指出，一切统治权力的起源之一，必定是以某种社会公共职能为前提和基础的。[②] 可以说，国家的政治统治基础就是公共管理与服务职能，统

① 马克思，恩格斯．马克思恩格斯选集（第四卷）[M]．中共中央马克思恩格斯列宁斯大林著作编译局．北京：人民出版社，1972：156—164．

② 马克思，恩格斯．马克思恩格斯选集（第三卷）[M]．中共中央马克思恩格斯列宁斯大林著作编译局．北京：人民出版社，2012：563．

治阶级必须执行好这项社会职能来维护和巩固其统治地位。在现实社会中，政府作为国家公共管理与服务职能实现的直接主体，通常通过建构社会制度、社会规范、提供公共服务的方式来体现自身的统治主体身份。

义务教育公共服务均等化是国家善治的体现，国家的基本义务与职责乃是公平地向社会提供公共服务。基本公共服务均等化是政府在社会阶层分化与定型基本完成，全球化、市场化、城市化和公民权利意识觉醒等现实压力下的必然选择。因此，国家为了保证统治的稳定性并把不同社会阶层之间的利益冲突降低到可控范围，就必须将实现义务教育基本公共服务均等化作为其善治社会的重要职责和内容之一。

义务教育基本公共服务均等化，不仅使个人受益，而且更重要的是为整个国家、整个社会带来正向的社会收益。国家为了得到这一效益，必须竭尽全力来保障公共服务均等化的实现。公共服务均等化可以提高社会成员的整体福利。从福利经济学的角度来看，国民收入总量越高、分配越均等，社会福利就越大。投射到我国当前的现实状况，我国农村人口和低收入人口的比重仍较大，通过推进义务教育公共服务均等化，改善子女的受教育水平，提升其将来的社会阶层和社会地位，从而带动整个家庭的福利提升，最终实现整个社会福利水平的提高。

义务教育公共服务均等化的实现能维持社会稳定，促进社会公平，保障国家的长期安定发展。经验表明，当国家的人均 GDP 增长达到一定程度时，社会将进入矛盾多发期。如果矛盾处理得好，社会就可以继续稳定向前发展，否则社会将会停滞不前。因此，积极建立推进义务教育公共服务均等化的制度，实现“不仅人人有学上，而且人人能上好学”的美好愿景，全面加强社会公民的整体文化素质，提高社会公平程度，将有利于国家各项方针政策的全面普及、理解认同和贯彻落实，促进国家长期、稳定地向前发展。

（二）服务均等是可操作的行为

义务教育公共服务均等化是制度设计与实践操作的有机统一。义务教育公共服务均等化不是用来说的，而是用来做的，且能够做。服务均等是可实现的一种目标状态。第一，法律保障它作为一种国家意志，能够在全国范围内实行。《中华人民共和国宪法》（以下简称《宪法》）、《义务教育法》等法律法规明确规定，保障每一个公民的受教育权利是国家的基本职责。能够被载入国家法律，以法的精神和国家政策作保障，义务教育均等化定是可操作、可实施、能实现的目标。第二，教育法律的公共属性和实施操作，要求必须能够无差别地为个体的成长提供全面的保障。义务教育是一项基本的人权，每个人都能平等地享有，不论民族、肤色、家庭出身等。人的一生发展受多种因素的制约，教育是其中必不可少的一个因素。教育对人的塑造作用，不仅使个体受益，也使整个社会获益。义务教育是整个教育系统中最基础的一环，也是实现国民素质提升的有效手段。接受最基本的九年义务教育，是所有公民能够有尊严地文明地生活的第一步。在教育法律执行中，通过师资配置、财政转移支付、学校建设等手段，能够为个体提供均等的教育服务。第三，国家建设的基础设施，加速了义务教育均等化的进程。如国家建设的互联网、教育网在义务教育资源配置方面起着十分重要的调节作用。利用远程视频，网络平台等手段，可在互联网上共享教材、教辅资料、课堂教学过程等内容。这对区域内每个孩子接受均等的义务教育提供了极大的支持。再如从2003年开始实施的农村教育远程试点工程，以信息技术为手段，采取教学光盘播放点、卫星教学收视点、计算机教室等三种模式将优质教育资源传输到农村试点学校，实现城乡优质教育资源共享，提高农村教育质量和效益。该工程实施以来，覆盖了西部各省(自治区、直辖市)25%左右的农村中小学、中部六省21%左右的农村中小学，使西部试点省925万中小学生、中部试点省644万中小学生受益。

义务教育公共服务均等化是可测量的，可测量意味着义务教育公共服务均等化是可量化的，那么量化的指标一定是可操作的。义务教育公共服务均等化，其目标可测，过程可测，结果可测。义务教育的目标，一定是全体公民能够达到的最低限度的能力与素质指标。也就是说，接受过义务教育的个体，能够达到社会职业的最低要求，在其职业生涯中，义务教育提供给他的知识与能力，能够满足其最低需求。义务教育的过程，必须是能使个体无差别地享受教育教学过程，要求教师做到有教无类、因材施教、毫无偏见地对待每一个学生。每一所义务教育阶段的学校都拥有配套的教育教学设施，能够满足教育教学的需求，这是保证义务教育过程均等的基础条件。义务教育的结果，必须是能够使公民获得社会所要求的最低能力与素质保障。而且，这一结果，可通过公民参与社会职业或者升入高一级学校的比率来测量。例如，经济合作与发展组织(OECD)曾提出一套衡量教育发展程度的指标体系。这套指标体系可用于解释义务教育的水平，评估义务教育的发展程度是否达到了国家所希望和所要求的标准(见表2-4)。根据这一指标体系，义务教育均等化就从理念转化为可操作、可实现、可测量的国家行为。

表 2-4 OECD 国家提出的教育发展的指标衡量体系①

<table>
<tr><th>指标类属</th><th>具 体 内 容</th><th>指 标 解 读</th></tr>
<tr><td rowspan="2">人口背景</td><td>1. 学龄人口的相对数量。</td><td rowspan="2">指示教育的社会、人口、经济等背景状况。</td></tr>
<tr><td>2. 成年人口受教育程度。</td></tr>
<tr><td rowspan="6">教育投入</td><td>1. 占 GDP 的比例。</td><td rowspan="6">指示政府的角色、责任与努力程度。</td></tr>
<tr><td>2. 公立学校与私立学校的比例。</td></tr>
<tr><td>3. 公共财政对个体的补贴。</td></tr>
<tr><td>4. 生均经费。</td></tr>
<tr><td>5. 公共经费中各级政府的投入比例。</td></tr>
<tr><td>6. 生师比。</td></tr>
<tr><td rowspan="4">公民的教育参与程度</td><td>1. 义务教育总体入学率。</td><td rowspan="4">指示全民参与义务教育的程度，是否能够体现义务教育的机会均等性。</td></tr>
<tr><td>2. 初中入学率。</td></tr>
<tr><td>3. 需要资助的特殊学生比例。</td></tr>
<tr><td>4. 接受特殊教育的学生比例。</td></tr>
<tr><td rowspan="6">学校教育环境与组织管理水平</td><td>1. 义务教育阶段教师的法定工资水平。</td><td rowspan="6">指示教育过程的基础支持条件，反映义务教育的过程是否均等。</td></tr>
<tr><td>2. 新教师的职前培训。</td></tr>
<tr><td>3. 教学时间安排。</td></tr>
<tr><td>4. 学生的缺课数。</td></tr>
<tr><td>5. 学校拥有计算机及其使用情况。</td></tr>
<tr><td>6. 学校的各种硬件设施的标准化水平。</td></tr>
<tr><td rowspan="5">学生学业成就与教育的社会产出效益</td><td>1. 中小学生的学习成绩与升学率。</td><td rowspan="5">指示教育的内部效益与外部效益，反映义务教育的结果均等性。</td></tr>
<tr><td>2. 中小学生对学习的态度。</td></tr>
<tr><td>3. 中小学生的身心发展的健康指数。</td></tr>
<tr><td>4. 就业人口中受教育程度与就业的关系。</td></tr>
<tr><td>5. 受教育程度与收入的关系。</td></tr>
</table>

（三）服务均等是一种价值判断

义务教育公共服务均等化是制度设计的价值追求与价值体验的完美结合，结合的程度、水平、境界等如何，则来自于价值判断。价值判断（value judgement），指某一特

① 经济合作与发展组织. 教育概览 2014：OECD 指标[M]. 中国教育科学研究院组织，译. 北京：教育科学出版社，2015.

定主体对客体的价值的判定。简单来说，就是人们对各种社会现象、问题作出的关于好与坏、是与否的断定。与价值判断相对应的是事实判断(fact judgement)，事实判断是关于“是什么”的判定。所有的命题都可分为事实判断和价值判断两类。事实判断描述客观实情，价值判断探讨行为标准、行为规范的问题。二者一个是实然的问题，一个是应然的问题。第一，价值判断的主体是人，而人在作出判断时，往往会以自身的利益诉求为标准。因此，价值判断的终极目标是促进人的利益价值最大化。第二，价值判断的依据有二，一是以人的需求和利益为准则，二是以事实判断为基础。没有事实依据的判断，价值判断容易陷入人的自我局限性。第三，价值判断是超越事实判断的理想存在。价值判断是人的诉求，往往暗含着人的理想追求，因而价值判断是带有理想成分的判断，表达了人的期望。

义务教育公共服务均等是一种价值判断。首先，义务教育公共服务均等是关于人的发展的利益诉求。它关涉每一个人、每一个家庭的福祉。个体的健康成长与人生发展离不开义务教育的支撑。从古至今，从私学到有教无类，从知识专属到知识普及，从个体行为到国家行为，从理念倡行到法律保障，义务教育的普及历程无不显示了人的发展的利益需求。公正、平等是人类社会始终追求的价值理想。义务教育公共服务均等化则是这一理想实现的基本载体与基础条件。人类的平等，首先是体现在教育的均等上，体现在对人性的尊重上，体现在对人追求知识的支持上。其次，义务教育公共服务均等是超越事实的理想，并是可实现的价值目标。之所以强调义务教育公共服务均等是探索实现均等化的政策手段和支撑条件，是因为当前的义务教育阶段并没有向全体社会成员提供无差别的教育体验。择校问题、学区问题、地域差距、城乡差距、区域内部差距等，都是义务教育阶段所呈现出的非均等化的突出表现。如果不能妥善解决，这些问题不断积累，同样会酿成十分严重的社会问题。因此，采取适当手段解决这些问题，推动义务教育均等化，是实现教育小康水平的任务之一。最后，义务教育公共服务均等是以现实为依据的理性判断。义务教育均等并不是“一刀切”，毫无特色。相反，在义务教育阶段，鼓励各学校办出风格、办出特色。要消灭的是不断扩大的教育差距，而教育差异则是客观存在的，并应受到保护。因地域不同、个体不同，人的发展常带有个性化色彩。每个个体之所以能够准确地与其他个体区别开来，正是因为差异性。义务教育公共服务均等化的前提，是尊重和保护人的差异性。因此我们认为，真正的义务教育均等，是针对教育制度法规和教育行为的正当性、合理性和理想性作出的，基于事实和差异的价值判断。

二、义务教育公共服务均等化的制度特征

（一）服务均等的公共性

“公共性”是对公共事务和公共产品属性的概括。哈贝马斯对公共性的界定是，公共性即公共领域，与私人领域相对；任何能够体现公共、共同的原则，对所有公民开放的事物，都可认为其带有突出的公共性。公共性意味着社会成员可以共同分配和使用公共资源，社会的共同利益向也公平开放地给予公众，具有公平共享的性质。因此，公共性，也即全民性、公有性、共享性、开放性、广泛性。具体来看，首先，公共性意味着全体社会成员共同的利益诉求；其次，公共性意味着某一产品、某一领域具备能够供全体社会成员共同消费及利用的可行性；最后，公共性与国家紧密相连，所有的公共产品服务一定是由国家提供的。因此，公共性的实质就是全体公民的共有利益，是全体社会成员共享公共资源、共享社会发展成果的状态。

教育是一种公共领域的事务，是公共利益实现的途径。教育公共性是公共性在特定领域的反映，也是对公共性在教育领域的具体说明和应用。教育的公共性是国家意志和社会公共利益的体现，由国家主要提供制度保障来维持，同时需要国家、政府、学校、家庭和社会团体的共同维护。义务教育公共性是衡量义务教育性质的重要标准，是义务教育的本质属性。义务教育的公共性具有以下几个特征：第一，广泛性。义务教育是面向社会全体适龄儿童少年而提供的免费基础教育，它不仅仅致力于对单个人、单独群体或单一阶层的影响，而且更是面向众多个体、群体和阶层成员。它要超越个人层面，主要通过提高国民素质形成国家的人力资源实力，铸就国家的国际竞争力，从而跨越国界影响全人类的发展进步。第二，公益性和共享性。义务教育是人人都可以享有的基本公共服务，是社会全体成员的共同需要，国家为公民提供义务教育是国家的职责，个体接受义务教育是公民的义务，另外，义务教育对社会力量的容纳和交融也反映了其公益性的特征；义务教育的实施惠及国家每位公民，是所有社会成员所共享的并且均会从中受益，因而义务教育服务同时具有共享性。第三，统一性。义务教育的公共性是个人与社会的双重受益，二者相辅相成，统一发展。个体接受义务教育获得智力的提高和内涵的发展，从而实现个人理想，同时公众整体文化素质的提高也助推了整个社会和国家的繁荣发展。第四，全面性。全面性包括机会、过程、结果均等，主要指人们不受政治、经济、社会地位、民族、信仰和性别等差异的限制，在法律上都享有同等受教育的权利。教育服务的全面性是教育公共性的价值要求，是保持良好

公民社会的基本需要，更是维持国家稳定的重要基石。具体见图 2－1 所示。

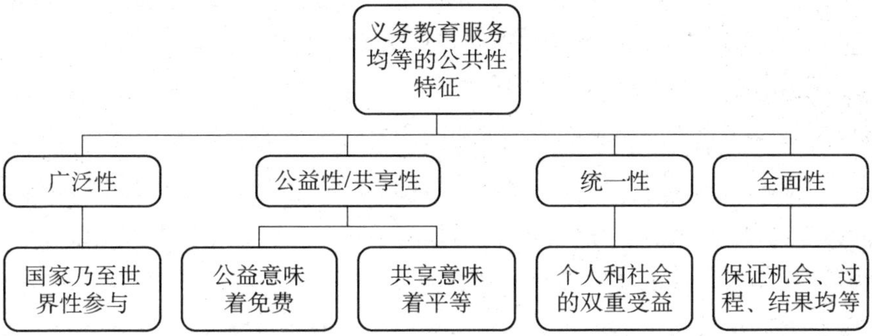

图 2－1　义务教育服务均等的公共性特征

（二）服务均等的平等性

中国义务教育公共服务均等的平等性正在实践中。改革开放以来，中国的经济和社会均得到快速发展，十几年来年均 GDP 以两位数的速度递增，近年增速虽有所下降，但仍然是世界经济发展最快的国家之一。但中国人口众多，乡村广阔，城市化程度不高，地域差别巨大，要平等解决社会公共服务问题绝非一日之功。在义务教育领域，国家把致力于给全体学生以平等的教育机会、平等的教育过程、平等的教育结果作为历届政府的奋斗目标和具体任务，制定科学有序的顶层设计、务实有效的行动计划、切实有力的政策措施，举全国之力去逐步推进。关于服务均等的平等性成就，世界主要发达国家的经验值得借鉴。对此，在接下来的研究中将有较详细的介绍。

实现平等是人类的终极理想。平等是一个描述性的概念，其本意是指人与人之间的一种关系或态度，强调人类在权利、地位、利益分配中的一种相同状态，具有一定的客观性。人类社会的不断进步，推进人与人之间的关系逐渐从不平等走向平等，社会也逐渐由不平等走向平等。平等与不平等是相对的，平等口号的产生是社会不平等的产物。法国思想家卢梭指出，私有制的产生是人类不平等的起源和基础。为了消除这种不平等，他提出“人生而自由、平等”的口号，并主张运用社会契约作为人在进入社会时不至于丧失自由和平等的手段。[①] 但是，卢梭所幻想的将立法与守法统一起来从而实现真正的自由、平等的政治理想是不能成为现实的，我们最好把它当成一种道德理想。因为在卢梭的时代，平等只是一种价值期望，一种美好的理想。卢梭也认识到，人

① 让・雅克・卢梭. 社会契约论[M]. 徐强，译. 北京：中国社会科学出版社，2009：20—23.

类是不可能再回到自然平等的状态中的。现在社会的平等与不平等，多起源于人类的自觉活动，社会平等从根本上来说是个应该不应该的权利问题，不仅仅是个利益问题。正如无数先哲所说，社会平等实乃权利平等。作为应该如何的道德规范，社会平等也就是公平、公正。

《教育大辞典》对教育平等的界定是：人们在法律上享有同等的受教育的权利和机会，不受政治、经济地位及民族、种族、信仰和性别的限制。[①] 作为一个具有政治色彩的口号，它是伴随着近代资产阶级政治民主的口号和普及教育的思想而出现的。18世纪法国启蒙思想家爱尔维修以智力平等说否定了“天赋观念”论，从理论上明确了人人都应该享有受教育的平等权利。夸美纽斯的普及教育主张，强调了社会各个阶层的人——不管是有钱有势的人的子女还是城市乡村的儿童少年，无论贫穷还是富贵，都应该进入学校学习，都有接受教育的权利。早期的教育平等思想是随着资产阶级革命提倡的政治平等思想发展而来，主张“把一切知识教给一切人”。教育先贤们的美好理想在当今的中国正在努力变成现实。联系当前现实，教育平等意味着社会全体公众都能平等地享受到政府为所有适龄儿童提供的最低标准以上的教育服务，没有人被排除在外，其根本是机会平等。义务教育服务的全过程都受到国家法律和方针政策的保障，人人都有同等的受教育权利、条件和机会，中国自颁布《义务教育法》以来，在保证人人有学上这个教育的起点上已经做到人人平等。国家现在力求在义务教育入学机会均等的基础上，达到更高层次的教育过程和教育结果的相对均等，以体现教育的公平正义。通过落实义务教育公共服务均等化，能够让每一名学生都能平等地上好学已经成为到2020年实现小康社会的重要目标之一。

（三）服务均等的相对性

义务教育公共服务均等化是指政府要为全体公民提供最基本的、适应当前经济社会发展水平和群众需求的、大致均等的义务教育服务。均等化不是完全的平均化、绝对的均等化。实现义务教育公共服务均等化需要综合考虑多方因素，而不能办“一刀切”的教育，不能搞绝对的“平均主义”，不是给所有学校提供一模一样的教师队伍、教育活动和教学内容。它允许教育中差异的存在，它解决的是教育中存在的差距问题。均等化并不是要求公共服务数量或质量完全相同，而是在不会损害社会公平的前提下，一种有差异、有特色的、大体上的相等。义务教育公共服务均等化是在承认客观差

---

① 教育大辞典编纂委员会.教育大辞典(第6卷)[M].上海：上海教育出版社，1992：100.

异基础上的相对均等化。其相对性体现在：

第一，均等化的内容、范围、数量具有相对性。从供给内容上看，是指义务教育阶段的教育公共服务的均等供给，不涉及其他教育形式，例如课后补习班、辅导班等学校之外的教育服务。从实现范围上看，由于经济社会发展水平差异造成的地域差异长期存在，大致均等的教育公共服务同样具有地域差异。从供给的数量和质量上看，政府为公众提供的义务教育公共服务要以国家公共财政支撑能力为限度，以满足人民群众最基本、最底线的教育需求为目标，而不是无限制的、无范围的。均等化主要包括起点均等、过程均等、结果均等，这并不意味着起点、过程、结果的平均。政府的职责是通过均等化的制度安排，保障全体社会成员能公平、均等地享受义务教育公共服务。如果超越了共有的义务教育消费，就成了选择性的义务教育需求，而政府并不承担该项义务。但政府也不强制个体的教育选择，即均等化不排斥多元选择和自由选择。从现实角度看，公共服务均等化更多的是一种执政理念和政策取向，难以做到公共服务的绝对均等。公共服务均等化并不意味着某些指标或标准一定要完全相同，而关键是尽量缩小差距或把差距控制在一定程度内。

第二，经济财政因素决定了义务教育公共服务均等化的相对性。我国各个地区的自然条件和经济发展水平差异较大，而政府提供的义务教育公共服务又在很大程度上依赖地方经济，因此不同地域之间的社会成员享受的义务教育公共服务在供给数量及质量上差异很大。如果单纯地消除这种差异，削峰填谷，实行绝对的平均分配，会造成资源的极大浪费，降低社会的资源利用效率，基本公共服务也无法实现有效供给。因此，国家需要在现有财政能力范围内，通过教育制度的调整和完善缩小这种差异，保证社会成员享受相对均等的义务教育公共服务。

第三，人的发展的个体差异性与其个性化教育需求决定了义务教育公共服务均等化的相对性。个体差异性是教育实践活动中对受教育者进行特征分析的最为重要的教育依据。因此，在推进义务教育均等化进程时，应倡导因材施教的教育理念，鼓励学校为学生的个性发展提供相应的服务。这也是为什么在我国的义务教育改革中有统一的教育目标，但允许各地采用不同的教材版本及自主安排学校的教育教学活动。这一过程的推进，包含两个方面的内容：一是社会层面，不是泛指满足社会成员生存与发展最低层次需要的全部基本公共服务内容，而是那些尚未达到社会均等化提供状态或尚未达到社会均等化受益程度的基本公共服务项目。二是公民个体层面，基本公共服务均等化并不是所有人都享有整齐划一的服务水平，而是具有相同公共需求的公民可以享受到大致相同的公共服务。社会的每个公民因其生长环境、家庭背景、观念的不同，都是各具特色的差异化个体，不同人或人群对教育公共服务需求的类别和数量也将不同。教育的目的不是制造一模一样的人，而是强调个性化发展。因此，从某种程度上，整齐划一的公共服务供给是不现实的，它体现的是绝对化了的社会公平正义，不是基本公共服务均等化的根本目的。

义务教育公共服务并不是单纯的等额分配，均等化也从不会强调每个社会成员都享受完全相同、没有差异的义务教育公共服务。均等化并不排斥差距，既不是平均也不能悬殊，而是在承认义务教育在地区、城乡之间有可接受的合理差异的基础上的相对均等，它坚持了对弱势群体和欠发达地区的补偿原则，体现了社会公平正义，也实现了公平与效率的统一。

（四）服务均等的发展性

义务教育公共服务均等化是一个发展性的相对概念。均等化的实现是一个长期的过程，需要政府和全体人民群众的共同努力，绝非一朝一夕完成。社会在不断发展，教育也在不断进步，义务教育公共服务均等化进程同样具有发展性，其实现目标不会一成不变，总是由一个既定目标发展到另一个既定目标；其实现范围也在不断发展，由小范围均等逐渐扩大到全国范围均等。因此，均等化的过程是在动态的发展中逐步推进的。具体而言，服务均等的发展性主要体现为动态发展的阶段性和层次性：

第一，义务教育公共服务均等化的发展目标具有阶段性。基本公共服务均等化，是指政府把那些尚未达到均等化状态或尚未达到社会均等化受益程度的基本公共服务，由非均等提供转变为均等提供，由社会非均等受益转变为社会均等受益。它的实现过程是一个非均等化与均等化、全国最低标准与地方标准同时并存的过程。在不同时期，义务教育公共服务均有不同的侧重，体现出明显的时代特征，在不同的历史阶段和同一历史阶段的不同区域，其均等化任务都是不同的。[①] 在经济发展和财力水平不够的条件下，均等化需要先从底线水平的均等，逐步过渡到平均水平的均等，最后实现结果的均等。一个国家在某一时期提出的教育发展特定目标是与当下的经济社会发展水平相适应的，但绝不会一成不变。当经济发展水平较低时，政府提供的是较低水平的均等化，然后再逐步提高到中水平甚至高水平的均等化。另外，公众对义务教育

① 柳欣源，姚玉香. 利益主体诉求视域下义务教育公共服务均等化的制度设计[J]. 东北师大学报（哲学社会科学版），2017，01：175.

的基本诉求会随着经济和社会发展水平的变化而不断变化，国家也会相应地调整当下义务教育公共服务均等化的标准。但是需要强调的是，不管政策如何变化调整，义务教育公共服务均等化都要遵循最低保障、“上不封顶、下要保底”的原则，即均等化标准相对于当下的经济发展水平而言都是保证了最低水平的民生要求，从每一个时间点来看，提出的标准都是最低标准，这样才能体现义务教育的公平性。

第二，义务教育公共服务均等化的发展范围具有层次性。在讨论均等化时不容忽视的一点是，由于不同地区的自然地理条件、人口分布、经济发展水平存在差异，不同地区政府提供义务教育公共服务时的支出成本绝不会完全一致，由此带来了城乡之间、区域之间均等化的差异，即便是一些经济发达的大城市在区域内也有较为明显的不同。因此，推进义务教育公共服务均等化需要有层次地缩小城乡、区域间的均等化差异，然后再进一步通过政府调控拉近区域内的均等化程度，最终努力实现人与人之间享受到的义务教育公共服务的均等。总之，义务教育公共服务均等化是由初级均等化到中级均等化，再到高级均等化的一个过程，在此过程中要逐步地、分层次地实现城乡、地区以及区域内义务教育公共服务均等化，最终达到实现人与人之间义务教育公共服务均等的目的，真正体现服务均等的要义，保证义务教育全面均衡的协调发展。

第三章　制度变迁：义务教育公共服务均等化的时代演进

推进义务教育公共服务均等化需要以完善合理的制度作为保障。随着社会政治、经济制度的变化，为更好促进义务教育健康发展，增进公共教育利益，国家需要对制度安排进行不断的改进和完善，由此必然带来教育制度的演化变迁。教育制度的变迁虽然是个复杂的过程，但也遵循着一定的客观规律。认识和把握这一规律，有利于掌握教育制度的变迁轨迹，为推进义务教育公共服务均等化的制度构建提供理论依据和历史参照。本章内容将循着历史主义与现实主义结合、借鉴外来与研究本土统一的原则，在对制度变迁给予理论阐释的基础上，比较系统地梳理了世界主要发达国家推进义务教育公共服务均等化的制度发展脉络，以及我国自新中国成立以来，特别是《义务教育法》颁布后在推进义务教育发展方面的制度演变，归纳总结了义务教育公共服务均等化制度的发展特征和时代方向。

第一节　制度变迁的理论阐释

制度通常是通过建立一个稳定结构来减少不确定性，然而制度的稳定性是相对的，它总是处于变迁和演化之中。教育制度变迁必然遵循制度变迁的一般规律，认识这一规律，有助于我们掌握教育制度的变迁轨迹。因此，本部分主要论述制度变迁的发生机制、基本方式及阶段周期。

一、制度变迁的发生机制

所谓制度变迁，简而言之，就是制度的替代、转换与创新的过程。它是一种制度向另一种制度的转变，这种转变包括旧制度的废除和新制度的创立以及对原有制度的修正和完善。由低级向高级发展是制度变迁通常遵循的规律。

马克思以生产力理论和阶级理论为基础，提出生产力的发展是推动社会制度变迁的根本动力，这个过程是代表先进生产力发展要求的新兴阶级起来推翻落后的统治阶级，建立新的社会制度的过程。马克思认为制度变迁的动因源自生产力自身具有的革命性，而生产力发展的核心因素是科技进步。在制度变迁的主体上，马克思认为，具有共同经济地位和经济利益的个人组成的阶级是主要推动者。从阶级理论出发，可以看出马克思主义提出的生产力推动制度变迁主要体现在社会基本制度方面，是对人类社会发展规律的一种总体性的认识。①

对制度变迁问题进行系统的理论研究，始于20世纪60年代。制度变迁是新制度经济学派的主要研究内容，其代表人物之一是美国著名经济学家道格拉斯·C·诺思。诺思在研究中重新发现了制度因素在经济发展中的重要作用，将制度作为内生变量运用到经济研究中，并将产权制度、意识形态、国家、伦理道德等作为经济演进与发展的变量，扩展丰富了制度变迁的理论体系。诺思认为，制度是一个社会的博弈规则，是一些人为设计的、型塑人们互动关系的约束，制度保障了人们在政治、社会或经济领域里交换的激励。制度变迁决定了人类历史中的社会方式，因而是理解历史变迁的关键。② 制度变迁的主体包括个人、组织及政府三个层次。制度变迁的源泉是变化着的相对价格与个体偏好，相对价格包括土地、劳动、资本等要素价格比率的变化、信息成本的改变及技术的变化等；个体偏好指相对价格变化带来的人们行为模式的改变。可以看出，在制度变迁的动因上，诺思与马克思关于科技进步是制度变迁推动力的观点存在一致性。

诺思的制度变迁理论的一个重要内容是路径依赖。路径依赖指一些微小事件的结果以及机会环境能决定结局，并且，结局一旦出现，便会产生一条特定的路径。③ 在制度变迁过程中，一旦走上了某一路径，就像物理中的"惯性"一样，会沿着既定方向去发展和演化，并不断强化这一进程。这个过程有两种结果，一种是进入良性循环的轨道，加速优化；另一种是陷入恶性循环之中，甚至被"锁定"(lock-in)在一种无效率的状

---

① 马克思，恩格斯. 马克思恩格斯选集(第一卷)[M]. 中共中央马克思恩格斯列宁斯大林著作编译局，编译. 北京：人民出版社，1966：76—81.

② 道格拉斯·C·诺思. 制度、制度变迁与经济绩效[M]. 杭行，译. 上海：格致出版社，上海三联书店，上海人民出版社，2014：3.

③ 道格拉斯·C·诺思. 制度、制度变迁与经济绩效[M]. 杭行，译. 上海：格致出版社，上海三联书店，上海人民出版社，2014：111.

态中，很难从中走出来。当进入锁定状态时，制度变迁就需要付出更多的代价。诺思认为，制度变迁路径受正式规则与非正式约束两方面的影响，实施机制、实施方式以及行为规范的不同，人的观念、意识形态和信仰的差异等，都可能将制度变迁引入不同的路径。“路径依赖意味着不去追溯制度的渐进性演化过程，我们就无法理解今日的选择。”[①]路径依赖问题强调了原有制度对于制度变迁存在抑制或者促进的作用，提醒人们进行制度变革创新时，一方面，要不断回顾制度的渐进演化过程，另一方面，对新制度的选择和实施要慎重考虑，因为它会产生长远的路径影响。

二、制度变迁的基本方式

新制度经济学认为，影响经济增长的主要因素是制度变迁，而制度变迁方式是影响制度变迁效果的重要因素。所谓制度变迁方式，是指制度创新主体为实现一定目标所采用的制度变迁形式、速度、突破口、实践路径等的总合。制度变迁方式的选择主要受社会利益集团之间的权利结构分布和社会的偏好结构分布的影响。[②] 从不同角度进行考察，通常有四种制度变迁方式。

1. *强制性变迁与诱致性变迁*。根据变迁主体，制度变迁可以分为诱致性变迁与强制性变迁，这一观点的主要提出者是我国学者林毅夫。诱致性变迁是由以微观行动者尤其是经济行动者自发倡导、组织和实行的，是由于其在原有制度安排下无法得到发展机会而引起的。强制性变迁则由政府以法律、法规的形式来推行制度的变迁。诱致性变迁以企业或个人作为变迁主体，是一种渐进的、不断分摊改革成本的演进过程，变迁的程序是自下而上的。强制性制度变迁的主体是国家，变迁的程序是自上而下的。

2. *渐进式变迁与激进式变迁*。根据变迁速度，制度变迁可以分为渐进式变迁与激进式变迁。渐进式变迁是指变迁过程相对平稳，新旧制度之间的交接轨迹平滑，不易引起大的社会震荡。激进式变迁是指在短时间内，迅速地废除或破坏旧的制度，制定和实施新制度。渐进式变迁具有局部的、缓慢的特点，而激进式变迁表现出全局的、突变的特点。

3. *主动式变迁与被动式变迁*。根据主体对变迁的态度，制度变迁可以分为主动

---

① 道格拉斯·C·诺思. 制度、制度变迁与经济绩效[M]. 杭行，译. 上海：格致出版社，上海三联书店，上海人民出版社，2014：118.

② 汪洪涛. 制度经济学：制度及制度变迁性质解释（第二版）[M]. 上海：复旦大学出版社，2009：64.

式变迁与被动式变迁。主动式变迁是指利益集团发现由于制度的不完善而存有潜在获利机会时，就会对现有制度进行主动的制度变迁或制度创新。当某些主体发动并实施了制度变迁，制度结构发生变化进而导致原来的利益结构亦发生变化，对那些原来缺乏变迁动力的主体来说，其利益因受到变革的影响与冲击而受损，因此，他们不得不被牵动着进行制度变迁，这就是被动式变迁。

4. *局部性变迁与整体性变迁*。根据变迁范围，制度变迁可以分为局部性变迁与整体性变迁。局部性变迁指对制度的结构或要素进行部分调整和改造，例如，某个方面或某个层次的制度变革、一个国家的某个地区的制度变迁等都属于局部性变迁。整体性变迁是指在特定社会范围内各种制度间相互配合、协调一致的全方位变迁。

三、制度变迁的阶段周期

国内学者程虹等人提出制度变迁的阶段周期理论，认为制度变迁是一个由制度僵滞、制度创新和制度均衡三个阶段而构成的变化周期。① 制度变迁的起始阶段一般为制度僵滞阶段，由独占型利益集团主导。在这个阶段，由于制度缺少对经济增长的推动力，大多数人都对此表示不满，迫切要求建立新制度，但极少数利益集团与统治者结盟，则希望现有制度能继续维持下去，制度变迁陷入僵滞阶段。当制度的收益不断递减直至无法维持时，打破制度僵滞的契机就出现了。制度变迁过程中最为重要的阶段是制度创新阶段。创新型利益集团以独创性的经济活动来寻求新的获利机会。在这一阶段，创新型利益集团虽积极争取国家赋予其“合法化”，但所创新的规则没有上升为社会的基础制度，创新收益不能为社会各集团分享。因而，新旧两种制度处于暂时性的胶着状态。② 这一状态最终以创新型利益集团所获收益的不断增加而逐渐打破，至此，制度变迁进入到新的演进阶段。第三个阶段是制度均衡阶段，这一阶段由分享型利益集团主导，是制度变迁的完成阶段。以新制度代替旧制度是一个制度变迁周期完成的标志，新制度的确立取决于新的利益集团是否愿意贡献出一部分收益与其他利益集团分享，达到各利益集团博弈的均衡和最优化，从而使各利益集团认可新制度的确立或对基本法律制度的修正。

综上所述，按照新制度经济学的观点，从本质上看，制度变迁的核心动因在于经济

---

① 程虹，窦梅. 制度变迁阶段的周期理论[J]. 武汉大学学报(哲学社会科学版)，1999，01.

② 程虹. 制度变迁的周期[M]. 北京：人民出版社，2000：212.

主体获取外部潜在利润的渴望。制度变迁是各个利益集团间不断博弈的过程，是制度从非均衡到均衡的演变过程。同样，教育制度变迁亦是主体通过创新、变革教育制度获得更多外部潜在利润或净收益的过程。由于教育制度变迁关系到多方面的利益调整和再分配，可能会阻碍既得利益集团的权益，从而阻碍制度变迁的进程。路径依赖所产生的惯性也可能使教育行为个体依赖原有制度而抵制变迁，原有制度对制度的创新和变革可能起加速作用，抑或起到阻碍作用，因此教育制度变迁可能不会一帆风顺。教育制度变迁是一个渐进演化的过程，这个过程绝不可能是对原有制度的完全否定，它是一个在原有制度基础上不断完善、创新的演变过程。在教育制度变迁过程中，可由社会、个人推动进行诱致性变迁，也可以由政府主导进行强制性变迁。但教育制度的正式确立，最终要依靠国家通过教育法律等形式来完成，政府始终是正式制度的最终供给者。教育是一种培养人的特殊的社会实践活动，具有周期长、影响范围广等特点，因此，教育制度变迁必须是一个渐进的演化过程，而不能采用激进式变迁的方式。根据制度变迁的周期理论，制度在上一个周期完成后，又进入下一个周期的变迁过程。因此，教育制度变迁是一个动态过程，它遵循一定的周期规律，既不可能一蹴而就，也不会是一劳永逸的。

第二节　国外义务教育公共服务均等化制度的历史演变

教育制度通过有效的制度安排和合理的制度结构，减少实施过程中的不确定性，增强可预测性，实现个人教育利益与公共教育利益之间的平衡点，最终达到增进公共教育利益的目的。教育制度具有一定的稳定性，由于主体（个人、组织、政府）总是希望获得最大的潜在利润，制度总是在经历从非均衡到均衡的演变过程。其中，国家在制度变迁过程中具有其他任何组织不可比拟的独特作用，承担着关键角色。

根据公共经济学理论，社会产品分为公共产品和私人产品两类。义务教育作为公共产品，世界各国都十分重视这一阶段的教育，通过立法保障每一位公民的受教育权。在促进义务教育公共服务均等化过程中，各国政府都先后出台了各种政策和法规，以制度的形式保证义务教育阶段公共服务的均等化，并不断加以改进完善。美国作为世界第一经济强国，其在义务教育公共服务均等化过程中领先于世界，提供了许多卓有成效的制度改进举措和政策借鉴。作为欧洲和亚洲的发达国家，英国和日本在义务教育公共服务均等化上也有许多有益的经验值得我们思考和学习。

一、美国义务教育公共服务制度的时代循迹

美国作为当今世界的超级大国，在教育理念、制度改革等方面，代表着世界先进教育制度的走向，其在义务教育改革上已经有了一套相对成熟、系统的做法，在追求义务教育均等化方面有许多值得借鉴之处。总体来说，美国义务教育均等化的制度演进可分为三个阶段：20 世纪 70 年代以前以实现教育机会均等为主要目标；20 世纪八九十年代以提升教育质量与效率为主要目标；进入 21 世纪后以追求优质教育资源均等化为主要目标。

（一）实现教育机会均等

纵观美国义务教育均等化的制度发展史，20 世纪 70 年代以前，主要以实现教育机会均等作为主要目标。18 世纪后半期，工业革命带来的经济发展使面向大众的初等教育开始受到重视。19 世纪初，有"公立教育之父"之称的贺拉斯·曼（Horace Mann）建立起第一所公立学校，一场公立学校运动轰轰烈烈地开展起来。自此，普及教育的思想开始在全社会扎根，公立中小学校制度逐渐形成，"实现教育机会均等，提高教育质量"成为美国义务教育改革的终极使命。在这场公立学校运动中，义务教育应当免费的理念得到支持和明确，各州以税款及基金来保障学校的经费。1834 年，宾夕法尼亚州第一个以立法的形式规定免收学费，此后各州也陆续作出免除学杂费的规定。至此，美国在义务教育阶段确立了强迫性、免费性两大原则，大大推进了义务教育均等化的进程。1852 年马萨诸塞州颁布了美国历史上第一个强迫实行义务教育的法令——《义务教育法》，此后，美国其他各州纷纷效仿。二战后，随着教育在国家政治经济中作用的增强，美国联邦政府不断加强对义务教育的调控，并提供了越来越多的资助。

20 世纪 50 年代掀起的反对种族隔离与歧视的民权运动，在教育领域主要是围绕弱势群体在教育上的不平等问题展开的。1954 年的"布朗诉托皮卡教育委员会案"（Brown v. Board of Education of Topeka），从法律上取消了白人和黑人学生在就读学校时存在的种族隔离制度。这一裁决推动了不同种族在教育机会上享有平等权利的制度演进，成为推进教育均等化的里程碑式的事件。1958 年颁布的《国防教育法》（National Defense Education Act）首次以法律的形式规定了联邦政府的教育责任，联邦政府加大对地方教育事业的经费投入，促进了教育质量的提高。

1964 年联邦政府颁布的《民权法案》（Civil Rights Act）中规定，任何人不得因种族、肤色、宗教信仰或民族为由实施歧视，以相应的法律程序来保障黑人的平等受教育

权利，进一步消除了公立学校的种族隔离现象。另外，教育行政部门要对教育机会平等问题进行调查。随后，詹姆斯·科尔曼（J. Coleman）教授带领研究小组进行了大规模的调研，于1966年提交了著名的《科尔曼报告》（*Coleman Report*）。《科尔曼报告》为美国黑人和少数族裔群体追求教育机会均等提供了有力的支撑，进一步推动和完善了学校种族融合政策，促使联邦政府加大对贫困家庭子女的教育补助，并在一定程度上影响了美国教育政策的整体方向。此时的美国普遍存在着教育机会不均等的问题，单纯的补偿政策并不能完全克服这些问题。美国政府于1965年又颁布了《初等和中等教育法》（Elementary and Secondary Education Act），规定由联邦政府向地方教育机关提供财政支持，对处境不利学生进行额外资助，重点保障贫困家庭的少数族裔儿童和黑人学生的教育权利，致力于改善教育方案和教育环境，以保证他们享有优质且平等的学校教育。通过一系列的改革举措和政策实施，推进了美国义务教育公共服务均等化。1968年，美国国会又通过了另一项补充法案《双语教育法》（Bilingual Education Act），主要目的是保障那些母语为非英语的少数族裔学生获得均等的教育机会。自此，联邦政府开始大规模支持义务教育的发展。

20世纪70年代，联邦政府开始推出法令和政策来扶助处境不利者的受教育权利。1974年出台的《平等教育机会法》（Equal Educational Opportunity Act）进一步为少数民族学生接受平等的教育扫除障碍。1974年的《妇女教育平等法》（Women's Education Equity Act）为妇女争得了平等的教育权。1975的《所有残疾儿童教育法》（Education for All Handicapped Children Act）规定州与地方学区应为所有残疾儿童提供免费而适合的公共教育，残疾学生及其父母的权利均应受到保障，并规定政府提供专门资金帮助各州和学区的残疾儿童。这一系列法案的出台，为那些处于经济、文化、生理等困境的儿童提供支持和补偿，促进义务教育均等化的深入发展。

（二）提升教育质量与效率

进入20世纪80年代，美国社会开始由工业社会向信息社会转变，促进教育质量的不断提高成为时代的迫切要求。继20世纪50年代后，美国社会再次将关注焦点转向关注教育质量问题。这一时期，美国进行了“标准化改革”，即提高基础教育质量的大规模改革。

由于经济的衰退，联邦财政紧缩，里根政府奉行“还权于地方”的政策，削减教育经费，各州可自行决定对所拨经费的具体使用范围。因此，这一时期，州政府承担了越来越多的财政责任，不断加大对义务教育的投入，逐渐形成了联邦、州、地方三级政府负担的义务教育财政体制。1981年颁布的《教育巩固与促进法》(Education Consolidation and Improvement Act),其第一章内容取代了《初等和中等教育法》的第一章,并对联邦政府的拨款作了修订,其主旨仍是缩小贫穷和少数民族学生与其他学生之间的差距。除了《初等和中等教育法》及《教育巩固与促进法》涉及的教育补偿政策外,美国还制订了许多针对处境不利学生的补偿性教育项目。"1980年,联邦政府设立的教育项目超过500个,其中大部分教育援助项目和补充项目是针对教育体制中的边缘儿童而设立的。"[①]1981年,里根政府成立了国家优质教育委员会,开始对美国的义务教育质量进行全面调查。1983年发布了调查报告——《国家在危机中:教育改革势在必行》,指出美国中小学教育质量存在滑坡及一系列问题,由此展开了一场提高学校教育质量和标准的教育优异改革运动。由此,美国各州制定了高质量的学业标准,提升了对教师资格的要求,这次的教育改革更加强调教育发展的整体平衡。

1991年,布什总统颁布了《美国2000年教育战略》(American 2000: An Education Strategy),其主要内容是:美国面向21世纪的六项国家教育目标和四项教育战略。其中提到2000年所有美国的儿童入学时都乐于学习;美国成年人将都能读书识字,具备在全球经济中竞争的能力;把每所学校都建成安全、无毒品、有纪律的良好学习场所等。《美国2000年教育战略》作为美国基础教育改革的纲领性文件,将教育提高到攸关国家兴亡的战略地位,要求学生在核心学科上取得卓越成就。通过这些目标及相应措施,促进美国教育均等化的进一步发展。

1993年克林顿就任美国总统后,继续在教育公平的基础上着力提升教育质量。从1994年开始,克林顿政府先后通过了三项基础教育改革法案,即《美国2000年目标教育法》(Goals 2000: Educate America Act)、《改善美国学校法》(Improving America's School Act)、《学校与就业机会法》(School-to-Work Opportunities Act)。《美国2000年目标教育法》将原来布什政府提出的六项国家教育目标增加为八项,增加了教师培训和家长参与两项新目标。这项法案提出"要消除美国少数民族学生和非少数民族学生在中学毕业率上的差距",继续关注弱势群体,实现教育的普及和机会的均等。这项法案的出台为各州和社区建立面向全体学生的基于标准的综合教育改革框架奠定了基础。《改善美国学校法》是对《初等和中等教育法》的重新认可,法案中继续提出要对各州提供更多的财政支持和指导,同时建立对学生和教师专业发展的高标准要求。从

① 王瑜.美国义务教育均衡发展研究[M].桂林:广西师范大学出版社,2015:12.

此，联邦政府在教育立法方面开始持续关注“标准”以及相应测评。这三项法案是克林顿执政时期教育改革的主要制度设计，从中可以看出美国联邦政府继续强化政府在义务教育阶段的职责，继续推进各州设立高学业标准，同时，也标志着联邦政府在教育政策方面由重视入学机会平等转为更加关注教育的结果和效率。

1997 年 2 月，克林顿总统在国会发表的国情咨文中提出要将教育改革作为其任期内的第一优先目标。美国基础教育改革要以提高中小学的教育质量为根本目标，州政府负责制定统一的教学大纲，并在此基础上实施统一考试；对成绩优秀的学生制定了明确的学业奖励措施；联邦政府拨出专项经费用于教师培训工作；致力于改善公立学校的办学条件等。通过这一系列措施，美国义务教育的质量有了进一步提高。1997 年 9 月美国教育部发布《1998—2002 年教育战略规划》，明确指出要帮助所有的学生达到严格的学术标准，要为所有儿童的学习打下坚实的基础，满足学生的不同需要，使所有学生都得到充分的支持和鼓励，帮助其在学业上取得良好的成绩。

1999 年克林顿政府颁布的《全体儿童教育优异法》(Educational Excellence for All Children Act)在核心原则上与《初等和中等教育法》及《改善美国学校法》一脉相承，即弱势儿童应该与其他同龄儿童一样达到高学业标准，各州、各地区、各学校参照这些标准来指导课堂教学和学生评价。同时，继续推进“磁石学校计划”、“公立特许学校计划”，以增加学生和家长在选择优质学校时的灵活性和公平性。该法案还提出要继续把教育资源用在最需要的地方，继续把联邦政府的配给资源用在那些距高学业标准还有较大差距的学生身上，努力缩小弱势儿童与其他儿童的学业差距。自此，以学业标准为核心的教育改革，成为促进美国义务教育均等化的有效措施。

(三) 追求优质教育资源均等化

经历了 20 世纪八九十年代的教育改革，美国义务教育在教育机会均等及教育质量上都有了一定的成就。进入 21 世纪后，义务教育改革的价值取向转变为追求优质教育资源的均等化。

在新世纪初的美国基础教育改革法案中，影响最为深远的是乔治・沃克・布什当选总统后，于 2002 年 1 月签发的《不让一个孩子掉队法》(No Child Left Behind Act)。该法案是对《初等和中等教育法》的再次认定，核心原则仍是缩小不同家庭背景、不同族裔学生之间的学业差异。该法案的主要目标包括以下四个方面：提高学校教育的绩效，增强地方管理的灵活性，扩大家长的选择权，增加教师教学的有效性。为了顺利实现这些目标，该法案增强了对学生学业成就的问责，学生的年度评估表现与联邦、州政府的教育资助紧密联系，联邦政府和州政府要对薄弱学校提供资金支持和制订扶持计划；每个州都必须为所有的学生建立年度充分发展目标，并为低收入家庭的学生、少数族裔学生设立不同的小目标，保障弱势学生必须达到相应的学业水平；增大地方管理灵活性，赋予各州和学区更大的灵活性；扩大学生的教育选择权。为了推动这一法案的实施，美国政府大幅度增加了中小学教育拨款，联邦政府在教育中的宏观调控作用不断增强。

"9.11"事件后，小布什政府对美国的教育战略进行了调整，停止了原计划实行到2005年的《美国教育部2001—2005年战略规划》，于2002年发布了《美国教育部2002—2007年战略规划》，以贯彻执行小布什政府2002年1月签署的《不让一个孩子掉队法》，这份规划体现出美国在"9.11"事件后教育战略的新走向。《美国教育部2002—2007战略规划》在教育使命上沿用了《美国教育部2001—2005战略规划》思想，提出教育使命是"确保教育机会均等并推进教育卓越"，将美国教育的目标定位为追求"平等"与"卓越"。在推进教育均等化方面，提出对低收入家庭的低成就学生提供特别的优惠，充分考虑了弱势学生的利益。《美国教育部2002—2007战略规划》提出美国教育要追求全体儿童的"卓越"，"平等"是为"卓越"服务的。在教育管理体制上，《美国教育部2002—2007战略规划》继续致力于强化绩效责任制、增加地方的教育控制权和灵活性及扩大家长的择校权，通过以上改革措施推进教育"全面卓越"的目标。小布什政府颁布的《美国教育部2002—2007年战略规划》，主张确保教育机会均等并推进卓越教育，在保障入学机会平等的同时，强调切实提高少数族裔学生的学业成绩和美国整体教育水平，突出了教育为国家利益服务的功能。

奥巴马在2008年担任总统后，其教育政策在继承小布什政府教育政策的基础上，进一步强化提高教育质量这一主题，主要围绕着提升教育标准、强化教育问责及评价、关注弱势群体、改善薄弱学校这一系列内容展开。奥巴马政府对《不让一个孩子掉队法》进行了修订，于2010年3月发布了《改革蓝图——对〈对初等和中等教育法〉的重新授权》(A Blueprint for Reform: The Reauthorization of the Elementary and Secondary Education Act，以下简称《改革蓝图》)。在这份提案中，奥巴马政府将实现全面卓越、提高所有学生成绩和缩小发展差距作为教育改革的目标和任务。《改革蓝图》的前言中写道："实现更平等、更公平和更公正社会的关键是世界一流的教育，每一个美国儿童都应该受到世界一流的教育。只有为每一个儿童提供世界一流的教育，才能够实现机会公平的承诺。"《改革蓝图》中最突出的主题就是教育公平，其对《不让一个孩子掉队法》的修订主要体现在以下几个方面：设置更好的学术标准，确保所有的学生都有成功的机会;推行“公平问责制”,成绩方面表现优异的学校将受到奖励;政府将对学生成绩落后的学校进行财政支持;对优质的师资进行公平分配,以保证各个学校拥有合理的教育资源;对弱势群体采取一系列补偿政策;继续扩大学生和家长对公立学校的选择权,支持优质的特许学校发展。

为改善美国基础教育质量,2015 年 12 月,《每一个学生成功法》(Every Student Succeeds Act)取代了 2002 年颁布的《不让一个孩子掉队法》。《每一个学生成功法》的颁布带来的最大改变是,将教育的控制权归还给各州和各地方学区。同时,将鉴定学校和改善困难学校的责任也转移给各州,禁止联邦政府在此方面干预各州和地方的决策。“州问责制”取代“联邦问责制”,重新肯定各州对学业标准的制定权,体现出美国教育管理权从联邦政府向地方下移的趋势。除此之外,《每一个学生成功法》在培训和招聘优质师资、帮助各州改善薄弱学校、加强对英语学习者和移民学生的支持项目、如何更好地服务残障学生等方面都作出了明确规定。可以说,确保教育质量提升和促进教育公平依然是新法规《每一个学生成功法》的重要目标和主旨。

从奥巴马政府施行的一系列基础教育政策可以看出,联邦政府拨付大量的经费资助基础教育,努力追求美国义务教育的机会均等、过程均等和结果公平。总的看来,与小布什执政时期的基础教育政策相比,奥巴马政府进行了完善和改进,采取了相对折中和平稳的改革政策。

回顾美国义务教育均等化发展的制度史可以看出,其经历了一个从强调教育机会公平到强调教育质量与效率,再到强调优质教育资源均等化的演进过程。可以看出,“教育机会均等”和“提高教育质量”始终作为美国义务教育改革与发展的核心,联邦政府在促进义务教育均等化过程中不断扩大预算与投资,在管理上也越来越注重发挥联邦政府的协调作用。

二、英国义务教育公共服务制度的动态发展

英国是一个有着悠久教育传统的国家,很早就实行了免费义务教育,义务教育普及率也很高。自 1870 年颁布《初等教育法》以来,其义务教育公共服务均等化进程可分为三个阶段:确立义务教育体制阶段,提高义务教育质量阶段,推进教育均等化阶段。其中,使更多的平民子弟接受到优质的学校教育一直是义务教育发展的主要目标。

(一) 确立义务教育体制阶段

19 世纪 70 年代至二战前,是英国义务教育的确立和普及时期。18 世纪下半期,

英国开始了工业革命并取得成功，但是民众教育的发展却十分落后。在英国接受良好的学校教育是上流社会子弟的特权，贫苦大众的子女没有权利接受良好的学校教育。当时的英国政府对基础教育采取自由放任的态度，认为办教育是慈善事业，而非国家的责任。因此，这一时期英国民众的教育水平远远低于其他新兴资本主义国家。随着工业化的进一步发展，19 世纪下半期开始，英国渐渐衰落，政府逐渐意识到公民接受教育对社会经济发展的重要性，同时，工人阶级对自己的子女享有平等教育权的呼声也日益高涨。在这种背景下，英国国会于 1870 年通过了教育署署长福斯特提出的《初等教育法》，即《福斯特法》(Forster Act)，法规将全国划分为若干学区，学区内设立学校委员会管理本地区的初等教育；规定凡是 5 岁至 12 岁的学龄儿童都必须入学，否则家长就要受到舆论和经济的制裁；规定公立初等学校每周的学费不得超过 9 便士。该法案确立了英国公立初等教育制度，奠定了日后推行义务初等教育的基础。自此，受教育不再是贵族子女的特权。“但是，由于该法案容许初等教育收费，这实际上成了阻止下层阶级子弟接受初等教育的障碍之一。”①

此后，议会又于 1876 年通过《桑登法》(Sandon's Act)，明确规定父母对于儿童接受初等教育的法律责任，即每个儿童的父母有责任让自己的子女接受足够的读、写和算术方面的初等教育；该法还规定强制学校委员会推行义务和免费的初等教育。1880 年英国议会又通过了《芒代拉法》(Mundella's Act)，该法在《桑登法》的基础上，进一步规定各学区学校委员会或学校入学委员会有义务颁布有关学生入学问题的地方法规，规定 5—10 岁儿童无条件入学，10—13 岁儿童只有达到一定的成绩要求或已连续五年正常入学接受教育，方可免除义务入学要求。《芒代拉法》以教育法的形式对接受义务教育的年龄作出了规定，标志着英国义务教育体系的正式确立。

义务教育的免费性问题的解决归功于 1891 年《免费初等教育法》(Free School Elementary Education Act)的施行。该法律规定，家长有权要求其子女接受免费的初等教育；3—15 岁儿童每年接受 10 先令的政府拨款，原来学费低于 10 先令标准的学校不再向学生收取任何费用，高于 10 先令标准的学校可收取一定的学费，但其数额加上人均政府拨款的总和不得超过原来的学费标准。该法律的颁布使得英国大部分初等学校实现了免费教育，减轻了儿童入学的经济负担，使得英国初等学校的入学率得以保障，儿童平等接受教育的权利得到一定的维护，有利于最终实现全民免费的初等教

---

① 陈峥. 英国义务教育福利化的历史发展[J]. 湖南师范大学教育科学学报，2011，03：36.

育。彻底免费的初等教育到1918年教育法的颁布后才开始在全国范围内实施。1918年英国颁布了新的初等教育法——《费舍教育法》(The Fisher Act),规定小学一律实行免费教育,并将义务教育年限延长到14岁。从此英国的义务教育开始进入免费进程,实现了彻底的小学免费教育。

初等教育在英国得到了普及,实现了全部免费。但是大量初等学校毕业的学生仍无法进入中学学习,接受中等教育仍然是中产阶级的特权。以巴特勒为首的教育委员会在1944年向英国议会提交了一项议案并获得通过,即《1944年教育法》(Education Act 1944),也称为《巴特勒法案》(The Butler Act)。该法案把教育划分为初等教育(5—11岁)、中等教育(11—18岁)和继续教育三个连续的阶段;把义务教育年限从原来的14岁延长到15岁,规定所有地方教育当局所属中等学校免收学费。[①]《1944年教育法》是对英国教育影响深远的教育法案之一,它确立了从初等教育到中等教育的公共教育制度,确立了公立中等教育免费的原则,扩大了儿童受教育机会,决定了英国教育发展的基本方针和政策(详见表3-1)。

表3-1 英国1876—1944年颁布的教育法案

时间(年)	教育法案	主要内容
1876	《桑登法》	规定了父母对于儿童接受初等教育的法律责任,即每个儿童的父母有责任让自己的子女接受足够的读、写和算术方面的初等教育;该法还规定强制学校委员会推行义务和免费的初等教育。
1880	《芒代拉法》	规定各学区学校委员会或学校入学委员会有义务颁布有关学生入学问题的地方法规,规定5—10岁儿童无条件入学,10—13岁儿童只有达到一定的成绩要求或已连续五年正常入学接受教育,方可免除义务入学要求。
1891	《免费初等教育法》	规定3—15岁儿童每年接受10先令的政府拨款,学费低于10先令标准的学校不再向学生收取任何费用,高于10先令标准的学校可收取一定的学费,但其数额加上人均政府拨款的总和不得超过原来的学费标准。
1918	《费舍教育法》	规定5—14岁为义务教育阶段,将义务教育年限延长到14岁,小学一律实行免费教育。
1944	《1944年教育法》,也称为《巴特勒法案》	该法案把教育划分为初等教育(5—11岁)、中等教育(11—18岁)和继续教育三个连续的阶段;把义务教育年限从原来的14岁延长到15岁,规定所有地方教育当局所属中等学校免收学费。

① 陈峥.英国义务教育福利化的历史发展[J].湖南师范大学教育科学学报,2011,03:36.

（二）提高义务教育质量阶段

20 世纪 70 年来以来，英国的义务教育由追求入学机会平等开始转向提高教育质量阶段。1987 年，英国教育大臣贝克向英国下院提交了《教育改革方案》，即《1988 年教育改革法》(Education Reform Act 1988)。该法案规定义务教育阶段实行全国统一的课程标准，建立国家课程委员会负责课程建设；义务教育实行全国成绩评定制度。通过该法案，英国将接受义务教育的年龄延长到 16 岁。同时，国家统一课程标准的实施，促进了英国公立学校课程的标准化、统一化，有利于薄弱公立学校教育质量的提高。此外，建立了中央直接拨款学校，加强了中央对义务教育的控制，使区域间义务教育的财政供给能力呈现均等化状态，促进了地区间义务教育的均等化。

20 世纪 90 年来以来，英国政府在推进直接拨款公立学校政策方面取得了一定成效，据 1992 年英国政府教育白皮书显示，已有近 300 所学校被批准为直接拨款公立学校，这大大加速了英国义务教育均等化进程。随着公立学校数量的不断增加，英国政府颁布了《1993 年教育法案》(Education Act 1993)，于 1994 年开始正式实施。这部法案是在肯定《1988 年教育改革法》的基础上，对英国中小学教育进行改革。该法案继续推进《1988 年教育改革法》中提出的"直接拨款学校"方案，对公立学校申请成为直接拨款学校的手续做了简化，提出对已有成熟办学经验的中小学给予财政资助，帮助它们向直接拨款学校过渡。对那些达不到政府制定的中小学最低教育标准的学校，该法案在认定和处理方面进行了明确规定。在特殊教育方面，该法案提出改善有缺陷的青少年儿童的教育基础，对缺陷不十分严重的学生，可以让他们在正常学校接受同样的教育。《1988 年教育改革法》已增强了中央政府对地方教育的控制力度；《1993 年教育法案》在此基础上，使中央政府的调控能力得到进一步强化。

为适应全国统一课程计划，1992 年，英国成立了国家教育标准局，其主要职能是教育督导，评估内容包括：学校财政管理、学生学习质量、教学质量等。教育标准局每年向国会提交报告，汇报年度督导情况，并接受国会质询。英国在督导评估中还引入市场机制。这一系列举措都促进了义务教育阶段教育质量的普遍提高。

（三）推进教育均等化阶段

1997 年，工党领袖布莱尔当选首相，提出走"第三条道路"的政治主张。"第三条道路"主要指"市场功能＋政府调控"，走介于自由资本主义和福利国家之间的中间道路。在教育上，坚持教育机会均等，强调所有学校成功，为有特殊教育需求和弱势的学生提供特殊帮助，将"全纳教育"思想运用到教育的均衡发展上。1997 年颁布的教育白皮书《追求卓越的学校教育》(*Excellence in Schools*)，指出“新工党”政府的教育改革目标是建立为所有儿童提供机会均等的教育体系，教育改革将着眼于大多数学生，表现不佳的学校和教育薄弱地区将成为改革重点，为此政府出台了一系列针对地区和学校均衡发展的法规与政策。1998 年，根据《追求卓越的学校教育》白皮书的内容，政府制定了《学校标准和结构框架法》(School Standards and Framework Act 1998)，针对薄弱学校提出教育督导指导方针，地方教育局要参与学校的管理和指导，对薄弱学校实行整改。

在教育政策方面，政府提出了“教育行动区计划”，其目的是加强对薄弱学校的扶持力度，将那些处于不利环境的学校以及教育水平低下的地区纳入计划，积极引进校外力量，共同帮助这些学校和地区脱离困境。教育行动区一旦经过政府的认定和批准，便可获得更多的教育资源。为了吸纳优秀的教师任教，教育行动区可以不受全国教师聘任条例的限制，为前来任教的教师提供更优厚的福利待遇；建立学校联盟，使教育水平低的学校同教育水平高的学校之间实现资源共享。1999 年，英国政府又出台了“追求卓越的城市教育计划”(Excellence in Cities, EiC)，该计划的目的是提高城市薄弱学校的教育标准和质量。①

进入新世纪后，英国仍然致力于推进义务教育均等化。2002 年英国议会通过了《2002 年教育法》(Education Act 2002)，提出政府要对薄弱学校实施更早的干预和更有效的调控措施，营造良好的教育环境，逐年降低薄弱学校的数量。以“全纳教育”促进“全纳社会”的发展是布莱尔政府“第三条道路”的重要内容之一。全纳教育思想集中体现在 2003 年发布的题为《每个孩子都重要》的绿皮书中。这是一份旨在改善处境不利儿童状况的教育计划，从家庭背景、行为、特殊需求、身体和智力状况等因素来认定弱势和处境不利儿童，根据处境不利儿童状况制定相应对策。

2005 年，英国发布了白皮书《为了全体学生：更高的标准，更好的学校》(*Higher Standards, Better Schools for All*)。发布此白皮书的目的是提高教学质量，缩小学校之间的差距，消除不同家庭背景的学生的学业差异，加强学校管理的自治，通过家长监督和自主择校等措施，推动薄弱学校教育质量的提高。2006 年，英国政府颁布《2006 年教育督导法案》(Education and Inspections Act 2006)，对教育标准局和督导的职责进行了明确规定，通过发挥督导制度的作用，加大督导力度，促进薄弱学校的改进，保

① 杨军.英国促进基础教育均衡发展政策综述[J].外国教育研究，2005，12：9.

障了英国义务教育的教育质量，促进教育均等化。

时至今日，英国政府日益重视教育的作用，一直坚持义务教育优先的原则，继续致力于扩大教育机会，提高教育质量，在课程设置、师资培训、财政拨款等方面的法规与政策也越来越完善。

三、日本义务教育公共服务制度的立法进程

在近现代史上，日本一直是走教育兴国路线的典范。明治维新的成功，使日本迅速从封建社会崛起为资本主义强国，此后，日本一直把优先发展教育作为国家发展的重要基础。日本的义务教育均等化过程主要经历了二战前义务教育制度的初步确立与二战后义务教育制度的发展两个阶段。

（一）二战前义务教育制度的初步确立

从1868年的明治维新到1945年二战结束，是日本义务教育普及的重要阶段。1872年日本颁布了《学制》，这是日本近现代教育史上第一部体系完整的教育法令。其颁布的宗旨就是把学问作为“立身之本”，强调普及教育，提倡教育机会人人均等，达到“邑无不学之户，家无不学之人”。《学制》废除了江户时代以武士为对象的藩校和以庶民为对象的寺子屋两个系统的学校教育，首次将所有学校教育统一纳入国家管理。《学制》的颁布推动了日本近代初等教育的发展。

1886年，日本政府又颁布了《小学校令》，规定父母及监护人有义务使学龄儿童接受普通教育。它的颁布标志着日本近代普及义务教育制度的正式确立。为保障普及义务教育所需的师资力量，日本政府于1886年颁布了《师范学校令》；并于1890年对《小学校令》进行了修改，强化了父母对儿童就学的义务以及政府对义务教育的投入，加强了对小学教师队伍的管理。

1900年颁布的《改正小学校令》，把日本的义务教育普及又向前推进了一大步，标志着日本的免费义务教育制度正式确立。它规定国家自此开始实施四年制免费义务教育，以往征收小学学费制度全部废除，给就学贫困者发放就学补助。1907年发布《再次改正小学校令》，确立了义务教育国库补助制度，并将义务教育免费年限从四年延长到六年，这一举措大幅度提高了小学的入学率。至此，日本基本实现了义务教育的普及。

（二）二战后义务教育制度的发展

第二次世界大战后，1946年公布的日本新宪法中明确指出，“全体国民在法律面

前一律平等”，全体国民按照法律规定，需承担监护子女接受普通教育的义务，同时规定义务教育免费。1947年，日本颁布了《教育基本法》与《学校教育法》。《教育基本法》明确提出“教育机会均等”原则，确认了男女同校受教育、中央和地方政府对因经济理由失学者的助学义务以及公立义务教育学校免收学费原则。《学校教育法》根据《教育基本法》的精神，规定了学校教育制度，其中确立了单轨的六三学制，即小学6年、初中3年，小学和初中的9年为义务教育。

此后，为缩小地区间和学校间教师素质和教育质量的差距，均衡配置教师资源，实施教师流动制度，以保障各校之间师资力量和教学水平的均等化。日本分别在1948年到1956年先后颁布了多部法规，消除教师工资的地区和学校差异，提高教师待遇；吸引教师在乡村工作，发放额外的补贴；保障义务教育财政投入，明确义务教育国库负担制度；促进偏僻地区义务教育发展，明确各级政府促进偏僻地区教育发展需承担的责任，建立完备的偏僻地区教育财政补助制度等。

在保障弱势群体平等接受义务教育权利方面，规定由国家在预算范围内援助因经济缘故而就学困难的学生；实行中小学教科书免费发放制度，这些法令减轻了低收入家庭的学生在接受义务教育中的经济负担（见表3-2）。

表3-2 日本1948年到1962年颁布的教育法规

颁布时间（年）	教育法规名称
1948	《市町村立学校职员工资负担法》 《一般公职人员工资法》
1952	《义务教育费国库负担法》
1953	《公立学校设施受灾修复费国库负担法》
1954	《偏僻地区教育振兴法》 《盲聋及养护学校就学奖励法》
1956	《义务教育各类学校设施费国库负担法》 《就学困难儿童国家援助法》
1962	《义务教育学校教科书免费法》

同时，日本非常重视发展特殊教育，对于残障儿童，国家和地方政府为其提供学费和交通费等各种费用。政府出资建立设施先进的特殊教育学校，并对教师进行专业培

训，以保障特殊教育学校的教育质量。总之，日本政府通过完备的教育制度，保障义务教育资源配置的均等，进而确保义务教育的均等化。

美、英、日三国促进义务教育公共服务均等化的制度发展进程对我国义务教育均等化的启示是：第一，确立完善的义务教育法律法规，实现对义务教育的法制化保障。从美、英、日三国义务教育制度发展史中可以看出，三国在保障义务教育方面都出台了各种法律法规，并不断进行改进和完善。第二，建立义务教育公共服务均等化的财政投入保障制度。从三国的义务教育财政制度的变迁来看，保证义务教育财政投入，需建立多级政府分担财政投入的支持体系。义务教育财政支出呈现中央化的趋势，政府在义务教育均等化中越来越显示其重要地位。第三，建立弱势群体教育资源补偿制度。对不发达地区的学校、弱势群体进行合理的资源补偿。在制度构建过程中，注重从教师资源、财政投入、办学条件等方面向弱势群体倾斜。第四，不断完善对义务教育公共服务均等化的监督管理。通过梳理美、英、日义务教育公共服务均等化的制度发展史，借鉴其发展经验可知，构建义务教育均等化的法律体系，完善对中央财政投入的保障机制和弱势群体的补偿制度，以及加强对义务教育均等化的监督管理、评估问责等措施，对推进义务教育公共服务均等化有促进作用。

第三节 我国义务教育公共服务均等化制度的历史发展

中华人民共和国成立之后，把保障人民的受教育权放在重要的地位，而且在经济发展尚不发达的情况下，英明地出台了普及九年制义务教育的政策，并通过坚持不懈的努力实现了战略目标。我国的义务教育公共服务大致经历了三个大的时期。

一、新制度下高度集中的政府提供时期

中华人民共和国的成立，开创了中国历史的新纪元。她宣告了一个旧教育制度的终结，一个新教育制度的诞生——社会主义教育制度。在当时的计划经济体制下，政府通过计划性、指令性的安排，配置教育所需的各种资源。我国的各级各类教育费用均由政府负责，只有书本、生活等费用由个人承担，充分彰显了社会主义制度的优越性。人民成为社会的主人，入学受教成为每一个社会公民的平等权利。新中国成立之初，国家就明确提出要保障全体国民的受教育权。1954 年通过的《宪法》中规定，凡是中国公民都有接受教育的权利。国家保障公民的受教育权，只要是工农大众的子弟都

能接受教育。与旧中国男女不平等、带有阶级属性的受教育权相比，中国历史上第一次在国家宪法层面给全体公民拥有平等受教育权确立了法律保障。

社会主义制度的建立，既要大力发展经济，提高人民的生活水平，也需要大力发展教育事业，提高民众的文化科学水平，让人民体会到当家作主的社会主义制度优越性。因此，普及教育成为这一时期教育发展的重点。从 1949 年建国到《义务教育法》颁布前的这段历史时期里，普及教育的历程大致可分为四个阶段。每一个阶段的成就都为此后义务教育的实现奠定了坚实基础，积累了宝贵经验。

（一）收回教育权，建立新教育

1949 年到 1953 年是我国国民经济的恢复时期，这一时期教育的主要任务是收回教育权，有计划地接管、整顿旧教育，建立新民主主义教育。

建国初期，《中国人民政治协商会议共同纲领》起到了临时宪法的作用，其对于新中国的教育性质作出了明确的规定："中华人民共和国的教育为新民主主义的，即民族的、科学的、大众的文化教育。"①在如何对待旧教育的问题上，也提出了总体的方针，即要在条件允许的情况下，逐步地解决问题，不能急躁；一些现在解决不了的问题，可以制定出一些暂时的解决方法。在这一方针的指导下，国家开始从教会学校、外资学校处收回教育主权，并逐步整顿和接办私立学校。1950 年政务院颁布《关于处理接受美国津贴的文化教育救济机关及宗教团体的方针的决定》，其中明确规定："接受美国津贴之文化教育医疗机关，应分别情况或由政府予以接办改为国家事业，或由私人团体继续经营改为中国人民完全自办之事业。"②自此开始，截至 1952 年底，全国 733 所接受外国津贴的中小学全部改为或公立或中国人民自己办理的私立学校，中国政府实现了从帝国主义国家手里回收教育权的目标。除外国资助学校外，对于私立中小学的整顿和接办也是回收教育权的重要任务之一。据统计，1952 年底，全国私立中学有 1 412 所，在校生数占全国中学生总数的 26%；私立小学 8 925 所，在校生数占全国小学生总数的 3%。这些学校大多经济困难，依靠政府补助和高额学费生存，逐渐引起家长不满，人民希望政府早日接办。教育部于 1952 年 9 月下达《关于接办私立中小学的指示》，紧接着又于同年 11 月发布《关于接办私立中等学校和小学的计划》，对接办工作的方针、计划作出了具体的规定。从 1952 年下半年开始，到 1956 年社会主义改

---

① 何东昌. 中华人民共和国重要教育文献(1949—1975)[M]. 海口：海南出版社，1998：1.

② 何东昌. 中华人民共和国重要教育文献(1949—1975)[M]. 海口：海南出版社，1998：72.

造基本完成，历时 4 年，私立中小学转办为公立学校的工作全部完成。对于旧中国的中小学的改造与接办，意味着我国将教育权重新从帝国主义、封建主义、官僚资本主义手中收归到国家和人民群众手中，为维护我国人民的受教育权提供了制度和物质保障。

改造后的学校大量向工农阶级开放，工农子弟入学的比重明显提高。1949 年第一次全国教育会议规定，新中国的教育必须贯彻向工农开放的方针。在这一方针指导下，为了让更多人接受教育，全国各地采取了多种措施，例如减免学杂费、适当放松入学条件、增建新学校、增建夜校和儿童识字班等。截至 1952 年，全国的适龄儿童入学率从 1949 年的 20%提升到了 49.2%，取得了重大的成就。在具体的学制方面，政务院于 1951 年发布《关于改革学制的决定》，规定小学教育修业年限为 5 年，入学年龄为 7 岁；中学修业年限为 6 年，初、高级各 3 年，可独立设置，入学年龄为 12 岁。

（二）普及中小学教育，提高教育质量

1953 年到 1957 年，是我国第一个五年计划时期，也是建国初期中小学教育事业发展最好的一个时期。在这一时期里，中小学教育得到进一步普及和发展，在借鉴苏联经验的基础之上，中小学的教育质量得到不断提升。

政务院在 1953 年的《关于整顿和改进小学教育的指示》（以下简称《改进小学教育的指示》）中提出，“今后几年内小学教育应在整顿巩固的基础上，有计划有重点地发展”①，其中就包括在城市中调整班级，充实学额，协助当地企业、机关办学，允许私立办学；在农村地区，则提倡民办小学，发挥群众自主办学的积极性，除了正规小学之外，还可以办半日班、夜校之类的小学等。1957 年 11 月，中共中央文教小组召开了文教听证会议，指出我国普及教育的进程为：在第二个五年计划期间普及小学教育，在第三个五年计划期间力争普及中学教育；并且进一步指出，不仅要办好重点校，还要将普及教育的事情做好。这些举措进一步扩大了受教育群众的比例，满足了人民日益增长的受教育需求。到 1957 年底，全国小学数量为 54.53 万所，较 1952 年增长了 3.3%，在校生数为 6 428.30 万人，较 1952 年增长了 25.8%，全国学龄儿童入学率也达到了 61.7%，较 1952 年增加了 12.5%；在初中方面，1957 年全国初中数量达到 8 912 所，较 1952 年增加 185.9%，全国初中在校生总数为 537.7 万人，较 1952 年增长了 141.1%。可见，无论是在校生的数量还是入学率，这一阶段我国的中小学教育都已经发展到了一个新的高度。

---

① 何东昌. 中华人民共和国重要教育文献（1949—1975）[M]. 海口：海南出版社，1998：263.

这一时期，由于学校规模发展迅速，教育质量下降问题凸显出来，提高教育质量成为这一时期中小学教育的重要任务之一。1953年政务院在《改进小学教育的指示》中指出，"当前小学教育工作中还存在着很多严重问题……以致学校的混乱现象很严重，教学质量还很差"。[①] 为此，政务院提出了以下整改指示：明确小学教育的方针，指出教学是学校的中心任务；整顿和提高教师队伍；健全教育行政领导等。在中学层面，政务院于1954年4月发布《关于改进和发展中学教育的指示》，其关注重点也是在如何提高教育质量上，指出要提高中学教育质量，需要培养学生的全面发展的能力，同时加强教师的业务与政治文化的学习，并要求各级教育部门加强对中学的领导。在政策指导的同时，我国政府积极向苏联学习先进教育经验，聘请苏联教育专家到中国担任教育顾问并指导课堂教学，派遣教育访问团去苏联实地观察，翻译出版苏联教育书籍等。这些举措对提升教育质量提供了一定程度的支持。而在具体的教学领域，我国大力推广普通话和简化汉字，一定程度上减少了知识普及的难度，更利于学生的学习和接受。与此同时，中小学生课业负担过重的问题又浮现出来，过重的负担成为阻碍教育质量提高的重要因素，也严重影响学生身心健康。为此，教育部于1955年7月发出《关于减轻中小学生过重负担的指示》，从调整教材分量和授课进度、减少课外作业、改革考试制度等方面来控制学生的学业负担。在师资层面，为了提高教师的业务能力，教育部于1953年发出《关于改进和发展高等师范教育的指示》，指出要大力发展高等师范教育的方针，为中学培养高水平的师资人才；于1956年发布《关于大力培养小学教师和幼儿园教养员的指示》，指出要大力发展师范学校和初级师范学校，培养出满足小学教育需要的人才。

总之，这一阶段中小学的发展目标是抓好普及工作，扩大学生数量，进一步提高教育质量。无论是学校规模的扩大、师资的培养，还是教育教学改革等，都取得了一定的成效，为建立新中国的中小学教育制度奠定了基础。

（三）中国教育之路的艰难探索

1957年到1966年是我国进行社会主义探索的时期，中小学教育也在艰难的徘徊中不断探索前进着，希望能够找到适合自身实际情况的教育发展之路。从1957年到1960年，我国中小学教育先后经历了反右派斗争扩大化和"教育革命"，在教育方针、教育与生产劳动相结合、教学体制改革试验等方面进行了有益的探索，但也出现了教

---

① 何东昌.中华人民共和国重要教育文献(1949—1975)[M].海口：海南出版社，1998：263.

育规模盲目扩张、学生劳动过多、入学率下降等问题。从1960年下半年开始，我国对这些问题进行了相应的调整，使中小学教育再次回到正轨，进而在1963年到1965年这一段时期重新迎来了快速的发展。

普及中小学教育一直是我国建国初期发展教育事业的主线。通过1960年到1963年的调整和恢复，中小学教育普及在新的基础上取得了更大的成就。《1956年到1967年全国农业发展纲要》中规定，从1956年开始，"按照各地情况，分别在七年或十二年内普及小学义务教育"。1958年9月，中共中央、国务院在《有关教育工作的指示》中提出，发展教育"必须采取统一性与多样性相结合，普及与提高相结合，全面规划与地方分权相结合的原则"，①提倡群众办学与国家办学相结合的普及方针。1963年，中共中央在《关于讨论试行全日制中小学条例草案和对当前中小学教育工作几个问题的指示》中指出，发展中小学教育事业要坚持"两条腿走路"方针，坚持多种办学形式相结合。同时，私立学校作为公立学校的补充，政府要加强对其帮助与指导，必要的时候需要提供适当的教材。在此基础之上，从1963年开始我国中小学的规模有了进一步的发展，截至1965年，小学学校数量为168.19万所，较1957年提高了207%，较1963年提高了137%；在校生数量为11 620.9万人，较1957年提高了80.7%，较1963年提高了62.4%；入学率从1957年的61.7%和1963年的57%，提高到1963年的84.7%。正是由于坚持多种办学形式的方针，我国教育事业冲破原有国家办教育的思想束缚，从实际情况出发，探索出了一条属于中国的中小学教育普及之路。

(四) 全面开创中小学教育事业新局面

文化大革命的十年动乱，使我国教育事业受到极大摧残，教育质量处于建国以来最低水平。1976年，随着文化大革命的结束，教育领域拨乱反正，开始了恢复与重建。

党的十一届三中全会后，我国中小学教育普及工作重新回到了正轨。1978年，邓小平在五届人大一次会议的《政府工作报告》中提到："全国要齐心协力，重视、支持教育事业，提高教育质量，到1985年在农村基本普及九年教育，在城市基本普及十年教育。"在小学教育领域，中共中央于1979年建议将当时做得比较好的桃江县的农村教育发展经验在全国推广。80年代，中央再次号召全国要实现普及小学教育的任务，进而普及初中阶段教育。除此之外，还提出要搞好教育立法工作，为《义务教育法》的出

① 何东昌.中华人民共和国重要教育文献(1949—1975)[M].海口：海南出版社，1998：859.

台打下了良好基础。1982年新修订的《宪法》中，也对公民的受教育权、普及初等义务教育、国家发展各种教育设施等方面进行了规定。这些法律法规层面的对义务教育普及的高度重视和规范，为下一步从体制改革的角度和教育立法的角度深化义务教育普及提供了保障。经过这一段时间的发展，截至1985年，全国有小学83.23万所，在校生为13 370.18万人，小学学龄儿童入学率达到了建国以来的最高水平，为95.9%，毕业率为94.3%。在这一时期，我国的教育事业从文化大革命的全面破坏到全面恢复，进而迅速发展，取得了令人瞩目的成果。

在恢复和提高教育教学质量方面，我国从1977年开始着手恢复和整顿中小学秩序，其主要内容包括：恢复学校的思想政治教育，制定和颁发《小学生守则》和《中学生守则》，恢复高考招生制度，撤销学校中的文化大革命组织，恢复重点中小学，恢复和规范教学制度，重建教育科学研究机构，提高师资培训水平，提高教师待遇等。对于教育的未来发展方向，邓小平在1978年召开的全国教育工作会议上提出，要“提高教育质量，更好地为社会主义建设服务”，“尊重教师的劳动，提高教师的质量”等。这些要求多数是指向教育质量方面的，其重要程度可见一斑。自此，我国教育在恢复的基础之上出现了中小学教育改革发展的新局面，也为全面普及九年义务教育提供了发展基础和制度基础。

二、新法律颁布后的政府主导提供时期

1985—1986年，国家先后颁布了《中共中央关于教育体制改革的决定》(以下简称《教育改革决定》)、《义务教育法》等重要的教育法律法规，义务教育进入了全面的、实质性的普及进程(见表3-3)。

表3-3　以制度安排推进义务教育公共服务的大致脉络

时间	文件	内　容
1985年5月	《中共中央关于教育体制改革的决定》	实行九年制义务教育，实行基础教育由地方负责、分级管理的原则，是发展我国教育事业、改革我国教育体制的基础一环。
1986年4月	《中华人民共和国义务教育法》	制定政策，统筹规划资源，保障适龄儿童、少年接受义务教育的权利。
1993年2月	《中国教育改革和发展纲要》	九年义务教育开始有计划、分阶段地实施，确立全国基本普及九年义务教育的目标。

续 表

时间	文件	内　容
1995 年 9 月	《中华人民共和国教育法》	中华人民共和国公民有受教育的权利和义务，公民不分民族、种族、性别、职业、财产状况、宗教信仰等，依法享有平等的受教育机会。
1996 年 4 月	《全国教育事业"九五"计划和 2010 年发展规划》	"九五"期间确立以普及九年义务教育和扫除青壮年文盲为重点的教育事业发展目标。
1999 年 6 月	《中共中央国务院关于深化教育改革　全面推进素质教育的决定》	地方各级政府继续将"两基"作为教育工作的"重中之重"，确保 2000 年"两基"目标的实现和达标后的巩固与提高，为全面推进素质教育奠基。
2001 年 5 月	《中国儿童发展纲要（2001—2010 年）》	儿童教育在基本普及九年义务教育的基础上，大中城市和经济发达地区有步骤地普及高中阶段教育。
2005 年 5 月	《关于进一步推进义务教育均衡发展的若干意见》	为有效遏制城乡之间、地区之间和学校之间教育差距扩大的势头，将推进义务教育均衡发展摆上重要位置。
2006 年 6 月	新《中华人民共和国义务教育法》	义务教育是国家统一实施的所有适龄儿童、少年必须接受的教育，是国家必须予以保障的公益性事业。对义务教育的管理体制和投入体制作了新规定，明确了中央、省、自治区、直辖市、县级等各级政府的义务教育责任。
2010 年 1 月	《关于贯彻落实科学发展观　进一步推进义务教育均衡发展的意见》	明确提出了义务教育均衡发展的目标，将推进均衡发展作为义务教育改革与发展的重要任务。
2010 年 7 月	《国家中长期教育改革和发展规划纲要（2010—2020 年）》	到 2020 年，全面提高九年义务教育普及水平，基本实现区域内均衡发展。建立城乡一体化义务教育发展机制，在财政拨款、学校建设、教师配置等方面向农村倾斜。
2013 年 11 月	《中共中央关于全面深化改革若干重大问题的决定》	集中反映了今后教育领域以改革推动发展、提高质量、促进公平、增强活力的总体思路。统筹城乡义务教育资源均衡配置，推进考试招生制度改革。

从表 3 - 3 的发展脉络中可以发现，自 1986 年《义务教育法》的颁布至今，中国用 30 年的不懈奋斗实现了义务教育从无到有，从有学上到上好学，再到义务教育公共服务均等化的历史性跨越。其间付之的努力和取得的成就体现在以下几个方面。

（一）实现入学机会均等

1985 年的《教育改革决定》历史性地提出：国家"实行九年制义务教育"。"义务教育，即依法律规定适龄儿童和青少年都必须接受，国家、社会、家庭必须予以保证的国民教育。”国家在作出实施九年制义务教育决策的同时提出了制定义务教育法的要求。

众所周知，一直以来中国都是“穷国办大教育”，人均教育经费投入不足，办学条件很差。据不完全统计，20世纪80年代初，全国中小学危房占校舍总面积的16%，其余的校舍也多是土草房、老祠堂、破庙宇和旧民房。① 根据1982年的人口普查报告，中国29个省、市、自治区（香港、澳门、台湾除外）的文盲和半文盲人口为235 820 002人，占总人口的23.5%。② 从1870年英国第一个颁布《初等教育法》开始实施义务教育到20世纪80年代，西方国家已在普及教育的道路上走了100多年的时间，而此时的中国依然处在民众根据个人意愿参与普及教育的阶段。要建设现代化的国家，必须全面提高人的素质，实施义务教育普及刻不容缓。

1986年4月12日，全国人大通过了《义务教育法》，这是中国历史上第一部普及义务教育的法律，以国家立法的形式确立实施九年制义务教育，普及教育走上了依法治教的轨道。《义务教育法》指出，国家实行九年制义务教育。但是各个省、自治区、直辖市不强调统一步调，可以根据当地的经济文化发展的具体状况，来决定适合本地区的义务教育发展步骤。在保障平等的入学机会，促进义务教育公共服务均等化方面，《义务教育法》第五条规定：“凡年满六周岁的儿童，不分性别、民族、种族，应当入学接受规定年限的义务教育。条件不具备的地区，可以推迟到七周岁入学。”第十条规定：“国家对接受义务教育的学生免收学费。国家设立助学金，帮助贫困学生就学。”《义务教育法》的颁布，标志着中国的普及教育进入了以制度推进实施的历史发展新阶段。立法后，全国迅速进入“普九”（基本普及九年义务教育）的实施状态。

1996年国家教委印发了《全国教育事业“九五”计划和2010年发展规划》，指出“九五”期间要基本普及九年义务教育，基本扫除青壮年文盲，进一步缩小男女、城乡、地区、少数民族地区和其他地区之间学龄儿童入学率的差距，为残疾儿童、少年提供更多的学习机会。1999年中共中央办公厅印发《中共中央国务院关于深化教育改革全面推进素质教育的决定》，提出到2000年基本普及九年义务教育和基本扫除青壮年文盲（简称“两基”）；各地要采取多种办法，提高义务教育整体的办学水平。同时，要加大对贫困地区的扶持力度，加强对少数民族地区的对口支援力度。总之，多措并举，切实降低农村初中的辍学率。

---

① 世纪的承诺——来自中国实现“基本普及九年义务教育和基本扫除青壮年文盲”的报告[N]. 中国教育报，2001-04-09.

② 范宁. 制定《义务教育法》普及义务教育[J]. 北京师范大学学报(社会科学版)，1985，05：54—61.

根据《中国教育统计年鉴2014》，1985年我国小学入学率为95.9%，1990年达到97.8%，在《义务教育法》颁布后短短的五年时间内，我国小学入学率就增加了近2个百分点（见表3-4）。从1985年到2000年，中国历经15年艰难的自主探索，实现了基本普及九年义务教育、基本扫除青壮年文盲的历史性目标。普及义务教育任务的完成，实现了"人人有学上"的教育公共服务均等化的第一阶段目标，为接下来迈向"人人上好学"的深层次教育公平的目标打下了良好基础。

表3-4　全国小学学龄儿童的入学率与升学率①

年份	小学入学率(%)	小升初升学率(%)	初中毛入学率(%)
1985	95.9	68.4	无
1990	97.8	74.6	66.7
2000	99.1	94.9	88.6
2010	99.7	98.7	100.1
2013	99.7	98.3	104.1

中国实现义务教育普及的重大意义在于："它开创了以立法推进义务教育普及的历史，推动教育跨入历史新阶段；提高了中华民族的国民素质，推动了社会文明进步；为发展中国家实现义务教育普及提供了借鉴。"②

（二）促进城乡教育均衡

在基本普及义务教育之后做到义务教育基本均衡，这是中国义务教育发展的一个新水平。缩小城乡差距，努力发展农村义务教育的水平，是我国义务教育均衡发展的重点。进入21世纪，我国将义务教育发展的重点定位在提高农村义务教育质量方面，努力为社会转型服务。我国用25年时间全面普及了义务教育，解决了适龄儿童少年"有学上"的问题，为提高国民素质奠定了基础。但在新时期，人民对高质量教育的需求日益增长，教育均衡发展才是根本解决之道。通过制度性规划及创新，深入推进义务教育均衡发展，加大对农村地区和薄弱学校的政策倾斜，有利于缓解由于城乡分割的二元社会结构和公共财政不到位所造成的城乡差别、地区差别，对全面提升义务教育质量至关重要。

伴随我国经济的快速增长，政府对农村义务教育的发展给予越来越多的财政支

① 中华人民共和国教育部发展规划司．中国教育统计年鉴2014[M]．北京：人民教育出版社，2015：15.
② 柳海民，王澍．中国义务教育实施30年：成就、价值与展望[J]．北京大学教育评论，2016，04：175—184.

持。2002 年 4 月起，国务院规定对农村义务教育的责任从乡镇政府转移到以县级政府为主，由县级政府统筹九年义务教育经费，并接受中央及省级财政的教育转移支付。① 2005 年发布的《关于深化农村义务教育经费保障机制改革的通知》中确立了“在国务院领导下，由地方政府负责，分级管理，以县为主”的农村义务教育管理体制，逐步将农村义务教育纳入公共财政保障范围。

2011 年，中共中央、国务院印发了《中国农村扶贫开发纲要(2011—2020 年)》，提出推进边远贫困地区适当集中办学，加快寄宿制学校建设，逐步提高农村义务教育家庭经济困难寄宿生生活补助标准。2012 年召开的全国教育工作会议强调了要促进县域内的教育资源合理配置，加强农村义务教育寄宿制学校建设等问题，关怀农村留守儿童的教育问题和进城务农人员随迁子女的受教育权问题(见表 3-5)。

表 3-5　新时期农村义务教育发展的主要政策

年份	文件	内　　容
2012 年 7 月	《国务院关于印发国家基本公共服务体系“十二五”规划的通知》	保留必要的村小学和教学点，加强农村中小学寄宿制学校建设和寄宿生补助；公共教育资源重点向农村、边远、贫困、民族地区和革命老区倾斜；研究制定农民工随迁子女参加升学考试的办法。
2013 年 1 月	《关于加强义务教育阶段农村流守儿童关爱和教育工作的意见》	从高度重视留守儿童工作、明确留守儿童工作的基本原则、切实改善留守儿童教育条件、逐步构建社会关爱服务机制等方面进一步加强义务教育阶段农村留守儿童工作。
2013 年 12 月	《关于全面改善贫困地区义务教育薄弱学校基本办学条件的意见》	保障基本教学条件，改善学校生活设施，办好必要的教学点，妥善解决县镇学校大班额问题，推进农村学校教育信息化，提高教师队伍素质。
2014 年 6 月	《关于启动实施中小学校长国家级培训计划的通知》	主要包括中西部农村校长培训项目，边远贫困地区农村校长助力工程，面向中西部地区国家级贫困县、集中连片特殊困难地区乡镇以下农村中小学校长展开培训。
2014 年 7 月	《关于进一步推进户籍制度改革的意见》	扩大基本公共服务覆盖面，保障农业转移人口及其他常住人口随迁子女平等享有受教育权利。
2014 年 9 月	《关于进一步做好为农民工服务工作的意见》	公办义务教育学校要普遍对农民工随迁子女开放，并落实符合条件的农民工随迁子女在输入地参加中考、高考的政策。

① 周满生，王建. 一项具有里程碑意义的决策——解读国务院《关于深化农村义务教育经费保障机制改革的通知》[J]. 国家教育行政学院学报，2006，5.

续 表

年份	文件	内　　容
2014 年 12 月	《国家贫困地区儿童发展规划(2014—2020)》	涉及 680 个县的集中连片特殊困难地区的农村儿童的健康和教育，实现到 2020 年贫困地区儿童发展整体水平基本达到或接近全国平均水平的目标。
2015 年 5 月	《关于进一步做好全面改善贫困地区义务教育薄弱学校基本办学条件有关工作的通知》	一是进一步明确办学标准；二是进一步完善项目规划；三是进一步落实优惠政策；四是进一步落实公开公示；五是进一步加强安全管理；六是进一步强化省级统筹。
2015 年 6 月	《乡村教师支持计划(2015—2020 年)》	把乡村教师队伍建设摆在优先发展的战略地位，抓好八方面举措。让乡村教师“下得去、留得住、教得好”，让每个乡村孩子都能接受公平、有质量的教育。

(三) 扶助弱势群体

人口城镇化进程直接左右着城乡学龄人口的差异，城市人口的增加意味着农村人口的减少。人口的大规模流动也带来了一系列的问题，各地区吸纳转化流动人口的能力十分薄弱，流动人口子女教育成了大问题。面对新时代带来的新挑战，要巩固普及义务教育的已有成果，深入推进教育公共服务均等化，就必须关注随迁农民工子女、农村留守儿童的受教育需求。为改善弱势儿童的受教育条件，我国政府也进行了一系列有针对性的制度创新。另外，免费的义务教育惠及全体国民之后，针对中国地域差距较大、弱势人群需要特殊关照等情况，中国又进一步实施了各种扶助政策，使义务教育阶段的公共服务均等化更体现民生的特点(见表 3 - 6)。

表 3 - 6　针对弱势群体的重要政策

对象	年份	政　　策	目　　标
国家贫困地区	2003	国家开始实施西部地区“两基”攻坚计划。	从 2004 年到 2007 年，用 4 年时间帮助西部地区尚未实现“两基”的 372 个县(市、区)以及新疆生产建设兵团的 38 个团场达到国家“两基”验收标准。
义务教育阶段家庭经济困难学生	2003	国务院出台了《关于进一步加强农村教育工作的决定》，提出建立健全资助家庭经济困难学生就学制度。	到 2007 年，争取全国农村义务教育阶段家庭经济困难学生都能享受到“两免一补”(免杂费、免书本费、补助寄宿生生活费)，努力做到不让学生因家庭经济困难而失学。

续 表

<table>
<tr><th>对象</th><th>年份</th><th>政　策</th><th>目　标</th></tr>
<tr><td rowspan="2">进城务工子女</td><td>2001</td><td>国务院出台的《关于基础教育改革与发展的决定》明确提出,“以流入地政府管理为主,以全日制公办中小学为主,依法保障流动人口子女接受义务教育的权利”,简称“两为主”政策。</td><td rowspan="2">政策上保证农民工子女的入学权利;“平等接受义务教育的条件”也为随迁农民工子女真正享受到教育上的“国民待遇”提供了法律保障。</td></tr>
<tr><td>2006</td><td>新修订的《义务教育法》第十二条明确规定:“父母或者其他法定监护人在非户籍所在地工作或者居住的适龄儿童、少年,在其父母或者其他法定监护人工作地或者居住地接受义务教育的,当地人民政府应当为其提供平等接受义务教育的条件。具体办法由省、自治区、直辖市规定。”</td></tr>
</table>

我国针对各类贫困和弱势人群都采取了较为适切的扶助政策,以保障其受教育的权利,满足其受教育的需求。在国家层面有“两免一补”政策、“两为主”政策、随班就读政策,另外还有针对残疾儿童的“助学项目”、助学计划等。地方政府在贯彻落实中央政策的基础上,根据当地经济和社会发展情况设立专项资金,解决经济困难家庭子女就学等问题。目前,在我国已经形成了从中央至地方相对全面的扶助政策体制和机制。

三、义务教育进入公共服务均等化时期

2005 年 3 月,温家宝总理在全国人大会议上郑重宣布:“从今年起,免除国家扶贫开发工作重点县农村义务教育阶段贫困家庭学生的书本费、杂费,并补助寄宿学生生活费,到 2007 年在全国农村普遍实行这一政策,使贫困家庭的孩子都能上学读书,完成义务教育。”这是我国政府第一次在政府工作报告中明确表示对农村义务教育实行免费,也是中国义务教育发展史上一件具有里程碑意义的大事。免费,推动了中国的义务教育公共服务开始进入均等化的时期。

(一) 义务教育进入免费进程

从 2005 年开始,中国的义务教育进入了免费时期(详见表 3 - 7)。从 2008 年开始,中国实现了全面免除城乡义务教育阶段学杂费的目标,这被认为是中国政府推动义务教育均衡发展、促进教育公平、消除失学儿童现象的又一重大举措。

表 3-7 中国义务教育免费进程

年份	文件名称	内　容
2005 年 11 月	《中国全民教育国家报告》	中国将免除国家扶贫开发工作重点县农村义务教育阶段贫困家庭学生的书本费、杂费，并补助寄宿学生生活费。力争到 2010 年在全国农村地区全部实行免费义务教育，到 2015 年在全国普遍实行免费义务教育。
2006 年 9 月	新《义务教育法》	第二条："实施义务教育，不收学费、杂费。""国家建立义务教育经费保障机制，保证义务教育制度实施。"第四十二条："国家将义务教育全面纳入财政保障范围，义务教育经费由国务院和地方各级人民政府依照本法规定予以保障"。
2007 年		农村免费义务教育全面实现，农村义务教育全部纳入财政的保障范围。
2008 年	《关于做好免除城市义务教育阶段学生学杂费工作的通知》	从 2008 年秋季学期开始，全部免除城市义务教育阶段公办学校学生学杂费。在接受政府委托、承担义务教育任务的民办学校就读的学生，按照当地公办学校免除学杂费标准，享受补助。

教育经费总量的迅速增长是义务教育公共服务均等化的物质保障。这些法规和政策保证了义务教育经费投入的逐年增长，也完善了义务教育财政制度。"全国财政性教育经费总量从 1980 年的 114 亿元增长到 2006 年的 6 348.36 亿元，增长幅度达 50 倍以上。"①全国教育经费投入实现了跨越式的提高。

除了国家财政预算中的教育拨款外，中央政府对教育的投入还包括多项专项拨款。从 2001 年到 2005 年，中央本级财政投入 90 亿，在中西部 25 个省实施"农村中小学危房改造工程"，基本消除了现存的中小学危房，给学生提供了安全的教育环境；投入 46.5 亿作为"免费教科书专项经费"，为国家级贫困县和省级贫困县农村义务教育阶段家庭经济困难的学生免费提供教科书。从 2003 年到 2007 年，中央本级财政共投入 90 亿元实施"农村中小学现代远程教育工程"，在全国 38.4 万所农村初步建立卫星教学收视点，基本满足农村 8 142 万小学生的需要，扩大了优质教育资源的覆盖面。②中央财政的教育投入让农村学生享受到更多的实惠，提升了全国范围内义务教育的财政支持力度，使教育公共服务均等得以进一步实现。

---

① 顾明远. 改革开放 30 年中国教育纪实[M]. 北京：人民出版社，2008.

② 顾明远. 改革开放 30 年中国教育纪实[M]. 北京：人民出版社，2008.

（二）办学条件不断改善

在义务教育得以普及的前提下，如何改善教育条件和提高教育质量成为关键问题。为了改善办学条件，国家在1996年启动了“义务教育学校标准化建设工程”，由建设部、计划委员会和教育委员会三部委制定了《农村普通中小学建设标准（试行）》。《2005年均衡发展意见》要求省级教育行政部门要根据国家有关规定和当地实际情况，制定或完善本地区义务教育阶段学校办学条件基本要求。

2010年《教育规划纲要》中进一步指出，要将义务教育阶段的学校按照标准化的方式来建设，在办学条件上缩小城乡差距。在政策推动的基础上，国家先后实施了贫困地区义务教育工程、全国中小学危房改造工程、农村义务教育薄弱学校改造计划等一系列重大工程项目，从校舍到基础设施，极大改善了义务教育阶段学校的办学条件。从2006年起，将全国农村义务教育阶段中小学校校舍维修改造纳入“农村义务教育经费保障机制”。

根据《全国教育事业发展统计公报》的统计数据，从2000年到2009年全国普通中小学校舍建筑面积从113 402万平方米增加到138 750.52万平方米。生均教学与辅助用房面积是衡量办学条件的指标之一，它包含了教室、实验室、图书室、微机室、语音室、体育馆6种建筑面积。经过多年的学校标准化建设，办学条件改善的成果显著。从2010年到2014年，小学生均教学与辅助用房面积从3.415平方米增加到4.974平方米，增长了45.65%；初中生均教学与辅助用房面积从3.501平方米增加到4.997平方米，增长了42.73%。① 可以看出，全国各地的义务教育阶段公共基础设施建设的水平，都比以往有了大幅度的提升。

（三）教师队伍质量不断提高

2005年国家采取了政策倾斜的方式，加大农村学校的核定编制，采取刚性政策加大农村紧缺专业教师的交流，重视薄弱校骨干教师培训等，重在解决农村地区义务教育教师力量薄弱的问题，有效促进农村义务教育公共服务均等化。2006年国家实施了“农村义务教育学校教师特设岗位计划”（以下简称“特岗计划”）。从该计划实施到2015年，十年之间公开招募了50.2万名高校毕业生到中西部“两基”攻坚县以下农村义务教育阶段学校任教，覆盖中西部22个省（区）的1 000多个县、3万多所农村学校

---

① 李鹏，朱德全.义务教育学校标准化建设：进程、问题与反思——基于2010年—2014年全国义务教育办学条件数据的测度分析[J].清华大学教育研究，2016，01：110—117.

(村小、教学点)。[①] "特岗计划"补充了农村地区中小学教师的数量,一定程度上解决了农村义务教育阶段教师结构性短缺的问题,提高了义务教育阶段的教育教学质量。

2007 年,教育部直属 6 所师范类大学实行免费师范生政策,即免费师范生回生源所在省份中小学任教。2012 年,国务院出台了《国务院关于加强教师队伍建设的意见》(以下简称《教师队伍建设意见》),在重点任务部分指出,"中小学教师队伍建设要以农村教师为重点,采取倾斜政策,切实增强农村教师职业吸引力,激励更多优秀人才到农村从教"。同时要建立健全教师管理制度,建立县(区)域内义务教育学校教师校长轮岗交流机制,促进教师资源合理配置。2014 年,教育部启动卓越教师培养计划,建立高校与地方政府、中小学"三位一体"协同培养机制。2015 年,国务院办公厅颁布了《乡村教师支持计划(2015—2020 年)》,提出通过拓展乡村教师补充渠道、提高生活待遇、统一编制标准等措施来缩小城乡师资水平。

根据《中国农村教育发展报告 2015》中 2011—2014 年的统计数据,义务教育阶段专任教师学历层次不断提升,镇区小学和乡村初中专任教师学历层次提升最快。[②] 可以看出,这一系列调控政策极大提高了义务教育阶段教师的专业素质,保障了每个孩子都能接受公平、有质量的教育。

四、义务教育公共服务均等化价值分析

任何制度的发展和完善都是一个过程。新中国成立以来,我国基础教育发展主要经历了三个大的阶段:普及教育阶段,实施义务教育阶段,推进义务教育公共服务均等化并提高义务教育质量阶段。虽然时间漫长,但有着重大的历史性意义和价值,主要体现在:

(一) 制度重建:普及初等教育,保证人人可上学

国民党统治时期,曾经发布过义务教育令。但其社会鲜明的阶级属性,使接受教育成为统治阶级和富裕家庭的特权,普通民众的孩子只能望校生叹。新中国的诞生确立了一个新的社会制度,占统治地位的剥削阶级被彻底推翻,生活在社会底层的人民成为社会的主人。新的社会制度在实现广大人民政治翻身的同时,亦积极致力于经济翻身和文化翻身,赋予了每一个社会公民平等的受教育权。建设富强、民主的社会主

---

① 特岗计划实施十年:今年将新招 7 万特岗教师,中国新闻网[DB/OL]. http://edu.qq.com/a/20150911/039871.htm?tu_biz=v1.

② 邬志辉,秦玉友. 中国农村教育发展报告 2015[M]. 北京:北京师范大学出版社,2016:49.

义新国家也急需各种各样的专业人才。从新中国成立到1985年的30多年时间里，各级政府按照1949年发布的《中国人民政治协商会议共同纲领》中的规定，还受教育权以人民，落实全国各级学校都必须向工农及其子弟开门的要求，遵循普及与提高相结合的原则，采取多种措施，开办幼儿园、中小学校，实行多种教育形式，全面提高了广大民众的文化教育水平，为改革开放后的普及义务教育创造了前提条件。

（二）坚实基础：教育机会均等，实现人人有学上

1986年颁布的《义务教育法》是中国开始实施义务教育的重要标志。《义务教育法》中的"义务"有三个含义：其一，适龄儿童有入学接受九年制教育的义务；其二，家长或监护人有保证送孩子入学的义务；其三，社会有提供完成九年制教育所需教育条件的义务。三股力量汇聚一处，使中国的义务教育实施有了鲜明特点：力度大、进程快、时间短、成效好。

力度大体现为：党中央高度重视义务教育普及；政府重点投入，优先发展义务教育；政府强化督导，"人大"检查绩效，推动义务教育。政府想尽一切办法，克服转变观念难、动员入学难、师资保障难、改善条件难、提高水平难等各种困难，勇往直前。

进程快体现为：第一，立法快。1985年颁布的《教育改革决定》作出实施九年制义务教育的决策，同时建议制定法律并颁布执行。1986年第六届全国人民代表大会第四次会议通过了《义务教育法》，规定自1986年7月1日开始实行，前后所用时间不到一年。第二，实施快。法律一经颁布，全国迅速进入"普九"进程，政府部门即开始着手落实义务教育的实践推进，"普九"在全国各地如火如荼地展开。全国小学学龄儿童入学率和毕业生升学率逐年上升：1985年，入学率是95.9%，升学率是68.4%；1990年入学率是97.8%，升学率是74.6%；2000年入学率是99.1%，升学率是94.9%；2010年入学率是99.7%，升学率是98.7%；2013年入学率是99.7%，升学率98.3%（见表3-4）。

时间短体现为：到2010年，中国用25年时间完成了普及义务教育的目标。英国于1870年颁布《初等教育法》，到1918年实现全国范围内的免费初等义务教育，用了48年时间；美国从第一个州颁布义务教育法案到第四十八个州实施义务教育法案，总共用了68年时间；而德国早在腓特烈二世时就提出要普及初等教育，直到1888年才实现小学免费义务教育，前后达一个世纪之久。

成效好体现为：过程落实卓有成效。中国的义务教育实施采取了分步走的范式：因地制宜，分阶段、有步骤地推行。第一阶段，普及初等义务教育；第二阶段，在普及初等义务教育的基础上普及中等义务教育。在普及艰难的地区（偏远农村）时，实行精准的“普九”攻坚战略，如国家贫困地区义务教育工程、国家贫困地区义务教育助学金、免费教科书专项经费、农村中小学教师工资专项、中小学危房改造工程、农村中小学现代远程教育工程、农村寄宿制学校教育工程等，这一系列重要措施保证了九年义务教育宏伟目标的顺利完成，并为实现更高水平更高质量的义务教育发展奠定了坚实的基础。

（三）历史拐点：推进服务均等，提高教育质量，义务教育进入新境界

2010年《教育规划纲要》的颁布，标志着我国的义务教育普及进入了一个公共服务均等化的新境界。《教育规划纲要》指出，未来将把促进教育公平作为国家的基本教育政策，其中机会公平是首要和关键；要通过扶持薄弱地区、薄弱学校的加速发展来缩小各类教育差距，最终形成惠及全民的公平的教育体系；在此基础上，还要提升公共教育质量，让人民接受满意、优质的教育。2012年国务院又发布了《服务“十二五”规划》，将基本公共教育作为头号基本服务体系的内容，要巩固九年义务教育的成果，并在此基础上有所提高，重点是在教育质量和办学水平方面有所作为。

国务委员刘延东和时任教育部长的袁贵仁多次提出，教育均衡发展是当前中国义务教育的重心与核心，应当在战略层面去认识这一政策，并规划出义务教育均衡发展的进程，提出2012年实现义务教育区域内初步均衡，2020年实现区域内基本均衡。为了实现这一战略目标，政府要在学校建设、师资提升、合理流动、资源配置等方面进行制度创新，加快实施进程，尤其是进城务工人员随迁子女和农村留守儿童等弱势群体的教育，更要高度重视、真心关怀。

中国的义务教育普及不仅关注均衡，亦同步重视质量。中国作为后发的现代化国家，在着眼于保证每个适龄儿童能上学的同时，更关注能够上好学。提高教育质量的关键是教师的质量。20世纪90年代，中国颁布了《教师法》，规定了教师的权利和义务；1999年发布了《中小学教师继续教育规定》；2004年的《2003—2007年教育振兴行动计划》特别强调实施“高素质教师和管理队伍建设工程”；2006年出台“特岗计划”；2015年颁布《乡村教师支持计划（2015—2020年）》等。一系列师资调控政策极大提高了教师素质，为高质量、高水平的义务教育普及提供了坚实保障。

30多年来，我国的义务教育取得了令世人瞩目的伟大成就。对此，国家总督学顾问陶西平概括为：实现了一个跨越，缩小了四个差距。一个跨越是：从基本普及九年义务教育到全面普及九年义务教育的跨越；四个差距是：地区差距、城乡差距、校际差距、群体差距。本书再加上一个：国际差距，即缩小了中国与世界主要发达国家的差距。这些方方面面的努力，正在把义务教育公共服务均等化的制度设计变成美好的现实。

第四章　制度分析：义务教育公共服务均等化的现实审视

义务教育公共服务均等化的制度构建，既需要面对现实，强化制度安排的针对性；更要面向未来，使制度设计具有前瞻性。针对性来源于对我国目前义务教育公共服务均等化现实状态和主要问题的准确诊断，诊断的依据是国家有关公共服务特别是教育公共服务的法律法规和政策规定。前瞻性则取决于对国家经济社会发展总体思路的敏锐把握和对世界主要发达国家教育发展大势和发展经验的研究和借鉴。基于这样的思考，本章对我国义务教育公共服务均等化的现实进行了全方位审视。尝试回答义务教育公共服务均等化的考量依据、我国目前义务教育公共服务均等化的现实状态和主要问题，并从理念认识、社会基础、历史积累和制度体系等方面对义务教育公共服务均等化进行系统反思。

第一节　义务教育公共服务均等化的考量依据

一、法规性义务教育公共服务规定

义务教育基本公共服务均等化的制度呈现首先体现在国家的法律法规上，是制度的最高表现形态。我国的《宪法》、《教育法》和《义务教育法》等都从各自的角度对义务教育公共服务均等化的核心主旨作出了明确的规定。在这里，《宪法》作为国家的总章程是国家一切立法的根基；据此制定的《教育法》是统摄教育领域所有法律法规的基础；《义务教育法》则是《教育法》指导下的教育专门法案，是调整实施义务教育所产生的各种社会关系的具体准则，其对义务教育公共服务均等化的规定更为详细。

如前文所述，义务教育公共服务均等化的核心主要由三部分构成，即义务教育的机会均等、过程均等和结果均等，而义务教育公共服务的公共产品属性，又决定了其供给与监管主要由政府负责，政府在义务教育公共服务均等化实现的过程中负有不可推卸的责任。由此，我们可以从以上谈到的四个方面来梳理国家的相关法律法规对义务教育公共服务均等化的规定。

(一) 义务教育机会均等的规定

义务教育机会均等是实现义务教育公共服务均等化的先决条件，是指所有适龄儿童、少年不分区域、城乡，不论背景出身，都能平等地享有政府提供的义务教育机会，无人例外。只有入学机会均等，教育起点公平，才能保障每个儿童、少年对义务教育公共服务的可获得性。这一共识只有被写进国家的法律，义务教育阶段平等的受教育权才能得到刚性的保障。为此，我国的《宪法》、《教育法》以及《义务教育法》都对教育机会均等作出了明确的规定(详见表 4-1)。

表 4-1　国家法律关于机会均等的相关规定

法律名称	法律条目	法律内容
《中华人民共和国宪法》	第四十六条	中华人民共和国公民有受教育的权利和义务。国家培养青年、少年、儿童在品德、智力、体质等方面全面发展。
《中华人民共和国教育法》	第九条	中华人民共和国公民有受教育的权利和义务。公民不分民族、种族、性别、职业、财产状况、宗教信仰等，依法享有平等的受教育机会。
	第三十七条	受教育者在入学、升学、就业等方面依法享有平等权利。
《中华人民共和国义务教育法》	第二条	国家实行九年义务教育制度。义务教育是国家统一实施的所有适龄儿童、少年必须接受的教育，是国家必须予以保障的公益性事业。
	第四条	凡具有中华人民共和国国籍的适龄儿童、少年，不分性别、民族、种族、家庭财产状况、宗教信仰等，依法享有平等接受义务教育的权利，并履行接受义务教育的义务。

(二) 义务教育过程均等的规定

义务教育过程的均等是指无论区域、城乡，其每一所义务教育学校都能够得到水平大致相当的经费、师资和教育教学设施的投入，以实现教育资源的均衡配置，使不同地区的儿童、少年在接受义务教育公共服务的过程中能够享受到同等的待遇，享有同等质量的教育，从而从根本上保证国民素质的整体提升。由此不难看出，义务教育过程均等的实质就是通过教育资源的均衡配置实现义务教育的均衡发展。为此，《教育法》第十一条规定："国家采取措施促进教育公平，推动教育均衡发展。"2006 年重新修订的《义务教育法》对此更是作出了具体而全面的规定，这新增加的规定也成为这次修订的最大亮点（详见表 4－2）。

表 4－2　新《义务教育法》关于义务教育过程均等的规定

	法律条目	法律内容
新增亮点	第六条	国务院和县级以上地方人民政府应当合理配置教育资源，促进义务教育均衡发展，改善薄弱学校的办学条件，并采取措施，保障农村地区、民族地区实施义务教育，保障家庭经济困难的和残疾的适龄儿童、少年接受义务教育。
经费投入	第四十二条	国家将义务教育全面纳入财政保障范围，义务教育经费由国务院和地方各级人民政府依照本法规定予以保障。
	第四十四条	义务教育经费投入实行国务院和地方各级人民政府根据职责共同负担，省、自治区、直辖市人民政府负责统筹落实的体制。
师资配置	第三十二条	县级人民政府教育行政部门应当均衡配置本行政区域内学校师资力量，组织校长、教师的培训和流动，加强对薄弱学校的建设。
	第三十三条	国务院和地方各级人民政府鼓励和支持城市学校教师和高等学校毕业生到农村地区、民族地区从事义务教育工作。
学校标准化建设	第十六条	学校建设，应当符合国家规定的办学标准，适应教育教学需要；应当符合国家规定的选址要求和建设标准，确保学生和教职工安全。
	第二十二条	县级以上人民政府及其教育行政部门应当促进学校均衡发展，缩小学校之间办学条件的差距，不得将学校分为重点学校和非重点学校。学校不得分设重点班和非重点班。

为实现义务教育过程均等，合理配置教育资源，促进义务教育均衡发展，新《义务教育法》主要从经费投入、师资配置、学校标准化建设等三方面作出原则性的规定。首先，在义务教育经费投入方面，《义务教育法》以第六章"经费保障"专章的篇幅予以阐述，明确义务教育经费属政府财政保障的范畴，由中央和地方各级政府分担，省级政府统筹落实。为使新机制得以有效落实，《义务教育法》从义务教育经费的拨付标准，义务教育经费的"三个增长"，农村义务教育经费分项目、按比例分担，义务教育经费预算单列，义务教育财政转移支付，义务教育专项资金设立等多个方面进行了较为详尽的规定。其次，在义务教育师资配置方面，鉴于教师在提高学校教育质量、缩小学校发展差距、促进义务教育均衡发展中所起的关键性作用，通过政策引导和推动教师有序合理流动、均衡配置教师资源就成为新《义务教育法》的重要内容。第三，在学校标准化

建设方面，新《义务教育法》对义务教育学校办学条件的标准化、规范化也提出了明确要求(详见表4-2)。

(三) 义务教育结果均等的规定

义务教育结果均等是指在机会均等得以保证的基础上，每一成员均能有保障地享用到最低限度标准以上的义务教育，这里并不排斥会特别关注弱势群体、欠发达地区的义务教育状况，并给予适当补偿使其享受到更多的基本公共服务，以促进教育结果的公平。义务教育公共服务均等化的重点之一就是扶弱，应通过多种途径的帮助，富有倾向性的保护，使处于弱势地位的儿童、少年在接受义务教育的过程中不会因各种外部条件的限制而影响他们的学习和未来发展。为此，《教育法》对此提出了明确要求，在此基础上，新《义务教育法》则更加细化了对残疾儿童少年、流动人口子女等弱势群体接受义务教育的补偿和扶持规定(详见表4-3)。

表4-3 《教育法》和新《义务教育法》关于弱势群体补偿和扶持的规定

<table>
<tr><th>法律名称</th><th>法律条目</th><th>针对人群</th><th>法律内容</th></tr>
<tr><td rowspan="2">《中华人民共和国教育法》</td><td>第三十八条</td><td>经济困难人群</td><td>国家、社会对符合入学条件、家庭经济困难的儿童、少年、青年，提供各种形式的资助。</td></tr>
<tr><td>第三十九条</td><td>残疾人群</td><td>国家、社会、学校及其他教育机构应当根据残疾人身心特性和需要实施教育，并为其提供帮助和便利。</td></tr>
<tr><td rowspan="3">《中华人民共和国义务教育法》</td><td>第十九条</td><td rowspan="2">残疾儿童、少年</td><td>县级以上地方人民政府根据需要设置相应的实施特殊教育的学校(班)，对视力残疾、听力语言残疾和智力残疾的适龄儿童、少年实施义务教育。普通学校应当接收具有接受普通教育能力的残疾适龄儿童、少年随班就读，并为其学习、康复提供帮助。</td></tr>
<tr><td>第四十三条</td><td>特殊教育学校(班)学生人均公用经费标准应当高于普通学校学生人均公用经费标准。</td></tr>
<tr><td>第十二条</td><td>流动人口子女</td><td>父母或者其他法定监护人在非户籍所在地工作或者居住的适龄儿童、少年，在其父母或者其他法定监护人工作或者居住地接受义务教育的，当地人民政府应当为其提供平等接受义务教育的条件。</td></tr>
</table>

为缩小城乡义务教育差距，使农村儿童、少年享有同等质量的义务教育，新《义务教育法》也采取了多项补偿性措施。如“农村义务教育所需经费，由各级人民政府根据国务院的规定分项目、按比例分担”，“县级人民政府编制预算，向农村地区学校倾斜”，“设立专项资金，扶持农村地区、民族地区实施义务教育”，“完善农村教师工资经费保

障机制”，“鼓励和支持城市学校教师和高等学校毕业生到农村地区从事义务教育工作”等。

（四）义务教育政府所承担责任的规定

改革开放以来，随着我国经济体制改革的不断深入，政府职能开始由经济建设型和行政管理型向公共服务型转变，逐步实现基本公共服务均等化便成为服务型政府的一项基本职能。而义务教育作为基本公共服务的重要组成部分，对国家、社会和个人发展所具有的重大意义，其均等化的尽早实现成为各级人民政府义不容辞的责任，并被写进国家法律，以体现国家保障公民基本受教育权、促进教育公平乃至社会公平的意志与决心。为此，《教育法》第十九条规定，“各级人民政府采取各种措施保障适龄儿童、少年就学”；第五十七条规定，“国务院及县级以上地方各级人民政府应当设立教育专项资金，重点扶持边远贫困地区、少数民族地区实施义务教育”。在此基础上，2006年新修订的《义务教育法》更是从义务教育的管理权限、保障、督导、责任追究等方面细化了政府在推进义务教育公共服务均等化过程中的基本职责。

在义务教育的管理权限上，新《义务教育法》第七条规定：“义务教育实行国务院领导，省、自治区、直辖市人民政府统筹规划实施，县级人民政府为主管理的体制。”在经费保障上，新《义务教育法》主要是从经费投入、师资配置、学校标准化建设、办学行为规范以及对弱势群体的补偿和扶持等方面就政府的责任作出了相应的规定（前文已有论述，此处不再赘述）。在义务教育的督导上，新《义务教育法》就教育督导机构的地位与职能作了规定，明确提出“人民政府教育督导机构对义务教育工作执行法律法规情况、教育教学质量以及义务教育均衡发展状况等进行督导，督导报告向社会公布”。在义务教育的问责上，新《义务教育法》引入行政问责制，从第五十一条到第五十四条分别规定了政府未履行相应职责的法律责任。

二、政策性义务教育公共服务规定

（一）政策性义务教育公共服务规定的内涵

义务教育公共服务均等化的制度呈现，不仅体现在国家法律法规这一制度的最高层面上，而且还更具体地表现在国家的相关教育政策——制度的亚层面上。相对而言，国家法律法规对义务教育公共服务均等化的规定，属于原则性的规范，起着统领全局、引领方向的作用，因此，法规性的义务教育公共服务均等化要想得以实现，还需要更为具体化、可操作的教育政策予以落实和保障。

教育政策是为实现一定历史阶段的教育目的和任务，由国家政府或政党制定的一系列行动准则和规范，教育政策的实施能有效调节教育系统内部、教育系统与外部社会之间的关系，从而促进教育事业的蓬勃发展。[①] 在我国，教育政策通常是以党和政府关于教育方面的决议、纲要、决定、通知、规划、规定、意见、办法、条例、规程、细则等文件形式来呈现的。教育政策具有动态发展的特点，有一定的变通性和灵活性。在指导和解决各种重大教育问题的过程中，会因变化了的内外部环境而不断进行适时的调整和完善，从而保证相关教育法律法规的有效落实。

从前文对新中国成立以来义务教育公共服务均等化制度演进历程的梳理中可以发现，党和政府在各个历史时期为推进义务教育公共服务均等化均出台了众多政策文件，从当时特定的历史条件出发作出了切实可行的规定并加以有效执行，从而使我国的义务教育取得了长足的发展。尤其是改革开放以来，从 1985 年《教育改革决定》第一次明确提出在全国有计划、有步骤地普及九年义务教育的目标，到 2000 年底全国 85%的人口地区基本实现了九年义务教育普及，再到 2007 年底西部地区"两基"攻坚计划(2004—2007 年)如期完成，[②]最终在 2010 年，历经 25 年的艰苦努力，九年义务教育得到全面普及，义务教育入学机会均等问题得到基本解决，义务教育步入新的发展时期。

在我国义务教育从基本普及到全面普及的进程中，受经济发展水平差异，城乡二元社会结构以及分级管理、分灶吃饭的财政与管理体制等因素的影响，义务教育在地区、城乡、学校之间的差距越来越大，再加上农村富余人口向城镇转移的加快，流动人口子女接受义务教育问题的凸显，就使得义务教育均衡发展成为亟待破解的社会需求。作为对此的回应，国家的义务教育政策开始有意识地向农村地区、欠发达地区、薄弱学校、弱势群体倾斜。

早在 2002 年 2 月，教育部在《关于加强基础教育办学管理若干问题的通知》中就明确提出了"积极推进义务教育阶段学校均衡发展"的要求。2005 年 5 月，教育部在《2005 均衡发展意见》中把"推进义务教育均衡发展"作为实现"两基"之后义务教育发展的中心任务，要求"有效遏制城乡之间、地区之间和学校之间教育差距扩大的势头，积极改善农村学校和城镇薄弱学校的办学条件，逐步实现义务教育的均衡发展"。在

① 张新平. 教育政策概念的规范化探讨[J]. 湖北大学学报(哲社版)，1999，01：91.

② 新华网. 国家西部地区"两基"攻坚计划完成情况[EB/OL]. (2007 - 11 - 28) http://news.xinhuanet.com/edu/2007-11/28/content_7161608.htm.

此基础上，2006年新《义务教育法》更是以法律的形式予以规定（具体表述详见前文）。自此义务教育均衡发展就成为义务教育面向新时期发展的重要任务，而义务教育公共服务均等化实施进程的重心也由入学机会均等转向教育过程均等和教育结果均等。

（二）政策性义务教育公共服务规定的主要内容

从2006年至今，国家为推进义务教育均衡发展、实现义务教育公共服务均等化出台了一系列的政策规章。在这些政策中，既有重大的、综合性的教育政策，也有针对其中某一方面的更为具体的政策文件，由此构成了有关义务教育公共服务均等化的政策体系。综观这些对义务教育公共服务均等化的政策性规定，其内容主要包括以下几方面：

1. 有效配置教育财政资源

充分的财政经费投入是义务教育发展的前提。实现义务教育公共服务均等化离不开充足的经费保障，有效配置教育财政资源是缩小义务教育发展中城乡、区域、学校之间差距的关键。从2001年实施“以县为主”的管理新体制，到2005年提出“将农村义务教育纳入公共财政”，再到2006年新《义务教育法》确立“义务教育纳入国家财政保障，由中央和地方各级政府分担，实行省级政府统筹的经费保障新机制”，我国义务教育的财力资源配置开始走上均等化的轨道，各级政府努力履行促进义务教育均衡发展、实现义务教育公共服务均等化的财政责任，并陆续出台了一系列更为具体的财政政策，加大对农村、民族、集中连片贫困地区的经费投入，投入重点向农村地区、落后地区以及薄弱学校倾斜（详见表4-4）。比如中央政府在2010—2013年投入专项资金617.69亿元用于农村义务教育薄弱学校改造计划，2010—2012年分别安排资金107亿元、24亿元用于“特岗教师”计划和农村义务教育教师“国培计划”，等等。[①] 近些年随着九年义务教育的全面普及，县域内义务教育均衡发展水平的不断提高，现行义务教育经费保障机制开始面临新形势的挑战。为适应我国新型城镇化建设和户籍制度改革不断推进、学生流动性加大的新要求，2015年国务院发布了《关于进一步完善城乡义务教育经费保障机制的通知》（以下简称《经费保障通知》），并从2016年春季学期开始执行（详见表4-4）。

---

① 胡伶.“十二五”时期义务教育平等政策回顾及其对“十三五”教育规划的建议[J].教育理论与实践，2016，10：22.

表 4－4 国家关于配置教育财政资源的政策文件

<table>
<tr><th>时间</th><th>政策名称</th><th>政策要点</th></tr>
<tr><td>2001 年</td><td>《国务院关于基础教育改革与发展的决定》</td><td>实施“以县为主”的义务教育管理新体制。</td></tr>
<tr><td>2005 年</td><td>《国务院关于深化农村义务教育经费保障机制改革的通知》</td><td>逐步将农村义务教育全面纳入公共财政保障范围，建立中央和地方分项目、按比例分担的农村义务教育经费保障新机制。</td></tr>
<tr><td>2007 年 7 月</td><td>《关于进一步做好农村义务教育经费保障机制改革有关工作的通知》</td><td rowspan="2">对 2005 年《国务院关于深化农村义务教育经费保障机制改革的通知》的补充和完善，农村义务教育经费投入持续增加，增速较快。</td></tr>
<tr><td>2007 年 11 月</td><td>《关于调整完善农村义务教育经费保障机制改革有关政策的通知》</td></tr>
<tr><td>2015 年 11 月</td><td>《关于进一步完善城乡义务教育经费保障机制的通知》</td><td>全面部署统筹城乡义务教育资源均衡配置，提出整合农村义务教育经费保障机制和城市义务教育奖补政策，建立城乡统一、重在农村的义务教育经费保障机制。提出了四个方面的措施：一是统一城乡义务教育“两免一补”政策；二是统一城乡义务教育学校生均公用经费基准定额；三是巩固完善农村地区义务教育学校校舍安全保障长效机制；四是巩固落实城乡义务教育教师工资政策。</td></tr>
</table>

2. 均衡配置办学资源

均衡配置义务教育学校物力资源，改善城乡薄弱学校的办学条件，是缩小城乡之间、地区之间和学校之间教育差距，促进义务教育均衡发展的有效措施。2005 年以来，国家发布的历次有关促进义务教育均衡发展的政策文件都对此予以充分重视，并将改善农村和贫困地区学校及薄弱学校办学条件、加强义务教育学校标准化建设等作为重要内容提出具体的意见要求（详见表 4－5）。同时，国家也启动了专项工程对这类问题予以解决，如教育部先后启动“全国中小学危房改造工程”（2001）、“西部地区农村寄宿制学校建设工程”（2004）、“农村中小学远程教育工程”（2004）、“中西部农村初中校舍改造工程”（2007）、“农村义务教育薄弱学校改造计划”（2010）等一系列专项工程。这些政策措施和专项工程对于尽快改善农村和贫困地区中小学的办学条件发挥了积极作用。

表 4-5 国家关于配置办学资源的政策文件

时间	政策名称	政策要点
2005 年 5 月	《关于进一步推进义务教育均衡发展的若干意见》	提出省级教育行政部门要根据国家有关规定和当地实际情况，制定或完善本地区义务教育阶段学校办学条件基本要求。各县(市、区)对本地办学条件低于基本要求的薄弱学校，要制订限期改造计划，集中力量加快薄弱学校改造进程，并解决好人口集中的乡镇、县城及周边学校的大班额问题。
2012 年 9 月	《关于深入推进义务教育均衡发展的意见》	明确提出“均衡配置办学资源”，推进义务教育学校标准化建设。省级政府要依据国家普通中小学校建设标准和本省(区、市)标准，为农村中小学配齐图书、教学实验仪器设备、音体美等器材，着力改善农村义务教育学校学生宿舍、食堂等生活设施；要采取学校扩建改造和学生合理分流等措施，解决县镇“大校额”、“大班额”问题。
2013 年 12 月	《关于全面改善贫困地区义务教育薄弱学校基本办学条件的意见》	提出改善贫困地区义务教育薄弱学校基本办学条件的重点任务，包括保障基本教学条件、改善学校生活设施、办好必要的教学点、妥善解决县镇学校大额班问题、推进农村学校教育信息化等。
2014 年 7 月	《全面改善贫困地区义务教育薄弱学校基本办学条件底线要求》	将“底线要求”作为全面改善贫困地区义务教育薄弱学校基本办学条件项目优先保障、必须完成的建设内容，并在实施过程中，以学校为单位予以优先落实。
2016 年 7 月	《关于统筹推进县域内城乡义务教育一体化改革发展的若干意见》	在改进办学条件方面明确提出“加快推进县域内城乡义务教育学校建设标准统一”的新目标，并从“同步建设城镇学校”、“努力办好乡村教育”、“科学推进学校标准化建设”、“实施消除大班额计划”等方面给出具体的行动措施。

3. 合理配置教师资源

教师是保证和提高学校教育质量的关键。城乡、区域、学校之间的差距追根溯源还在于师资水平的差异。因此，合理配置师资就成为有关义务教育均衡发展、义务教育公共服务均等化政策的重要内容，其着眼点就是通过建立与完善农村教师补充、提高的新机制，以激励更多的人才到农村安心从教、长期从教，进而从根本上提高农村义务教育质量，缩小城乡义务教育差距。有关义务教育师资均衡配置的政策性规定不仅体现在义务教育均衡发展的综合性政策文件中，而且还呈现为有关师资均衡配置的专门性政策文件，这些政策文件主要涉及新教师的补充、现有教师质量提升、城乡教师交流轮岗、教师编制配备、教师职称评聘、教师工资待遇等多项内容，已经形成了政策体系。

在有关义务教育均衡发展的综合性政策文件中(见表4-6),都曾以专门的条目阐述义务教育师资均衡配置的基本要求和做法。如2012年国务院发布《2012均衡发展意见》,在“合理配置教师资源”条目中提出:“采取各种有效措施,吸引优秀高校毕业生和志愿者到农村学校或薄弱学校任教。对长期在农村和边远地区工作的教师,在工资、职称等方面实行倾斜政策。逐步实行城乡统一的中小学编制标准,并对村小学和教学点予以倾斜。为民族地区、边疆地区、贫困地区和革命老区培养和补充紧缺教师。”2016年国务院发布《关于统筹推进县域内城乡义务教育一体化改革发展的若干意见》(以下简称《义务教育一体化意见》),提出推进县域内城乡义务教育一体化发展的十项改革措施,其中“努力办好乡村教育”、“统筹城乡师资配置”、“改革乡村教师待遇保障机制”三项措施从城乡教师交流,教职工编制统筹配置,推进教师“县管校聘”改革以及乡村教师的收入分配、职称评聘、周转住房等方面作出通盘细化安排,为师资均衡配置明确了目标和细则。

表4-6　有关义务教育均衡发展的综合性政策文件

发布时间	文件名称
2005年	教育部《关于进一步推进义务教育均衡发展的若干意见》
2010年	教育部《关于贯彻落实科学发展观　进一步推进义务教育均衡发展的意见》
2010年	教育部《国家中长期教育改革和发展规划纲要(2010—2020年)》
2012年	国务院《关于深入推进义务教育均衡发展的意见》
2012年	教育部《国家教育事业发展第十二个五年规划》
2016年	国务院《关于统筹推进县域内城乡义务教育一体化改革发展的若干意见》

从2005年到2016年的11年时间里,国家针对教师资源配置问题出台了多项专门的政策文件(详见表4-7)。这些文件或是直接对农村地区进行倾斜,或是统筹协调城乡和区域间教师资源配置,都有效推动了我国教师资源合理优化配置的进程。

表4-7　有关均衡配置教师资源的政策文件

时间	文件名称
2006年	教育部《关于大力推进城镇教师支援农村教育工作的意见》
2006年	教育部、财政部、人事部、中央编办《关于实施农村义务教育阶段学校教师特设岗位计划的通知》

续　表

时间	文件名称
2012年	教育部、中央编办、国家发展改革委、财政部、人力资源社会保障部《关于大力推进农村义务教育教师队伍建设的意见》
2014年	教育部、财政部、人社部《关于推进县（区）域内义务教育学校校长教师交流轮岗的意见》
2015年	教育部《乡村教师支持计划（2015—2020年）》

4. 保障儿童少年平等的受教育权

推进义务教育均衡发展、实现义务教育公共服务均等化的根本目的是实现人人享有平等的教育机会和良好的教育资源，因此，保障儿童少年平等接受义务教育的权利，实现教育机会均等，乃是义务教育政策的核心主题。在"普九"之后，义务教育政策对于保障儿童、少年平等受教育权的规定主要表现为两个方面：一是保障特殊群体平等的受教育权，二是维护学生平等的入学权。

首先，在保障特殊群体平等的受教育权方面，就农村留守儿童的教育和关爱、城乡低收入家庭子女就学的资助、随迁子女平等接受义务教育以及残疾儿童少年接受特殊教育等，先后以专门性的政策文件或在有关义务教育的综合性政策文件中予以规定和保障。这些文件中的相关政策，为保障特殊群体平等接受义务教育发挥了重要的作用（见表4-8）。

表4-8　关于保障儿童少年平等受教育权的文件

发布时间	文件名称
2005年	国务院《关于进一步做好进城务工就业农民子女义务教育工作意见》
2011年	教育部《关于做好2011年秋季开学进城务工人员随迁子女义务教育就学工作的通知》
2011年	教育部《关于实施农村义务教育学生营养改善计划的意见》
2012年	国务院《关于做好进城务工人员随迁子女接受义务教育后在当地参加升学考试工作意见》
2013年	教育部《关于加强义务教育阶段农村留守儿童关爱和教育工作的意见》
2014年	国务院《国家贫困地区儿童发展规划（2014—2020）年》
2014年	国务院《特殊教育提升计划（2014—2016年）》

其次，在维护学生平等的入学权方面，为了杜绝义务教育阶段"择校"乱象，切实保证入学机会均等，2014年1月，教育部印发《关于进一步做好小学升入初中免试就近

入学工作的实施意见》,提出小升初免试就近入学的具体措施,以规范招生入学行为,促进教育公平。为使该项政策得以贯彻落实,2014 年 1 月,教育部印发《关于进一步做好重点大城市义务教育免试就近入学工作的通知》,明确重点大城市义务教育免试就近入学的目标任务,要求北京、上海、长春等 19 个重点大城市 2015 年小学划片就近入学率达到 100%,2017 年初中划片入学率达到 95%以上。

上述这些政策规章为我们提供了分析衡量我国目前义务教育公共服务均等化现状的政策和法律依据。

三、技术性义务教育公共服务考量指标

以 2012 年国务院颁布《服务"十二五"规划》为时间节点,可将义务教育公共服务均等化指标的研究分为两个阶段。2012 年以前,义务教育公共服务均等化指标研究的焦点集中在指标类型、指标特征和指标选择等方面。2012 年以后,由于《服务"十二五"规划》中明确将义务教育列入国家基本公共服务体系,并提出了"义务教育免费"、"寄宿生生活补助"、"农村义务教育学生营养改善"等三个具体的服务项目,这可视为有了官方的义务教育公共服务均等化指标体系。所以,随后关于义务教育公共服务均等化指标的研究就更多地集中在"国家指标"的落实情况、纳入国家基本公共服务指标的合理性以及更高层次的公共服务均等化指标选择等问题上。

(一) 义务教育公共服务考量指标体系例述

如前所述,随着公共服务均等化这一概念探讨的深入,均等化背后隐含的核心问题就凸显出来了,也就是服务均等化的指标问题。从字面上我们不难理解,服务均等化实际是要将不同主体所获得和享受的服务进行对比,而无论是要对比这种服务的好与差,还是要对比这种服务的多与少,我们都要为这种对比找到一个可以衡量服务品质的标准。通过这些标准的对比,才能去判定公共服务是否均等。义务教育公共服务同样也需要一个这样的指标体系。

研究发现,衡量教育发展和服务的指标很多。从类型上看,按指标功能划分,这些指标可以分为指导性指标、监测性指标和评价性指标。指导性指标侧重于对教育活动开展时的具体指导,通过这些指标来指导教育活动健康运行。监测性指标侧重于对教育活动的开展进行监测,通过这些指标来了解和掌握教育活动的发展态势。评价性指标侧重于对教育活动开展效果进行评价,通过这些指标来衡量教育活动开展得怎么样。衡量国家义务教育公共服务均等化显然需要一些侧重于评价的评价性指标。按

照指标性质划分，可以分为主观指标和客观指标。主观指标是那些依靠主体的主观体验来作评判的指标，比如学生对学习的满意度、公众对入学机会公平性的看法、家长对学生学习结果的认可度等。客观指标是那些可以直观测得具体数值的指标，比如生均公用经费、生均图书册数、师生比等。

到底用什么来判定国家义务教育公共服务的均等化程度，这的确是一个非常复杂的问题。因为衡量教育发展的指标本来就非常复杂，在我国又涉及一个衡量义务教育均衡发展的指标，这些不同的指标体系混在一起，各自从不同的角度来反映义务教育的服务质量，有的直接指向服务均等化，有的则与服务均等化间接相关。因此，本书选取了国际、国内一些比较有代表性的反映教育发展水平的指标体系，以公共服务为重心，作横向的梳理和对比分析。在此基础上，寻求各种指标体系中比较一致的项目，以作为本章我国目前义务教育公共服务均等化水平的指标要素和审视要点。

第一，国际组织衡量教育发展的指标体系。本书选取了世界经济合作与发展组织（OECD）、联合国教科文组织（UNESCO）、世界银行（World Bank）和欧盟等 4 个比较有代表性的国际组织，将这些组织形成的教育发展指标作简要对比（详见表 4－9）。

表 4－9　主要国际组织的教育发展衡量指标对比

发布主体	核心指标与审核要点
世界经济合作与发展组织的教育总体发展指标	4 个维度：教育背景、教育投入、教育过程和教育产出，简称 CIPP 模式。6 类指标：A 类指标，主要是教育背景（包括人口、社会、经济等）；B 类指标，主要是教育投入方面的指标；C 类指标，主要是受教育机会、教育参与及教育进步等；D 类指标，主要侧重于学习环境及学校组织；E 类指标，主要反映教育产出（包括个人、社会产出和劳动力市场等）；F 类指标，也属于教育产出，但主要描述学生的成绩情况。①
联合国教科文组织的世界教育发展指标	5 个一级指标：教育供给、教育需求、入学和参与、教育内部效率及教育产出；每个一级指标下设具体的二级指标，共约 22 个二级指标。②
世界银行在《世界发展报告》中采用的教育发展指标	5 个一级指标：教育投入、受教育机会、教育效率、教育内部教率和教育产出；每个一级指标下设具体的二级指标，共约 16 个二级指标。③

① 张国强. OECD 教育发展指标体系分析及启示[J]. 外国教育研究，2006，11：24—28.

② 赵静云. 近十年来义务教育均衡发展指标体系研究述评[J]. 滇西科技师范学院学报，2016，09：115—122.

③ 世界银行. 2000 年世界发展指标[M]. 北京：中国财政经济出版社，2000：68—77.

续 表

发布主体	核心指标与审核要点
欧盟在《欧洲教育和培训合作2020战略框架》中提到的教育发展指标	6大指标：青少年辍学率；接受高等教育的人口比例；学前教育的人口比例；阅读、数学和科学能力；参与终身学习的成人比例；学生就业能力。①

第二，中国政府颁布施行的衡量教育发展的指标体系。比较有影响的有：教育部《县域义务教育均衡发展督导评估暂行办法》、国务院《服务"十二五"规划》以及《中国人类发展报告2007/2008——惠及13亿人的基本公共服务》提出的义务教育服务指标（详见表4－10）。

表4－10　中国相关机构的教育发展衡量指标对比

发布文件	核心指标与审核要点
《县域义务教育均衡发展督导评估暂行办法》	8大指标：生均教学及辅助用房面积、生均体育运动场馆面积、生均教学仪器设备值、每百名学生拥有计算机台数、生均图书册数、师生比、生均高于规定学历教师数、生均中级及以上专业技术职务教师数。②
《国家基本公共服务体系"十二五"规划》	义务教育免费、寄宿生生活补助、农村义务教育学生营养改善。免学费、杂费以及农村寄宿生住宿费，免费向农村学生提供教科书；农村中小学年生均公用经费标准，普通小学不低于500元，普通初中不低于700元。年生均补助小学1 000元，初中1 250元。在寄宿生生活补助基础上，集中连片特殊困难地区每生每天营养膳食补助3元。（每年在校时间按200天计）
《中国人类发展报告2007/2008——惠及13亿人的基本公共服务》	人均财政性教育经费、综合入学率、毕业率、国家标准化考试分数、学生连续入学率。③

第三，学者提出的衡量教育发展和教育服务的指标体系。2017年1月，笔者借助中国知网（CNKI）检索，按照被引频次排序，选取衡量义务教育发展指标的学术文献，这些文献的被引频次都在30次以上。主要有：中国农村教育发展研究院调研教育均衡发展使用的指标体系，学者翟博、李继星、于发友和范先佐等人提出的衡量教育均衡

① 江洋.欧盟2010—2020年教育发展战略及启示[J].世界教育信息，2013，07：12—16.

② 教育部网站.教育部关于印发《县域义务教育均衡发展督导评估暂行办法》的通知[EB/OL].[2017－02－01]. http://www.moe.edu.cn/publicfiles/business/htmlfiles/moe/moe_1789/201205/xxgk_136600.html.

③ 王贝妮.基本公共服务均等化评价模式初探——以城乡基层教育设施为例[J].建设科技，2014，15：84—89.

发展的指标体系(详见表4-11)。

表4-11　学者提出的教育发展衡量指标对比

指标体系	指标内容
中国农村教育发展研究院提出的“教育均衡发展调研指标”	3个一级指标：人力资源配置、财力资源配置、物力资源配置；10个二级指标：师生比与师班比、高级职称教师比例、中坚教师比例、专任教师培训率、预算内生均公用经费、教师绩效工资、生均用地面积、生机比、生均图书册数、校均多媒体套数。①
翟博提出的“教育均衡发展指标”	3个方面：受教育机会、教育资源配置、教育均衡的结果。受教育机会的二级指标：学生入学率、城乡学生入学率差异、城乡男女入学率差异；教育资源配置的二级指标：公共教育经费、生均教育经费、生均预算内教育经费、学校校舍面积、图书资料仪器和教师合格率；教育均衡的结果的二级指标：学生毕业率、辍学率、巩固率、教育普及率。②
李继星提出的“义务教育均衡发展指标”	4个领域：机会均衡指标、资源配置均衡指标、学校教育质量均衡指标、教育综合成就均衡指标。③
于发友等人提出的“县域义务教育均衡发展指标体系”	3个方面：一是环境均衡指标，反映义务教育与经济发展的关系，体现义务教育与地方经济发展的均衡协调问题。二是城乡均衡指标，反映城市学校与农村学校在教育资源配置和教育质量上的差异问题。三是结果均衡指标，反映在教育教学和管理过程中能够面向全体学生因材施教，确保教育教学活动的公平、民主，保证全体学生按时合格毕业。④
董世华、范先佐提出的“县域义务教育均衡发展监测指标体系”	3个方面15个关键因素。教师资源方面：师资总量、师资质量、专业发展、稳定状况、教师负担、教师满意度；学生资源方面：生源数量、生源质量、生源分配、学业负担、学业状况、学生学习满意度；教育保障系统方面：经费投入、办学条件、教育管理。⑤

从上述各类指标体系的梳理中可以发现，评价教育活动确实是一件非常复杂的工作。首先是各种评价指标之间存在混用的情况，例如一些研究将针对义务教育的相关指标挪用到高中教育，甚至是高等教育，导致这些指标缺乏针对性。其次是指标体系的系统性和全面性相对缺乏，指标设计时重在考察政府、学校和教师在学校教育中的责任，忽视社会和家长在义务教育公共服务提升中的作用和义务。⑥

① 邬志辉，秦玉友. 中国农村教育发展报告2013—2014[M]. 北京：北京师范大学出版社，2015：211—212.
② 翟博. 教育均衡发展：理论、指标及测算方法[J]. 教育研究，2006，03：16—28.
③ 李继星. 关于义务教育均衡发展指标体系的出版思考[J]. 人民教育，2010，11：9—12.
④ 于发友，赵慧玲，等. 县域义务教育均衡发展的指标体系和标准建构[J]. 教育研究，2011，04：50—54.
⑤ 董世华，范先佐. 我国县域义务教育均衡发展监测指标体系的建构——基于教育学理论的视角[J]. 教育发展研究，2011，09：25—29.
⑥ 毛寿龙，王猛. 地方义务教育公共服务标准化指标体系建构——基于多中心视角[J]. 教育发展研究，2015，22：1—8.

本书所进行的国家义务教育公共服务均等化研究，侧重的是国家义务教育服务的品质和服务的均等化程度。根据这一目的，本书在指标选取上采用了寻找上述评价指标所审核要素中具有高度趋同性的要素，且这些要素必须属于公共服务提供的范畴。根据这一原则，通过比对发现，符合本书研究要求的核心要素主要有 5 个方面：教育活动的经费投入、教育的入学机会、开展教育活动的条件设施、学校的师资状况、教育的结果和感受。本书后续对义务教育公共服务均等化程度的考察主要从上述 5 个方面展开。

（二）现实分析框架的确定

2012 年 7 月，国务院颁发了《服务“十二五”规划》，其中第三章专门讨论了基本公共教育问题，制定了“‘十二五’时期基本公共教育服务国家基本标准”，将国家基本公共教育分为九年义务教育、高中阶段教育和学前教育三个方面，对每个方面所体现的教育公共服务的服务项目、服务对象、保障标准、支出责任和覆盖水平作了详细规定。

教育公共服务的国家标准的出台为我们研究义务教育公共服务均等化提供了一个重要的参照体系。这里应当指出的是：第一，要认识到这里所提到的服务项目只是基本的教育公共服务，这种“基本性”的定位决定了其服务项目不能覆盖很多方面，其服务标准也不会定在很高的水平上。随着国家和社会整体发展水平的提高，义务教育公共服务的服务项目会覆盖更多的方面。与此同时，服务项目的服务标准也会逐步提高，同时鼓励各地区在完成基本公共服务任务的基础上根据当地实际进行提高，就如《服务“十二五”规划》中所提到的，“各省（区、市）应遵循实施国家基本标准，并可结合本地区实际情况，适当拓展基本公共教育服务范围和提高服务标准”。正是目前这种公共服务的基本性定位决定了义务教育公共服务的均等化程度还有很大的提升空间。因为服务的均等化首先要求的是服务的全覆盖。那些没有纳入国家教育公共服务体系的服务项目，既不能保证所有国民能够享受相应的教育服务，更不能保证人民所受的这种教育服务的大致均等。

第二，要准确认识义务教育公共服务均等化的指向。义务教育公共服务关注的核心是受教育的机会均等，是教育服务的大致均等，而不是简单地要求义务教育办学水平的平均化和无差异化。因此，当我们论及义务教育公共服务均等化的各个指标项目时，其均等化的诉求并不是要求这个服务项目的服务形式和可测的指标值必须一致。而且，即使是一致的，也并不能保证其所代表的义务教育公共服务就是均等的。例如，目前国家标准中对义务教育服务项目中具体金额和覆盖目标人群的客观数据规定并不能确保相应服务的均等性。

综合上述两点认识，本书认为，随着国家实力的增强和教育诉求的提高，国家义务教育公共服务应该逐步覆盖“获得感”更强的服务指标，为国民提供更高品质的义务教育公共服务。那些“获得感”更强的服务指标恰恰是能够显著提高义务教育公共服务均等化的指标。具备差异显著、容易比对以及社会关注度高三个方面特征的指标，是更适合用于衡量义务教育公共服务均等化程度的指标。

如果公众对一种教育服务的“获得感”差，那就说明这种服务在教育实践中差异较大，而且优质服务供给并不充分。差异显著，大家一看就感受到明显的不公平，这是对服务均等化的直接背离。供给不充分就会造成有的人能享受到、有的人享受不到的教育发展现实。因此，社会上就会出现对这种优质服务的争夺和竞争，其结果往往是在这种争夺和竞争中引入资本、权力、身份等新的要素。对于义务教育而言，这些要素的介入无疑会严重伤害这种公共服务的均等化程度。从这个意义上讲，在义务教育发展中，那些差异越显著的服务指标，越容易成为“获得感”更强的服务指标。再看容易比对的特征。判断是否均等，终究是要靠比较说话，在义务教育服务均等化问题上，那些容易用客观数值测量并能进行比较的指标会更有说服力。另外，社会关注度高也是这类指标的特征。全社会广泛关注到的义务教育服务问题显然是教育服务改进的焦点问题。义务教育服务均等化在制度设计和政策落实上如果能够抓住这些焦点问题，破解其中一二，显然会得到民众更多的拥护和支持。

由表 4－12 可以看到，在各种教育发展指标体系中，衡量教育发展的指标集中在受教育机会、教育投入、教育条件、教师配备等方面。根据我国发布的相关法律法规和上述各种指标体系的构成要素，结合笔者对义务教育公共服务实践的现场考察，本书认为，分析义务教育公共服务均等化的现实状态，可选择如下四大类内容作为衡量义务教育公共服务均等化程度的主要指标，即教育活动的经费投入、开展教育活动的条件设施、学校的师资状况以及教育的入学机会。

表 4－12　教育服务主要衡量指标统计表

发布主体	教育背景	教育投入	受教育机会	教育条件	教育产出	学生成绩	教师配备	教育效率	辍学率	学生就业
世界经济合作与发展组织	√	√	√	√	√	√				
联合国教科文组织		√	√	√	√		√	√		
世界银行《世界发展报告》		√	√		√		√	√		

续 表

发布主体	教育背景	教育投入	受教育机会	教育条件	教育产出	学生成绩	教师配备	教育效率	辍学率	学生就业
欧盟《欧洲教育和培训合作2020战略框架》			√			√			√	√
中国《县域义务教育均衡发展督导评估暂行办法》		√		√			√			
《国家基本公共服务体系“十二五”规划》	√	√								
中国农村教育发展研究院教育均衡发展调研指标		√		√			√			
《中国人类发展报告2007/08——惠及13亿人的基本公共服务》		√	√			√			√	
翟博提出的“教育均衡发展指标”		√	√	√		√				
李继星提出的“义务教育均衡发展指标”		√	√	√	√	√	√			
董世华、范先佐提出的“县域义务教育均衡发展监测指标体系”		√		√		√	√			√
于发友等人提出的“县域义务教育均衡发展指标体系”	√	√	√	√		√	√			

第二节　义务教育公共服务均等化的状态分析

根据前述义务教育公共服务均等化的分析框架，本书对义务教育公共服务均等化的现实情况进行了分析。2016年笔者参加了教育部人文社会科学重点研究基地东北师范大学中国农村教育发展研究院举行的全国教育调研活动，跟随调研组深入湖南省调研，并共享了其他各组的调研数据，获得大量的第一手调研资料。本次调研地区覆盖了东、中、西部地区的12个省(直辖市、自治区)，东部地区选取了山东、广东、浙江3

个省，中部地区选取了湖南、湖北、河南、江西4个省，西部地区选取了重庆、云南、甘肃、广西、贵州5个省(直辖市、自治区)。调研学校涵盖教学点、农村小学、中心校、镇县小学、城市小学和初中。调研对象有区、县教育局，校长，教师和学生。以这次调研数据为主，结合教育部公布的年度性教育统计数据，参考借鉴已有研究成果中的相关数据，本书尝试对我国目前义务教育公共服务的现实状态作出比较客观的分析。

一、经费投入提供状态

教育经费是支持教育发展的根本保障，义务教育作为一种全面纳入国家财政保障的教育活动，其教育经费会对教育发展产生更为深刻的影响。然而，我国义务教育阶段的教育经费投入在区域之间、城乡之间仍然存在着显著差异。虽然教育经费拨付需要综合考虑实际教育成本等因素，但作为由国家提供的面向全体公民的教育服务，当前的经费拨付现实与义务教育服务均等化的诉求并不匹配。

(一) 生均公用经费拨付标准差别化

以生均公用经费标准为例，长期以来我国各个地区之间、城市和农村之间，义务教育阶段的生均公用经费标准都有显著差别。生均公用经费是由各级政府根据本地经济发展水平制定的，在该区域内统一对中小学校按照计划内学生人数实行的财政拨款标准。这个标准的差异直接影响着学校获得的经费支持。在2015年国务院发布《经费保障通知》之前，各地区义务教育阶段生均公用经费最低标准都由省、市一级的政府进行核定。这种核定通常都会按照大中城市、县城、农村等不同地区将学生的生均公用经费核定为不同的数额。以2006年的湖北省为例，其义务教育生均公用经费划分为三类(详见表4-13)。从这种政府规定中可以明显看到，农村学生的生均公用经费是明显低于城市的。

表4-13 湖北省义务教育生均公用经费拨付情况

学校类别	小学生均公用经费标准	初中生均公用经费标准
大中城市学校	225元	355元
县城学校	215元	345元
农村学校	185元	285元

生均公用经费拨付标准除了在一省之内不同外，各省之间也有比较大的差异。梁

文艳等人基于省级面板数据对省际义务教育阶段生均公用经费差异作了研究，结果显示，2006 年小学生均预算内公用经费最高的是上海，最低的是广西，两者之间差距达 1 806.4 元；2006 年初中生均预算内公用经费最高的也是上海，最低是安徽，两者之间差距达 2 037.2 元。①

2015 年国务院发布了《经费保障通知》，要求统筹设计城乡一体化的义务教育经费保障机制，促进城乡义务教育均衡发展。文件规定从 2016 年春季学期开始，统一城乡义务教育学校生均公用经费基准定额，拉平了城市学生和农村学生在生均公用经费方面的差距。但是仍然没有形成全国范围内所有学生一个标准的局面，而是将全国划分为两个大的区域，每个区域实行不同的生均公用经费标准。具体为中西部地区普通小学每生每年 600 元、普通初中每生每年 800 元；东部地区普通小学每生每年 650 元、普通初中每生每年 850 元。②

（二）生均经费执行情况农村显著低于全国

教育经费不仅在拨付标准方面存在明显不均等的情况，在每年实际使用的经费统计中各地也有显著差异。教育部、国家统计局和财政部每年都会联合发布年度的全国教育经费执行情况统计公告。本书搜集了 2006 至 2015 年这 10 年全国教育经费执行情况统计公告，对公告中全国小学和普通初中生均公共财政预算教育事业费（以下简称生均教育事业费）与生均公共财政预算公用经费（以下简称生均公用经费）支出情况进行了统计分析。

结果表明，在过去的 10 年里，农村地区小学和普通初中的生均教育事业费、生均公用经费都明显低于全国平均水平，而且整体上这种差距呈扩大趋势，小学生均教育事业费从 2006 年相差 128 元到 2015 年相差 261.69 元；生均公用经费更是从 2006 年相差 22.41 元扩大到 2015 年相差 188.96 元，扩大了近 8 倍。普通初中生均教育事业费则从 2006 年相差 179.34 元扩大到 2015 年相差 756.29 元；生均公用经费从 2006 年相差 32.38 元扩大到 2015 年相差 267.29 元（详见表 4－14、表 4－15）。

① 梁文艳，杜育红. 省际间义务教育不均衡问题的实证研究——基于生均经费的分析指标[J]. 教育科学，2008，04：11—16.

② 教育部网站. 国务院关于进一步完善城乡义务教育经费保障机制的通知[EB/OL]. [2017－02－01]. http://www.moe.edu.cn/jyb_xxgk/moe_1777/moe_1778/201511/t20151130_221655.html.

表 4-14　2006—2015 年全国与农村小学生均教育经费差异统计表①

经费项目	小学生均公共财政预算教育事业费(单位：元)			小学生均公共财政预算公用经费(单位：元)		
	全国平均	农村	农村与全国的差距	全国平均	农村	农村与全国的差距
2015	8 838.44	8 576.75	261.69	2 434.26	2 245.30	188.96
2014	7 681.02	7 403.91	277.11	2 241.83	2 102.09	139.74
2013	6 901.77	6 854.96	46.81	2 068.47	1 973.53	94.94
2012	6 128.99	6 017.58	111.41	1 829.14	1 743.41	85.73
2011	4 966.04	4 764.65	201.39	1 366.41	1 282.91	83.5
2010	4 012.51	3 802.91	209.6	929.89	862.08	67.81
2009	3 357.92	3 178.08	179.84	743.70	690.56	53.14
2008	2 757.53	2 617.59	139.94	616.28	581.88	34.4
2007	2 207.04	2 084.28	122.76	425.00	403.76	21.24
2006	1 633.51	1 505.51	128	270.94	248.53	22.41

表 4-15　2006—2015 年全国与农村普通初中生均教育经费差异统计表

经费项目	普通初中生均公共财政预算教育事业费(单位：元)			普通初中生均公共财政预算公用经费(单位：元)		
	全国平均	农村	农村与全国的差距	全国平均	农村	农村与全国的差距
2015	12 105.08	11 348.79	756.29	3 361.11	3 093.82	267.29
2014	10 359.33	9 711.82	647.51	3 120.81	2 915.31	205.5
2013	9 258.37	9 195.77	62.6	2 983.75	2 968.37	15.38
2012	8 137.00	7 906.61	230.39	2 691.76	2 602.13	89.63
2011	6 541.86	6 207.10	334.76	2 044.93	1 956.66	88.27
2010	5 213.91	4 896.38	317.53	1 414.33	1 348.43	65.9
2009	4 331.62	4 065.63	265.99	1 161.98	1 121.12	40.86
2008	3 543.25	3 303.16	240.09	936.38	892.09	44.29
2007	2 679.42	2 433.28	246.14	614.47	573.44	41.03
2006	1 896.56	1 717.22	179.34	378.42	346.04	32.38

① 作者注：此处数据根据教育部网站公布的年度教育统计数据测算而来。

(三) 县域义务教育生均公用经费区域差异显著

2016 年笔者参加了东北师范大学中国农村教育发展研究院举行的全国农村教育调研活动，我们对全国 12 个省(市、自治区)24 个县区的义务教育发展情况作了实地调查。结果显示[①]，我国义务教育阶段生均公用经费存在显著的区域差异，东部地区生均公用经费明显高于西部地区(详见表 4-16、表 4-17)。

表 4-16　各省小学生均公用经费统计表

地区	西部					中部				东部	
	重庆	甘肃	广西	贵州	云南	江西	湖北	湖南	河南	广东	山东
样本学校数量	36	77	67	64	93	25	87	0	111	6	161
生均公用经费(元)	529	546	456	439	593	432	586	668	534	1 730	940
达标率	0.83	0.84	0.53	0.50	0.98	0.48	0.96	—	0.76	1.00	1.00

表 4-17　各省普通初中生均公用经费统计表

地区	西部					中部				东部	
	重庆	甘肃	广西	贵州	云南	江西	湖北	湖南	河南	广东	山东
样本学校数量	9	17	16	6	17	9	29	—	20	3	30
生均公用经费(元)	637	671	653	716	832	733	831	851	717	4 290	1 136
达标率	0.66	0.52	0.68	0.83	0.94	0.88	0.93	—	0.8	1.00	1.00

从图 4-1 中可以看出，东部两省无论是小学还是初中，生均公用经费均高于中、西部其他省份。东部与中、西部差异明显，其中对于小学生均公用经费，广东省最高，江西省最低，相差近 3 倍；而对于初中生均公用经费，最高的仍是广东省，最低的是重庆市，相差近 6 倍。西部地区个别省份，生均公用经费不足 500 元，低于当地规定的生均公用经费标准。同时，由于政策的倾斜，西部有些地区的生均公用经费略高于中部地区。西部省份之间也存在生均公用经费不均衡的情况，例如云南省无论是初中生均公用经费，还是小学生均公用经费，均高于西部其他省份，甚至高于本调查中的中部省份。

① 未获得浙江省生均公用经费方面的数据，因此此处只罗列 11 个省的数据。

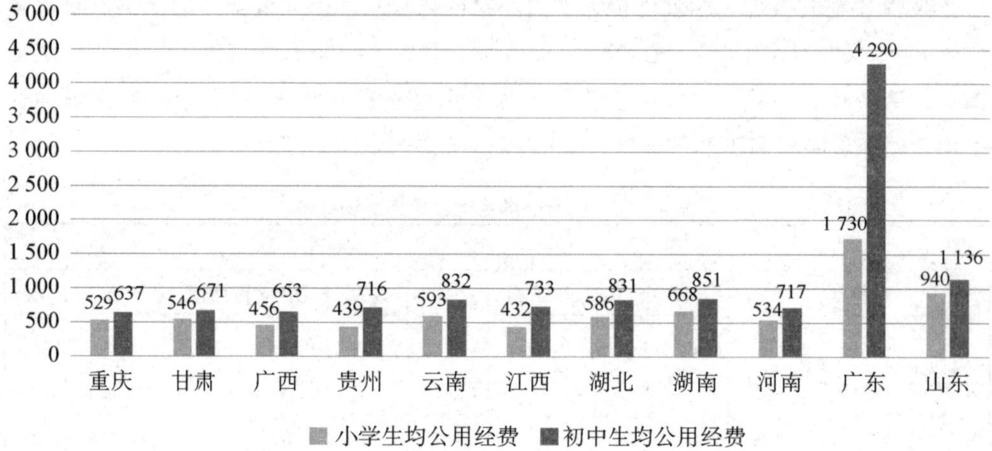

图 4－1　各省义务教育阶段生均公用经费对比图

同一区域内的各个学校之间的生均公用经费也存在较大差距。通过对江西省某县 11 所小学的调查显示，这些小学的生均公用经费存在显著差异，最多的小学生均公用经费达到 600 元，而最少的只有 250 元，差距接近 2 倍(详见图 4－2)。

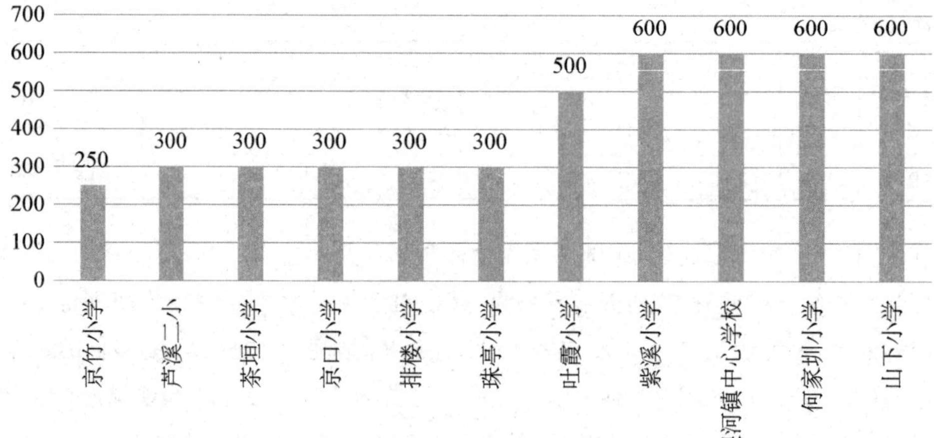

图 4－2　江西省某县小学生均公用经费差异对比图

由以上分析可以看到，我国义务教育阶段生均公用经费在区域之间、城乡之间还有显著差异。虽然经费拨付标准的差距正在逐步缩小，各地区间差距也不断缩小，但是区域之间的公用经费标准差距还是存在。不同区域之间、城乡之间的学校实际获得的生均公用经费存在显著差异，整体上仍是东部高于西部，城市高于农村。当然，《经费保障通知》也提到，以后国家会根据义务教育发展过程中出现的新情况和新问题对国家义务教育经费保障机制进行及时的调整和完善。所以，我们可以预期，未来国家义务教育阶段所有学生的生均公用经费标准将会实现全国统一，届时义务教育公共服务均等化的程度将得到进一步提高。

二、办学条件提供状态

学校的办学条件是保障义务教育公共服务均等化的重要指标。教育服务的质量高低最为直观可见的标准就是学校的办学条件。国家每年都对学校办学条件的几个相关指标进行调查统计。本书研究以教育部公布的年度性教育统计数据为基础，重点分析了其办学条件的几个相关指标。

（一）办学条件达标率

国家年度教育统计数据中对学校的体育器械配备、音乐器械配备、美术器械配备、教学自然实验仪器、建立校园网校数、接入互联网校数等指标进行了统计，并作了城区、镇区和乡村的区分。加上可以查到全国目前在城区、镇区和乡村的学校数量，本书研究计算了分地区的全国小学和普通初中在各个办学条件指标上的达标率，即用某一区域中的学校在某项指标上的达标学校数除以该区域所有学校数，得出该区域学校在这项指标上的达标率。结果显示，在反映学校办学条件的几个关键指标上，城区学校的达标率最高，其次是镇区，达标率最低的是乡村学校。

根据2015年教育部相关统计数据测算，小学体育器械配备方面，城区小学达标率为88.1%，镇区小学达标率为76.2%，乡村小学的达标率仅为61.8%。音乐器械配备、美术器械配备、教学自然实验仪器等指标的达标情况也是如此，城区小学都在88%左右，镇区小学都在75%左右，乡村小学都在60%左右。差别最大的是建立校园网络的学校比例。76.3%的城区小学建立了自己的校园网络，56.1%的镇区小学建立了自己的校园网络，乡村小学中能够建立自己的校园网络的学校仅占到35.1%。另外，还有近20%的乡村小学没有接入互联网，而城区学校的互联网接入率已经超过96%（详见表4－18）。

表 4-18　2015 年全国城乡小学办学条件达标率对比表①

	小学学校数量	体育器械配备		音乐器械配备		美术器械配备		教学自然实验仪器		建立校园网校数		接入互联网校数	
		达标校数	达标率(%)	达标校数	达标率(%)	达标校数	达标率(%)	达标校数	达标率(%)	建网校数	建网率(%)	入网校数	接入率(%)
城区	26 058	22 961	88.1	22 906	87.9	22 838	87.6	22 730	87.2	19 871	76.3	25 235	96.8
镇区	46 086	35 095	76.2	34 703	75.3	34 576	75	35 175	76.3	25 867	56.1	42 919	93.1
乡村	118 381	73 212	61.8	71 666	60.5	71 423	60.3	73 610	62.2	41 604	35.1	94 943	80.2

普通初中在各主要办学条件指标方面的达标率相对好于小学，但整体上也是城区初中好于镇区初中，达标率最低的也是乡村初中。例如，美术器械配备方面，城区初中达标率为 88.8%，镇区初中达标率为 83.2%，乡村初中达标率为 75.9%。差别最大的还是校园网络建设，乡村初中能够建立自己的校园网的学校比例仅为 58.7%，镇区初中为 71.2%，城区初中为 83.4%。另外，学校的互联网接入率差别不大，各个区域学校互联网接入率都在 96%以上(详见表 4-19)。

表 4-19　2015 年全国城乡普通初中办学条件达标率对比表

	普通初中数量	体育器械配备		音乐器械配备		美术器械配备		理科实验仪器		建立校园网校数		接入互联网校数	
		达标校数	达标率(%)	达标校数	达标率(%)	达标校数	达标率(%)	达标校数	达标率(%)	建网校数	建网率(%)	入网校数	接入率(%)
城区	11 496	10 369	90.2	10 235	89	10 207	88.8	10 326	89.8	9 589	83.4	11 236	97.7
镇区	23 905	20 239	84.7	19 972	83.5	19 898	83.2	20 936	87.6	17 028	71.2	23 405	97.9
乡村	16 982	13 176	77.6	12 942	76.2	12 886	75.9	13 741	80.9	9 973	58.7	16 364	96.4

(二) 班均教学条件

班均教学条件是反映一个班级所拥有的用于教学的条件设施情况的指标，即使用某一区域所拥有的教学条件设施总量除以该区域所有学校的班级数量，得出平均每个班级拥有多少相应的教学条件。本书研究依据教育部 2015 年教育统计数据中关于教学条件的相关数据和关于班级数的相关统计比较了城区班级、镇区班级和乡村班级的班均教学条件。

① 作者注：此处数据根据教育部网站公布的年度教育统计数据测算而来。

研究选取了图书资源、教学用计算机和网络多媒体教室三项教学条件作为考察指标。结果显示，在班均图书册数、班均教学计算机台数和班均网络多媒体教室间数三项指标上，乡村小学班级低于镇区小学班级，镇区小学班级又低于城区小学班级。城区普通初中班级的各项指标中，除班均图书册数外，其他两项指标明显高于镇区和乡村班级。

统计数据显示，2015 年全国城区小学有班级 664 436 个，城区小学拥有图书 650 412 631 册，平均每班拥有图书 978.9 册；乡村小学有班级 1 069 136 个，乡村小学拥有图书 636 011 043 册，平均每班拥有图书 594.9 册。在图书拥有量上，城区班级和乡村班级差异显著。城区小学平均每个班级拥有教学用计算机 4.67 台，镇区小学平均每个班级有 3.29 台，乡村小学平均每个班级只有 2.19 台。网络多媒体教室数量的差异也比较明显，城区小学平均每班拥有 0.87 间网络多媒体教室，乡村小学只有 0.39 间（详见表 4－20）。

表 4－20　2015 年全国城乡小学班均教学条件对比表①

	小学班级数	图书		教学用计算机		网络多媒体教室	
		总册数	班均册数	总台数	班均台数	总间数	班均间数
城区	664 436	650 412 631	978.9	3 103 403	4.67	578 496	0.87
镇区	836 275	695 024 835	831.1	2 755 096	3.29	536 861	0.64
乡村	1 069 136	636 011 043	594.9	2 337 706	2.19	416 453	0.39

笔者在湖南省的调查访谈中也证实城乡办学条件确实存在显著差异。当地一所乡村小学的老师在访谈中对城乡小学办学条件的差距作了形象的介绍。

教师访谈。访谈对象：H 省某小学四年级李老师。（F：访谈员；T：教师）

F：您觉得城市学校和乡村学校最大的不同是什么？

T：不同可多了，最大的不同就是农村学校办学条件差。我们这里虽然也盖起了教学楼，但是里面的教学设施设备根本不行。我去年去长沙参加教师培训，培训期间组织我们到长沙市的小学参观考察。那根本没法比。人家的很多教学设备我们都没见过，有个教室叫作 iPad 教室，学生在那里用掌上电脑上课，老师

① 作者注：此处数据根据教育部网站公布的年度教育统计数据测算而来。

把课堂作业放在那个电脑里，学生做作业像玩游戏一样，非常有兴趣。我们这里的老师们都没有那个 iPad。他们那差不多每个教室都有多媒体投影，我们这只有一个教室有，平时上课根本没法用，就是各个班有活动了才去用。还有喝水的饮水机，他们有很先进的饮水机，学生可以很方便地喝水，我们这里很多学生在学校一天也不喝水，不从家里带水，学校喝水也很不方便。

相比小学，初中班级在城区和乡村之间的差异则没有那么大。统计数据显示，2015 年全国乡村地区有普通初中班级 157 334 个，乡村普通初中拥有的图书达到 281 087 254 册，平均每班拥有图书 1 786.6 册，而城区和镇区的初中平均每班拥有的图书分别为 1 460.9 册、1 521.3 册。城区普通初中平均每个班级拥有教学用计算机 6.64 台，镇区 5.57 台，乡村 6.19 台。网络多媒体教室在城乡之间略有差异，城区普通初中平均每班拥有 0.94 间网络多媒体教室，镇区普通初中为 0.82 间，乡村普通初中为 0.86 间(详见表 4 - 21)。

表 4 - 21　2015 年全国城乡普通初中班均教学条件对比表

	普通初中班级数	图书		教学用计算机		网络多媒体教室	
		总册数	班均册数	总台数	班均台数	总间数	班均间数
城区	305 483	446 265 642	1 460.9	2 027 595	6.64	286 698	0.94
镇区	440 747	670 503 117	1 521.3	2 454 906	5.57	363 186	0.82
乡村	157 334	281 087 254	1 786.6	973 166	6.19	135 017	0.86

三、师资队伍提供状态

师资队伍是制约义务教育公共服务质量的关键因素。但是目前，我国义务教育阶段教师资源配备并不均衡，区域之间、城乡之间、学校之间教师素质的不均衡直接制约了义务教育公共服务的提供状态。有研究者对北京地区基本教育公共服务进行了调研，结果表明北京市农村地区对基本教育公共服务最不满意的是优秀教师资源缺乏。[①] 可见教师队伍在义务教育公共服务体系中处于非常重要的地位。

(一) 教师职称

教师专业技术职称是评价教师教育教学水平和能力的一个重要标准。目前我国

---

① 类淑霞，张士运. 北京城乡基础教育公共服务均等化研究[J]. 教育教学论坛，2015，45：54—57.

普通初中教师职称分为中学高级、中学一级、中学二级、中学三级等，小学教师职称分为小学高级、小学一级、小学二级和小学三级等。一般而言，职称级别越高，相应的教学业务能力水平就越高。因此，高职称教师的配备比例可以作为反映义务教育公共服务质量的重要参考指标。

通过对全国 12 个省(市、自治区)的抽样调查，共取得关于教师职称的有效数据 7 297 个，其中东部地区(山东、浙江、广东)2 215 个，中部地区(湖南、湖北、河南、江西)2 007 个，西部地区(重庆、贵州、甘肃、云南、广西)3 075 个。调查发现教师职称方面存在三个方面的特点：第一，高级专业技术职称(包括中学和小学)和一级专业技术职称(包括中学和小学)的教师在全国教师中大约占比 73.30%，由此可以看出我国教师队伍中，大部分教师拥有中级及以上的专业技术职称。第二，从区域上观察，具有中级及以上职称的教师占总在职教师的比例，东部数据为 72.4%，中部数据为 77%，西部数据为71.6%，东、中、西部区域间存在一定的差距，但是并不是很大。第三，各个省份均存在不同比例的没有职称的教师，其中东部是 7.2%，中部是8.6%，西部是 5.4%，西部的无编制教师占比最少(详见表 4-22)。

表 4-22　各地中小学教师职称统计表

比率		高级占比(%)	一级占比(%)	二级占比(%)	三级占比(%)	无(%)	总量
东部	山东	12.5	42.8	37.3	0.4	7.0	601
	广东	36.7	42.3	14.3	0.6	6.1	1 018
	浙江	34.9	43.2	12.1	0.2	9.6	596
	东部平均	29.7	42.7	19.9	0.5	7.2	2 215
中部	湖南	31.2	45.0	13.4	0.2	10.2	500
	湖北	39.8	36.3	16.9	0.2	6.8	485
	河南	20.7	49.0	19.4	0	10.9	551
	江西	51.2	35.9	6.8	0.2	5.9	471
	中部平均	35.1	41.9	14.3	0.1	8.6	2 007
西部	重庆	26.7	42.7	23.7	1.1	5.8	634
	贵州	44.3	27.1	23.2	0.8	4.6	517
	云南	30.8	41.6	25.2	0.6	1.8	909
	甘肃	33.2	45.6	19.6	0	1.6	485

续 表

比率		高级占比(%)	一级占比(%)	二级占比(%)	三级占比(%)	无(%)	总量
	广西	35.1	30.9	16.8	1.7	15.5	530
	西部平均	33.4	38.2	22.2	0.8	5.4	3 075
	全国	32.7	40.6	19.4	0.5	6.8	7 297

(二) 教师工资收入

目前,我国义务教育阶段的教师工资分为两个部分,一部分是根据教师的现阶段职称而进行划分的基本工资,另一部分是地区或者学校根据自身具体情况而分发的绩效工资。由于我国目前区域间的经济发展水平存在较大差异,因此各地区学校教师的实际收入有着显著差距。

通过对全国 12 个省(直辖市、自治区)的抽样调查,共取得教师工资有效数据 6 415 个,其中东部地区(山东、浙江、广东)1 729 个,中部地区(湖南、湖北、河南、江西) 1 961 个,西部地区(重庆、贵州、甘肃、云南、广西)2 725 个。调查结果显示,教师工资收入的区域差异、城乡差异都比较显著。全国约有 28.18%教师的工资收入在 4 000 元以上,而东部地区教师工资收入在 4 000 元以上的比例高达 73.16%,中部仅为 6.32%,西部为 15.38%。可以明显看出,由于教师工资组成部分中的绩效工资,加之东、中、西部悬殊的经济发展水平,直接导致东部教师的工资收入明显高于中部和西部的教师。另外,作为中国经济第一大省的广东省,其教师工资也显著高于其他省份,教师工资在 4 000 元以上的占比 77.36%,仅有 2.17%的教师工资在 2 000 元以下;而作为中国人口大省的河南省,其教师工资相对较低,在 3 000 元以下的教师占比就达到 94.41%(详见表 4 - 23)。

表 4 - 23 各地中小学教师工资收入统计表

地区		2 000 元以下占比(%)	2 000—3 000 元占比(%)	3 000—4 000 元占比(%)	4 000—5 000 元占比(%)	5 000 元以上占比(%)	总量
东部	山东	1.21	2.43	17.00	50.40	28.95	494
	广东	2.17	5.88	14.58	29.41	47.95	782
	浙江	1.55	11.92	27.37	43.05	16.11	453
	东部平均	1.74	6.48	18.62	38.98	34.18	1 729

续 表

地区		2 000 元以下占比(%)	2 000—3 000 元占比(%)	3 000—4 000 元占比(%)	4 000—5 000 元占比(%)	5 000 元以上占比(%)	总量
中部	湖南	9.21	61.57	28.09	1.12	0.00	445
	湖北	9.45	56.22	30.60	3.48	0.25	402
	河南	45.27	49.14	5.59	0.00	0.00	698
	江西	8.89	28.37	37.74	22.84	2.16	416
	中部平均	22.03	49.01	22.64	5.81	0.51	1 961
西部	重庆	6.49	34.56	43.68	12.98	2.28	570
	贵州	21.14	2.05	34.32	34.77	7.73	440
	云南	2.77	41.11	47.04	7.69	1.39	793
	甘肃	0.45	39.00	50.34	9.98	0.23	441
	广西	11.43	55.51	27.23	5.41	0.42	481
	西部平均	7.67	35.63	41.32	13.14	2.24	2 725
	全国	10.46	31.86	29.49	17.86	10.32	6 415

在城乡对比方面,城市教师的工资收入显著高于乡村教师。调查了解到,广东位于莞城区的一位教师的月收入可达 12 000 元,而同样是广东省企石镇的一位乡村教师的月收入只有 1 500 元,前者工资是后者的 8 倍之多。在贵州省,一位城区教师的月工资有6 100 元,而一位乡村教师的月收入只有 1 600 元,城区教师的月收入几乎是乡村教师的 4 倍。

(三) 教师社会地位

为了能够了解全国各地教师社会地位的高低,本次调研设置了一道"您认为教师在当地的社会地位处于"的题目,备选答案分为"上等、中上等、中等、中下等、下等",通过对教师个人关于自己所处社会地位的认识进行调研,可以更直观地了解教师对于个人工作生活中由个人职业带来的关于社会地位的体验。通过对全国 12 个省(直辖市、自治区)的抽样调查,共取得教师对于个人社会地位认识的有效数据 7 061 个,其中东部地区(山东、浙江、广东)2 211 个,中部地区(湖南、湖北、河南、江西)1 980 个,以及西部地区(重庆、贵州、甘肃、云南、广西)2 780 个。

调查显示,认为教师行业的社会地位处于中等以上的教师仅仅占比 5.94%,东部为7.15%、中部为 2.93%、西部为 7.07%,中部教师对于教师职业的社会地位最为不满。东部地区的大部分教师将个人社会地位定位在中等这一水平，而中、西部教师大都将其社会地位定位在中下等这一水平(详见表 4－24)。从城乡差异方面看，无论是东部的浙江、中部的河南还是西部的贵州，对于教师社会地位有较高认同度的教师大都分布在城区学校，而对于教师社会地位认同度低的教师大都是乡村学校的教师，表明城乡教师的社会地位存在着明显的差别(详见表 4－25)。

表 4－24 各地中小学教师社会地位认同统计表

地区		上等占比(%)	中上等占比(%)	中等占比(%)	中下等占比(%)	下等占比(%)	总量
东部	山东	0.00	8.72	53.36	33.05	4.87	596
	广东	0.79	7.77	50.93	35.40	5.11	1 017
	浙江	0.84	2.34	41.30	38.80	16.72	598
	东部平均	0.59	6.56	48.98	35.69	8.19	2 211
中部	湖南	0.20	1.21	34.41	45.14	19.03	494
	湖北	0.21	3.11	30.29	39.63	26.76	482
	河南	0.18	2.74	23.77	47.71	25.59	547
	江西	0.66	3.50	37.86	40.70	17.29	457
	中部平均	0.30	2.63	31.26	43.48	22.32	1 980
西部	重庆	1.26	6.14	28.19	41.42	22.99	635
	贵州	11.37	10.78	24.12	31.37	22.35	510
	云南	0.00	1.98	22.84	43.95	31.23	810
	甘肃	0.41	2.27	34.92	40.50	21.90	484
	广西	0.23	3.02	31.79	39.21	25.75	431
	西部平均	2.40	4.67	27.63	39.86	25.44	2 870
	全国	1.25	4.69	35.33	39.57	19.16	7 061

表 4－25 各地城乡教师社会地位统计表

地区		上等占比(%)	中上等占比(%)	中等占比(%)	中下等占比(%)	下等占比(%)
浙江	村屯	0.00	3.95	42.11	34.21	19.74
	镇县	0.89	1.19	31.45	46.29	20.18
	城区	1.08	3.78	58.92	27.03	9.19

续 表

地区		上等 占比(%)	中上等 占比(%)	中等 占比(%)	中下等 占比(%)	下等 占比(%)
河南	村屯	0.00	1.05	36.84	43.16	18.95
	镇县	0.39	2.70	16.99	47.88	32.05
	城区	0.00	3.65	26.56	49.48	20.31
贵州	村屯	6.54	9.80	35.29	29.41	18.95
	镇县	0.00	3.15	21.62	40.54	34.68
	城区	37.01	21.26	16.54	18.90	6.30

(四) 教师转业意愿

教师队伍的稳定性影响看教育服务质量。本书对各地区教师的转业意愿进行了调查分析。我们设计了"一有机会,您就会转出教师行业"的单选题,备选答案为"很符合,比较符合,一般,比较不符合,很不符合"。通过对全国 12 个省(直辖市、自治区)的抽样调查,共取得该题的有效数据 3 589 个,其中东部地区(山东、浙江、广东)1 104 个,中部地区(湖南、湖北、河南、江西)996 个,以及西部地区(重庆、贵州、甘肃、云南、广西)1 489 个。

调查结果表明,全国比较想转出教师行业的教师比例(包括很符合和比较符合)为 36.08%,即有超过三分之一的在职教师有转业的想法。同样的数据在东部为 26.45%,中部为 40.67%,西部为 40.16%,中、西部高于全国水平,而东部低于全国水平。而不太想转出教师行业的教师比例全国数据为 32.54%,东、中、西部的数据分别为 41.84%、29.71%、27.53%,东部数据高于全国水平,中、西部低于全国水平。可见东部地区教师转出教师行业的意愿较弱,而中、西部教师则有较强的转业意愿(详见表 4-26)。

表 4-26 各地区教师转业意愿统计表

地区		很符合 占比(%)	比较符合 占比(%)	一般 占比(%)	不太符合 占比(%)	很不符合 占比(%)	总量
东部	山东	5.96	5.26	26.67	41.75	20.35	285
	广东	10.25	18.22	35.48	26.57	9.49	527
	浙江	17.12	20.55	29.79	25.68	6.85	292
	东部平均	10.96	15.49	31.70	30.25	11.59	1 104

续 表

地区		很符合占比(%)	比较符合占比(%)	一般占比(%)	不太符合占比(%)	很不符合占比(%)	总量
中部	湖南	19.34	19.34	27.57	26.34	7.41	243
	湖北	15.26	27.31	26.91	24.10	6.43	249
	河南	21.25	20.51	32.60	21.25	4.40	273
	江西	21.21	18.18	31.17	22.94	6.49	231
	中部平均	19.28	21.39	29.62	23.59	6.12	996
西部	重庆	14.33	19.80	30.38	23.21	12.29	293
	贵州	11.41	26.24	35.36	17.49	9.51	263
	云南	18.90	20.66	33.41	19.78	7.25	455
	甘肃	20.00	28.75	23.75	22.92	4.58	240
	广西	18.07	24.79	37.82	15.13	4.20	238
	西部平均	16.72	23.44	32.30	19.81	7.72	1 489
	全国	15.66	20.42	31.37	24.07	8.47	3 589

案例 甘肃省会宁县大量教师离职去考警察

2015 年 8 月 12 日,《中国青年报》报道了《甘肃会宁:一次警察招考引发的教师离职潮》的新闻。2014 年 11 月,会宁县人力资源和社会保障局会人社发【2014】270 号文件转发了《关于 2014 年白银市县区公安派出所公开选拔人民警察的公告》。该《公告》称,会宁县将在乡镇(街道)、县区机关事业单位占用事业编制的在职财政供养人员中选拔一批警察。消息一出,大量来自中小学的教师纷纷报考。结果,当年会宁全县共招考 189 名警察,其中有 171 人是从原来的教师岗位考入的。这些教师大多 30 多岁,在基层学校任教 10 年左右,正是年富力强之时,有 30 多人是班主任,还有一名小学校长和一名幼儿园副园长。

——资料来源:马富春.甘肃会宁:一次警察招考引发的教师离职潮.《中国青年报》,2015 年 8 月 12 日第 6 版.

四、入学机会提供状态

入学机会均等是实现义务教育公共服务均等化的前提。国家和各级政府通过颁布法律、制定政策、建立制度等方式对义务教育入学机会均等作出了很多细致规定。

这些规定汇总起来就形成了我国现阶段义务教育入学机会均等保障体系，具体包括平权入学、免试入学、就近入学和均衡入学。然而，除平权入学落实得较好之外，其他几项保障入学机会均等的措施在义务教育实践中都遭遇着诸多挑战，义务教育入学机会均等的程度有待提高。

（一）平权入学

《义务教育法》规定："凡具有中华人民共和国国籍的适龄儿童、少年，不分性别、民族、种族、家庭财产状况、宗教信仰等，依法享有平等接受义务教育的权利。"这是对入学权利的最基本规定。应该说法律和政策保障的这种平权入学在我国义务教育实践中的落实还是比较彻底的。但是近年来义务教育阶段的辍学问题仍然存在。国家对于违反《义务教育法》中入学义务的行为进行的处罚和追责还不够严厉。

另外，对于聋哑、智障等有特殊教育需求的儿童的义务教育入学服务仍有很大的提升空间。国家教育事业"十三五"规划和"2017年的教育部工作重点"中都明确提出要办好特殊教育，努力保障困难群体受教育权利。2017年将启动实施《第二期特殊教育提升计划(2017—2020年)》，落实"一人一案"的精准帮扶措施，以区县为单位为每个特殊儿童建立台账，对未入学的适龄残疾儿童进行实名登记，并逐一解决，避免这些困难群体空有受教育权利而没有受教育机会。

（二）免试入学

《义务教育法》规定在义务教育阶段的适龄儿童、少年可以免试入学。免试入学是要求学校和教育管理部门不能以考试作为门槛来限制学生入学，当然也不能以考试得分作为依据选拔学生进入不同的学校。免试入学是对义务教育入学机会均等化的又一层保障。义务教育阶段的儿童在入学机会面前，没有了种族、民族、性别、身份等方面的限制，也没有了考试成绩方面的制约，都可平等地入学。

然而，在义务教育实践中，虽然禁止了大规模的入学选拔考试，但是各种名目繁多的"小升初"测试还大量存在。一些优质学校私底下以"奥数"、"艺术特长"、"体育特长"以及其他比赛获奖等形式对学生进行选拔录取。这种选拔性入学考试的存在严重伤害了义务教育入学机会均等。有记者报道了山东省济南市的"小升初"考试问题。济南外国语学校、山大附中和稼轩中学是济南市的优质初中，他们组织的"小升初"考试引来了大量家长报名，2016年热度最高的山大附中(本校)招生人数只有100人，却有近 3 000 人报名，录取比例高达 30∶1，竞争力可与本科第一批志愿录取媲美。[①]

(三) 就近入学

就近入学是义务教育阶段学生入学的一种硬性规定，防止家长们跨区域选择学校，伤害义务教育入学机会均等。《义务教育法》规定地方各级人民政府应当保障适龄儿童、少年在户籍所在地学校就近入学。严格按照学生的户籍所在地就近入学来保障入学机会均等有一个基本前提：各地义务教育阶段的学校办学质量要基本均衡。

然而，中国义务教育在快速发展的过程中，教育均衡发展状况并不理想，区域之间、城乡之间、学校之间教育质量差别显著。当教育均衡的前提不具备的时候，就近入学就无法很好地落实，入学机会均等也就得不到有效保障。家长们为了给自己的孩子一个更好的教育环境，千方百计地为孩子选择更好的学校。比如给孩子转户口，或者弄假户口，将学生带到教育质量更高的地区接受义务教育，有人称之为“学生移民”。在适龄入学生源分布稀疏的很多农村地区，当地进行了大规模的学校布局调整，调整后，可“就近而入”的学校要么被取缔，要么变成了规模很小的教学点。镇上的中心校与乡村里的教学点和村小可同时接收这些孩子上学。这样家长们就面临着一种选择，要么真的就近入学，把孩子送到办学质量相对低一些的村小或教学点。要么费些事，把孩子送到镇上的中心学校，有的在学校附近租房陪读，有的则将孩子寄宿在学校或者学校旁边的农家，还有的自备快速交通工具往返接送。当义务教育政策允许的就近而入的学校有多所的时候，当这些学校的办学质量有高低区分的时候，就近入学政策所保障的入学机会均等就形同虚设。有能力、有条件的家长会为孩子选择质量更高的学校，而那些不具备相应能力和条件的家庭，他们的孩子只能在较落后的学校里接受教育。

(四) 均衡入学

均衡入学主要是针对义务教育阶段学生的“择校入学”和“择班入学”而言。《义务教育法》规定：“县级以上人民政府及其教育行政部门应当促进学校均衡发展，缩小学校之间办学条件的差距，不得将学校分为重点学校和非重点学校。学校不得分设重点班和非重点班。”均衡入学实际上是希望义务教育阶段的学生能够进入一样的学校和一样的班级接受教育。然而，教育现实却是，不管是官方还是民间，对学校的管理和定

---

① 济南时报. 济南小升初考试有多热？有的学校 3 000 人争 100 个名额[EB/OL]. [2017-02-01]. http://xiaoxue.eol.cn/zx/shandong/xsc/201608/t20160812_1439149.shtml.

位上都存在着实质上的三六九等差别;同一所学校的班级也存在着"快慢班"的区分。这种教育现实严重制约了义务教育阶段学生的均衡入学。

事实上,当前的校际差异与我们国家"重点学校"的相关政策有深刻的历史渊源。在改革开放初期,国家为了快出人才、早出人才,曾提倡鼓励各地重点建设一批好学校以作为榜样示范,进而带动其他学校发展。由此造成了同样是义务教育阶段的学校,有的获得重点建设,有的则只能艰难发展。1990 年开始,国家和地方废除重点学校的相关政策不断出台。然而,义务教育的差异化发展积重难返,直到今天,重点学校和重点班级仍是"名亡实存"的状态。花钱择校、送礼择校、买学区房择校的问题层出不穷,名校"掐尖招生"、对学生进行"分班、分层、分等培养"等现象屡禁不止。家长方面的"择校入学"和"择班入学",学校方面的"择生录取"和"择生而教",严重扰乱了义务教育阶段的招生入学秩序,极大地伤害了义务教育入学机会的均等性。

第三节　义务教育公共服务均等化的实践反思

以上对我国义务教育公共服务均等化的分析表明,目前我国义务教育公共服务均等化情况并不理想。义务教育公共服务在区域之间、城乡之间还存在显著差异。通过回顾中国义务教育公共服务均等化的推进历程可以发现,中国的义务教育公共服务均等化实践在理念上仍存在不同的认识。城乡二元的社会结构和区域不均衡的经济发展现实更为义务教育公共服务均等化增添了现实障碍。正面鼓励和私下默许的发展差距在经历了长期积累之后形成的积累效应短期内不易消除。另外,义务教育制度体系中对于义务教育失当行为的问责机制尚不健全。这些都是推进义务教育公共服务均等化需要系统反思的现实问题。

一、博弈的理念:平均主义与差异补偿

义务教育公共服务均等化推行缓慢,与教育实践中对均等化的理解有关。或者说我们的教育实践在认识层面仍没有处理好两对关系:一是义务教育公共服务均等化与平均主义的关系;二是义务教育公共服务均等化与差异补偿的关系。

(一) 平均主义与义务教育公共服务均等化

在第一对关系中,典型的主张表现为义务教育公共服务均等化就是要实行平均主义,在全国范围内平均分配义务教育公共资源,为每一个适龄儿童提供一样的义务教

育服务。这种平均主义指向义务教育公共服务的各个指标，从入学机会、办学条件，到教育投入、师资配备，甚至要求教育结果也应均等。这种平均主义的呼声经常站在正义和公平的高度对当下的义务教育实践进行评判指责，其背后依仗的，一是国家的义务和责任，二是所有适龄儿童、少年都享有的平等权利。表面看来，在这样的逻辑上要求义务教育公共服务的平均主义似乎是无可争辩的。然而，义务教育公共服务均等化就是要推行平均主义吗?

本书认为义务教育公共服务均等化不能实行平均主义，也不应该实行平均主义。就义务教育公共服务本身而言，推行平均主义在实践上是不可操作的。因为义务教育公共服务中的很多指标无法平均分配，而且就义务教育活动本身而言，强行实施平均主义也是违背教育规律的，尤其对教育结果的平均主义诉求更是无法实现。试想，居住在山区农村的适龄儿童，他们如何能享受到城市或者发达地区那样的数量和质量的教育物品与服务？不同文化传统和民族特点的群体所希望的义务教育服务又怎能一样？如乌申斯基所说，“不仅在实际上而且在理论上，并没有一切民族共同的国民教育制度”。所以，在中国义务教育公共服务均等化的实践探索中，现阶段根本不可能抛开各种实际情况而去提供一种平均一致的教育服务。[①]

就义务教育公共服务均等化的实际情况而言，教育实践中也不该实行平均主义。《服务“十二五”规划》中明确指出，“基本公共服务均等化，指全体公民都能公平可及地获得大致均等的基本公共服务，其核心是机会均等，而不是简单的平均化和无差异化”。另外，我们还要认识到，基本公共服务不是全部服务。从国家层面说，我们要着力保障的是最为基本的公共服务，是兜底线、保基本的制度设计，而不是不顾教育实际情况，强行要求义务教育服务的条件设施、师资配备等各项指标都平均一致。

(二) 差异补偿与义务教育公共服务均等化

第二对关系是如何理解义务教育公共服务均等化与差异补偿的关系。这里的焦点是服务均等化如何看待差异的问题。一种流行的认识是在义务教育公共服务均等化的体系里不能有差异，即义务教育公共服务的供给不能有差异，服务质量也不应有差异。用均等化的服务供给来保障均等化的服务质量。

然而，义务教育公共服务实践中却无法避免差异的存在。首先在发展水平上早就存在着显著差异，中国义务教育在区域之间、城乡之间和学校之间一直都存在显著差

---

① 娄世桥. 基本公共服务均等化再思考：以山区基础教育为例[J]. 农村经济，2013，07：105—108.

异。有的儿童出生并生活在北上广等一线大城市，有的儿童出生和生活在偏僻的乡村，他们的生活环境和生存条件显然都是不一样的，而且就层次和质量来看也存在显著的差距。这种差距不可避免地被带到学校教育中，深刻地影响学生的生存和发展。因此，要实现社会公平，就要对长期得不到公平的弱势群体实行政策性倾斜。社会发展差异不可避免地映射到教育发展上来。[①] 如果机械地确保义务教育公共服务供给保障的均等化，那么这些既存差距永远无法消除，由此在服务质量方面的均等化诉求也就无从实现。另外需要指出的是，如果说义务教育公共服务质量的差异确实不应存在的话，那么由于文化传统等方面的差异带来的义务教育公共服务差异又当如何看待？是否也要强行消除？显然，义务教育公共服务均等化在推进过程中应容忍差异的存在，并要通过差异补偿来消除原有的差异。通过提供差异化的服务保障来实现义务教育公共服务的均等化。

二、差别的社会：城乡二元与区域不均衡

教育赖以存在和发展的基础是社会，社会的政治、经济、文化为教育发展提供了各种支持，也提出了各种限制。义务教育的发展也受到这个社会基础的限制。因此，当教育发展赖以存在的社会基础具有显著差异时，这个社会的教育发展显然也无法摆脱这种差异的影响。在中国社会的城乡二元和区域发展不均衡的大背景下，要实现义务教育公共服务均等化显然要面对更多的挑战。

（一）城乡二元结构与城乡义务教育公共服务均等化

社会分为城市和乡村的二元结构有着悠久的历史，一开始这种结构只是区分了生产和生活的方式以及空间，并不严格限制流动，更不涉及权利和资源配置问题。随着计划经济体制的确立，我国实行了城市户籍和农村户籍的二元户籍制度，人口自然地分为城市人口和农村人口。因为户籍的限制，城市和农村成为界限分明的不同区域，各种流动都受到城乡界限的制约。城乡二元结构演变成了一种城乡二元体制，城市居民和农民的权利在二元体制里是不平等的，机会也是不平等的。[②] 由此而来的义务教育也呈现了不一样的发展格局。

回顾我国义务教育发展历程，城乡义务教育公共服务在很多方面都存在着差异。

---

① 顾明远．教育公平绝不是平均主义[N]．人民日报，2016－06－16(17)．

② 厉以宁．论城乡二元体制改革[J]．北京大学学报(哲学社会科学版)，2008，03：5—11．

前文提及的生均公用经费标准，在2015年之前，同一学段城市学校的生均公用经费标准都会高出农村学校一部分。2015年国务院发布了《经费保障通知》，要求统筹设计城乡一体化的义务教育经费保障机制，规定从2016年春季学期开始，统一城乡义务教育学校生均公用经费基准定额，城市和农村义务教育阶段学生的公用经费标准才最终实现统一。本书并非想说明城乡义务教育阶段生均公用经费标准一致了，就意味着义务教育公共服务均等化了，或者说城乡差异显著就不是均等化。本书想指出的是作为影响义务教育公共服务质量的重要财力要素，生均公用经费的标准和拨付应有一个稳定的机制，一个以保障义务教育公共服务均等化顺利实现为核心目标的稳定机制。

（二）东、西部区域发展不均衡与义务教育公共服务均等化

1986年，《中华人民共和国国民经济和社会发展第七个五年计划》按照经济发展水平将我国各省划分为东部、中部、西部3个区域。自1999年国家实施积极财政计划以来，逐步明确了东部、中部和西部的具体划分。根据财政部发布的《关于明确东中西部地区划分的意见》，东部包括北京、上海、天津、辽宁、山东、江苏、浙江、福建、广东9个省(直辖市)，随后国家综合考虑经济发展水平和西部大开发计划等，逐步将西部明确为重庆、内蒙、广西、贵州、四川、云南、西藏、青海、陕西、宁夏、甘肃、新疆12个省(直辖市、自治区)。2007年，东部地区人均GDP为31 241元，西部仅为13 073元，东部约是西部地区的2.39倍；除了人均GDP这项指标外，东、西部在其他各项反映社会发展的指标上也都有明显的差距。[①] 国家目前关于东、西部的这种划分本身就是根据这些地区的经济发展状况进行的，划分以后又以此为依据进行不同力度的财政支持。义务教育作为一种主要依靠财政支持的活动，受到这种区域划分的影响自是不言而喻。

事实上，我国义务教育财政经费保障一直受到区域经济发展水平和地方财政能力的深刻影响。2005年以前，义务教育财政经费基本由县级财政和乡镇一级财政承担，全国各县、各乡镇的财政能力差异直接作用于义务教育发展方面。地方财力充足的地区的义务教育发展水平相对较好；而经济条件较差的地区，因地方政府的义务教育财政支持受限，义务教育的整体发展水平与发达地区就有差距。2005年《国务院关于深化农村义务教育经费保障机制改革的通知》的下发，强化了中央和省级财政在义务教育财政保障方面的责任，将区域经济发展的差距控制在省级政府层面，并辅以中央财

---

① 刘荣. 论东西部差距不断扩大的根源及对策[J]. 河北师范大学学报(哲学社会科学版)，2010(01)：37—44.

政资金的支持。文件规定，免学杂费资金由中央和省级政府按比例分担，西部地区中央和地方的比例为 8∶2，中部地区中央和地方的比例为 6∶4；免费提供教科书资金，中、西部地区由中央全额承担，东部地区由地方自行承担。国家开始促使义务教育财政支持主体向上提升，同时通过中央财政转移支付来弥补东、西部的差异。2015 年国务院《经费保障通知》发布后，城乡义务教育生均公用经费拨付标准实现了统一，但是仍对东部和西部采用不同的经费拨付标准，各级政府的财政分担比例也不一样，具体为落实生均公用经费基准定额所需资金由中央和地方按比例分担，西部地区及中部地区比照实施西部大开发政策的县(市、区)为 8∶2，中部其他地区为 6∶4，东部地区为 5∶5。西部地区获得中央更多的支持，中部其次，东部最少。中央试图通过更大力度的财政转移支付来消除东、西部之间的差距。然而，东、西部地区之间的差距不仅仅是教育经费的差距，义务教育发展依赖的也不仅仅是教育经费投入，当东、西部地区间社会的整体性差距投射到义务教育发展上时，义务教育公共服务均等化的实现将面临更大挑战。

三、积累的效应：重点校的扶持与禁止

教育发展不是一蹴而就的事情，而是一个长期积累的过程。学校的硬件设施、花草树木都有一个建设过程，而一旦建好则可长期使用。同样，学校的师资队伍也有一个培养扩充的过程，教师的专业成长也需要日积月累，一旦有了高素质的师资队伍，学校发展也可长期受益。学校文化、校风、学风这些东西更是需要日积月累，慢慢形成。学校的品牌特色一旦形成，除非有大的变故，通常能维持很多年。学校借助品牌和特色吸引来优质的生源和师资，这些原本就很优秀的生源和师资又会为学校保持甚至扩大领先优势奠定基础。与此相似，负面的学校发展因素一旦形成，也会逐步失去优质生源，招不来好的学生，好的教师可能也会流失。而没有了好的生源和优质的师资，学校的发展就更举步维艰。这就是教育活动的积累效应，好的会越来越好，差的会越来越差。

中国义务教育在快速推进的进程中没有打好均衡发展的底子，相反倒是留下了差距的隐患。简单回顾中国基础教育阶段的重点校政策，就能发现当下的义务教育公共服务均等化为何困难重重。在新中国成立之初，为了迅速改变教育落后的面貌，国家希望通过集中投入，在短时间内建设好一批重点的中小学，使之成为教育事业中的骨干，积累经验并带动其他学校发展。改革开放后，国家陆续制定了各种形式的重点学

校制度，例如1978年《关于办好一批重点中小学的试行方案》、1980年《关于分期分批办好重点中学的决定》、1983年《关于进一步提高普通中学教育质量的几点意见》等。在这些政策文件的推动下，我国的中小学发展在经费投入、办学条件、师资队伍、学生来源等方面都向重点学校倾斜，由此形成国家级、省级、地级、县级的"层层重点"的格局。① 重点校的发展优势逐渐累积，其与普通学校的差距日益扩大。进入20世纪90年代，基于对教育领域中的"择校"、"应试教育"、"入学机会不均等"等问题的批判反思，公众对重点学校政策的批判也越来越激烈。

然而，在积累效应的影响下，重点学校已经是禁而不绝。2006年新修订的《义务教育法》明确规定不得将学校分为重点学校和非重点学校，各省也纷纷取消了"国家重点"、"省重点"学校。2013年中共十八届三中全会谈及义务教育均衡发展问题时，再次将矛头对准重点学校，会议强调要"统筹城乡义务教育资源均衡配置，不设重点学校重点班"。虽然国家禁止义务教育阶段设重点学校，促进均衡发展的政策也屡屡出台，但是事实上重点学校、重点班级仍然潜在地影响着义务教育的发展。在教育积累效应的影响下，学校发展之间的差距短期内无法消除。过去我们用十几年的时间去打造重点学校，形成了重点学校与普通学校的发展差距；现在我们可能要用二十几年甚至三十几年的时间去禁止重点学校，去消除这种发展差距。当义务教育发展差距遭遇教育的积累效应时，义务教育公共服务均等化也只能在消除差距的路上艰难前行。

四、乏弱的问责：标准的完善与程序的规范

与强有力的经费保障一样，一套强有力的问责机制也是推进义务教育公共服务均等化和保障义务教育均衡发展的关键。义务教育问责机制有三方面内容：一是各方权利和义务的确定，二是义务教育发展评判标准的确立，三是定期开展的义务教育评估活动。教育问责要求义务教育实施主体向其他利益相关者对教育资源的配置、使用及成效进行解释、证明的系统机制，应包含职责明确、标准设立、表现测评、绩效报告、奖惩改进等基本环节。② 教育问责是教育工作者以提高教育质量、培育高素质人才为目的，以履行对社会公众的教育承诺、达到利益相关者的教育期望为己任，以追求教育效果为要求，最终接受责任追究的一种制度设计。③

---

① 徐菁菁.重点学校政策的嬗变及其启示[J].教育研究与实践，2014，04：74—78.

② 王瑜.述义务教育问责制的概念内涵[J].出版与版权，2015，11：153—154.

③ 卢智增.欠发达地区义务教育问责制度重构研究[J].教育理论与实践，2013，14：18—20.

2006年新修订的《义务教育法》非常明确地提出义务教育问责问题，专设“法律责任”一章，规定义务教育的违法违规行为及其应该承担的责任。随后国家陆续出台了《学校食物中毒事故行政责任追究暂行规定》、《教育经费督导意见》、《关于治理义务教育阶段择校乱收费问题的指导意见》(以下简称《治理乱收费意见》)、《小学生减负十项规定》等相关的规定。应该说我们国家对义务教育阶段的违法违规行为已经初步建立了明确的规章制度体系。然而，在教育实践中相关的义务教育问责却显得疲软乏力。

义务教育问责出现了有问责但无法落实的现实情况，尤其在欠发达地区，义务教育问责经常遇到教育问责范围狭窄、问责程序失范、异体问责缺乏、预算问责滞后等问题。① 目前我国的义务教育问责机制还有很大的有待完善的空间，比如存在问责主体单一、问责客体模糊的问题：当义务教育违法违规行为发生时，经常出现不知道谁应该去问责，也不知道应该向谁问责的问题；还有问责标准缺失、问责内容狭窄的问题以及问责程序失范、问责力度不大的问题。当我们真的要去问责时，拿不出客观的问责依据和标准。虽然《义务教育法》规定了问责范围及相应职责责任，但对问责的具体程序却没有正式规定，如问责的启动执行、调查过程、责任认定、责任追究和权利救济等问题。② 因此，对于义务教育领域中出现的问题，我们看不到有人因为这些问题而受到问责，很少见到有人因为义务教育实施问题而被追究法律责任，受到刑事或者民事处罚。

缺少强有力的义务教育问责机制已经成为制约我国义务教育健康发展的重要障碍。没有对义务教育的实施主体进行监督、考问和惩戒，义务教育实践中就会出现消极怠工的工作心态：完成了义务教育的相关任务是政绩，完不成也没关系，反正也不影响什么。在这样的工作状态下，义务教育公共服务均等化的推进显然会遇到更多的挑战。因此，我们急需一套完善的义务教育问责标准和规范的问责程序。

---

① 卢智增. 欠发达地区义务教育问责制度重构研究[J]. 教育理论与实践，2013，14：18—20.

② 张旺，李慧. 城乡义务教育一体化进程中的教育问责制建构[J]. 教育理论与实践，2016，13：25—28.

第五章 制度构建：义务教育公共服务均等化的理性构想

制度是可建构的，制度构建指主体根据社会发展和组织发展的需要，构想、设计、创建一种新的制度形式并使之制度化的过程。它是人类社会实践活动的重要组成部分，是所有制度化群体或制度化组织赖以成立的基础工作。但制度的建构不是随意的。作为一个复杂的系统，每一种制度都有其特定的目标定位和应用范围，都有相应的理念支撑，都需要相应的环境保障，只有在全面把控这些因素的基础上才能制定出有效的制度规则。因此，本章将从价值诉求、理念滴定、对象确证、环境审度等方面对义务教育公共服务均等化制度的建构进行理性的思考和阐释。

第一节 义务教育公共服务均等化制度价值的诉求

明确的目标是制度构建的前提和基础。要建构义务教育公共服务均等化制度，必须首先澄清义务教育公共服务均等化的目标。2015 年 11 月 3 日，联合国教科文组织在法国巴黎召开，这次会议制定了《教育 2030 行动框架》，将全纳、公平的优质教育确定为世界各国教育发展的共同愿景。为了实现这一目标，我国义务教育公共服务必须保障每一个适龄儿童“有学上”、“上好学”，努力办出更加公平、更高质量的教育。[①] 因此，全纳、公平、优质、良序理应作为建构义务教育公共服务均等化制度的价值诉求。

一、全纳——制度构建的基本诉求

“全纳”一词是全纳教育的核心概念。全纳教育即英文“inclusive education”的翻

---

① 杜占元. 面向 2030 的教育改革与发展[J]. 教育研究，2016，11：4—7.

译，其中“inclusive”原意为包含、包括、容纳，也就是把某部分包含进来作为整体的一部分。全纳教育最早广泛应用于特殊教育领域，主张把特殊儿童纳入普通学校。虽然全纳教育已经成为一种国际教育思潮，但由于研究者们来自不同的国家，具有不同的文化背景和研究立场，其研究的出发点和视角具有较大差异，因此对全纳教育的理解也不尽相同，目前仍然没能达成共识。澳大利亚学者贝利（Bailey）认为全纳教育主要针对的是有特殊需要的儿童，主张给他们在同样的时间和同样的地点与正常儿童学习同样内容的机会，且不会让他们感觉到差异。[①] 美国全纳教育重建中心经过多年的调查研究，认为全纳教育针对的是全体学生，是在就近的学校中为全部适龄儿童提供均等的受教育机会，并按未来社会生活的需要将其培养成正式的社会成员。[②] 联合国教科文组织（UNESCO）在《全纳教育指南：确保全民教育的通路》中也将所有适龄儿童看成是全纳教育的对象，主张削弱教育系统内部和外部的各种排斥行为，通过加强学习、文化和社区的参与等途径来提升教育的容纳力和包容力，以满足不同学生的多样化的教育需求。我国学者黄志成教授认为，全纳教育是一项公益事业，不应将任何一名儿童排斥在外，要面向所有儿童，满足不同学生的不同教育诉求。[③]

通过以上对全纳教育概念的分析，可以看出，全纳教育发展至今已经超越原有特殊教育的范畴，“全纳”已经由原来的“inclusive”发展成“full inclusive”，即不再仅仅局限于特殊儿童，而是面向所有学生，包容每一位学生。义务教育作为基本公共服务的重要组成部分，是每一个公民都享有的一项基本权利。也就是说，每一个适龄儿童，无论其先天素质、学业成就、家庭背景等存在多大的差异，都有权享受义务教育公共服务。均等化的义务教育公共服务就是在任何情况下都不能歧视任何一名儿童，更不能将任何一名儿童排除在义务教育公共服务之外。这与“全纳”的含义具有高度的契合性，“全纳”是义务教育公共服务均等化的基本要求。

因此，义务教育公共服务均等化的制度构建应以“全纳”作为基本的价值诉求，必须以保障每一位适龄儿童能够享有公共教育权益为根本目的，通过改变制度为所有适龄儿童的教育需求提供合理的应对。

---

① 钟启泉，等. 多维视角下的教育理论与实践[M]. 北京：教育科学出版社，2004：435.

② 杨柳. 美国残疾人教育研究[M]. 北京：人民教育出版社，2014：107.

③ 杜晓敏. 全纳教育视野下的基本公共教育服务均等化研究[D]. 上海：华东师范大学，2016：30.

二、公平——制度构建的根本追求

为了更好地理解公平的含义，有必要从词源学上进行考证。“公”从八从厶，“八”表示“分别”、“相背”，“厶”意为“个人”、“自我”，“八”与“厶”合起来表示“与厶相背”、“分厶为众”，所谓“公”就是“无私，平分给大众”。“平”从于从八，意为“均分，不倾斜”。因此，“公平”从本源上来讲就是“无偏无私、不偏不倚”。在当今社会，公平已经发展成为一个涉及法律、政治、经济等多个领域的复杂术语。从法律上来讲，公平就是不偏袒、不徇私；从政治上来讲，更多的指向权利的分配；从经济上来讲，则倾向于利益的分配。可以说，作为社会成员，所追求的公平就是社会的政治利益、经济利益和其他利益在全体社会成员之间合理而平等的分配。

义务教育作为政府提供的基本公共服务，具有公益性、普惠性，公平性是其中的应有之义。义务教育公共服务均等化就是国家或政府通过制定有效的政策法规，使所有适龄儿童能够享有平等的受教育机会，确保所有适龄儿童能够享有平等的教育资源，进而能够实现教育结果的相对均衡。这其中强调了三点：一是起点的均等，也就是每一位适龄儿童都能够享有平等接受教育的权利和机会。如我国目前为了普及九年义务教育，出台了“两免一补”政策，就是通过免除杂费、学费，补贴书本费等来保证弱势群体能够接受义务教育，享有接受义务教育的机会。二是过程的公平，即享有平等的教育资源，包括学校教育经费、办学条件、师资水平等。为了实现这一目的，我国针对弱势地区、弱势群体制定了各种相关政策，有意识地向其倾斜，使其获得的教育资源尽可能地与优势地区、优势群体达到平衡，实现条件上的均等。三是教育成功机会和教育结果的公平，即学生能达到一个满足社会需求的基本标准。国家通过制定合理有效的法律法规，从制度上保障了每一个人都能够“有学上”，上学的过程中能够享有相对平等的教育资源，最终追求的是结果的公平。这种结果的公平不是每个适龄儿童最后都达到完全一致的水平或取得完全相同的结果，而是通过享有的相对公平的教育机会和教育资源，再结合个人努力，每个人都能达到自己相对满意、心理上可接受的相对公平的一个结果。

义务教育公共服务均等化是分配正义的政策表达，是教育公平的应然诉求，因此，制度作为保障义务教育公共服务均等化得以实现的手段，其构建必须以“公平”作为根本价值追求。

三、优质——制度构建的更高期盼

“优质”即高质量。质量是教育之本、发展之源。正如联合国教科文组织 2000 年在《全民教育行动纲领》中所说，为所有人提供接受教育的机会是一种成功，但如果不能保障应有的教育质量，那这种成功是毫无意义的。[①] 优质教育既是人们对教育的追求，又是教育发展的终极目标。目前，优质教育已成为世界各国共同关注的热点问题。如果说"全纳"是对基本教育权益的要求，解决的是起点的机会公平，那么，"优质"则是对高教育质量的诉求，追求的是结果的公平。从世界各国义务教育发展的历史来看，义务教育公共服务均等化是一个动态的发展过程，不同的发展阶段对均等化的追求不同。起点的机会公平就是要保障每个人都能够享受到义务教育的权益，实现人人"有学上"，这是义务教育公共服务均等化的基础。在确保人人"有学上"的前提下，义务教育公共服务均等化开始向过程公平转化，即保障每一个适龄儿童都能够在教育过程中享有平等的教育资源。教育资源是影响学生发展的必不可少的外在因素，必须达到一定限度才能使学生更好地接受教育，否则就会影响教育质量。保障教育过程的公平，必须给予每一个学生不低于某种限度（影响教育质量）的教育资源。教育资源均衡是义务教育公共服务均等化的有力保障。因为教育质量与教育资源之间在一定程度上存在着正相关，所以在实现了"有学上"之后，人们开始追求"上好学"，希望得到优质的教育资源。但教育资源与教育质量之间并非是无限的正相关。所以，当教育资源较好地满足学校的办学需求或学生的学习需要后，人们对优质教育追求的重心就会发生改变，从教育过程转向教育结果，从教育资源转向教育质量。因此，义务教育公共服务均等化在实现教育过程中的资源均衡之后，必然指向教育质量，并追求实现以质量为核心的优质均衡，这也就是教育结果的公平。义务教育公共服务均等化是一个从入学权利和机会的平等到教育资源的均衡再到教育质量均衡的过程。

从我国当前义务教育发展的现实来看，我国已经完成了普及九年义务教育的目标，保障了每一位适龄儿童接受义务教育的机会，基本实现了义务教育公共服务的起点公平、机会平等；正在力求使所有适龄儿童能够在受教育过程中享有均等的服务，进而实现结果的均等。也就是说，我国的义务教育公共服务正处于追求优质教育的进程中，不仅追求教育过程中的优质资源，而且更加关注教育的高质量。《教育规划纲要》把促进义务教育公共服务均等化作为当前实现教育均衡、社会公平的主要任务，同时把提高教育质量作为当前教育改革的重点内容，提出要不断增加优质教育资源总量，向广大学生提供更加丰富的优质教育，满足所有适龄儿童接受高质量教育的需求。可

---

① 冯建军. 义务教育优质均衡发展的理论研究[J]. 全球教育展望，2013，01：84—96.

以说,《教育规划纲要》把“促进教育公平”、“提高教育质量”作为当前教育工作的重点,这为我国进行义务教育公共服务指明了思路和方向,即均衡发展和提高质量并重,要为适龄儿童提供以质量为核心的优质教育服务,办人民满意的教育。

以质量为核心的优质均衡是义务教育公共服务均等化的高级目标,也是实现义务教育普及和资源配置初步均衡之后义务教育公共服务的必然选择。因此,构建义务教育公共服务均等化的制度,也应以为所有适龄儿童提供优质教育服务作为价值诉求。

四、良序——制度构建的美好愿景

“良序”是罗尔斯《正义论》中是一个尤为重要的概念,是罗尔斯社会治理理论所努力达成的美好愿景。他认为良序社会既要能保障社会成员应该享有的一切社会权益,也要体现公平正义。[①] 在这个良序社会中,社会成员所追求的利益会使其存在一定的冲突,互相防备,但每个社会成员因有着共同的正义感而能够维护良好的秩序。[②] 在罗尔斯看来,社会中存在着各种各样的利益冲突,而利益冲突的解决和消弭需要一系列原则和规范来指导,需要每一个社会成员都能够遵守原则和规范以达到和平有序,也就是说只有一个良序的社会才能保障社会成员的切身利益。因而,在良序的社会中,每一个人都接受共同的正义原则,并且也知道他人已经接受这一原则。每一个公民都具有基本的正义感、维持秩序的责任感,因此一般都能够按照规章制度办事,自觉履行社会契约。也就是说,良序社会就是一个正义原则主导的社会,以制度来制约保护公民权利,达到社会共识,维护社会稳定。

义务教育公共服务的非均等化背离了公平和正义,一方面损害了所有适龄儿童平等、自由接受义务教育的机会和权利,损害了一部分适龄儿童的人格尊严,从一定程度上剥夺了弱势群体应该享有的社会资源;另一方面不正当地膨胀了某些社会成员的社会权利,容易导致社会成员之间心理上的隔离感,更为严重地,甚至会使某些社会成员出现反社会情绪,进而影响社会健康发展。比如,由于义务教育公共服务的非均等化,致使在教育部不断出台各种政策文件禁止择校的现实面前,家长们依然顶风而上,不惜动用权力、金钱等,为子女在优质学校谋一席之地。对优质学校入学机会的竞争,在一定程度上已经成为经济资本、社会资本和文化资本的较量。优质教育资源稀缺引发

---

① 郭丹丹. 良序的建立:从碎片化到整体治理[J]. 国家教育行政学院学报,2016,11:82—87.

② 约翰·罗尔斯. 正义论[M]. 何怀宏,何包钢,廖申白,译. 北京:中国社会科学出版社,1988.

了择校热，继而催生了教育腐败、权力寻租、民办学校天价收费等非常态的常态。而部分留守儿童、进城务工人员随迁子女、孤儿、家庭经济困难学生等弱势群体却没有能力、没有机会去享受优质教育。

义务教育公共服务均等化就是要通过改变这种现状来为每一个适龄儿童提供均等的教育服务，就是要实现公平和正义，进而形一个“良序”社会。因此，构建义务教育公共服务均等化的制度就应该以良序为目标导向。

第二节　义务教育公共服务均等化制度理念的滴定

观念是行动的先导。一切制度规则的提出与确定都离不开相应的理念引领，能否制定出切实可行的制度，在一定程度上取决于有没有科学合理的理念。[①] 可以说，理念是制度的灵魂与精神所在。没有理念的牵引，制度构建无法驶向目的地。因此，要构建一个理想的制度，必须有科学的理念指导。鉴于我国当前的义务教育现实以及义务教育公共服务均等化的目标，构建义务教育公共服务均等化的制度需要以底线公平、利益均衡、增量改革、统筹兼顾为引领理念。

一、底线公平

要理解“底线公平”的概念，关键是厘清什么是“底线”。底线公平理论的发起者和倡导者景天魁认为，底线其实就是一个界限，就是剔除全体社会成员之间的个别差异之后得到的，所有成员共同认可的一条线。这条线下面的部分是社会成员维持生存起码必备的部分，是所有适合成员共同需要的谋生的必要条件，缺少了这一部分，社会成员就不能生存。[②] 由此可见，社会成员共同认可的这条线是一个标准和限度，政府必须为社会成员提供达到这条线的必要保障，这是社会成员应该享有的基本权利，也是社会成员维持生存的基本需要。如果政府提供的社会服务低于这一共同认可的线，社会成员不能维持生存，则意味着政府没有承担起最基本、最起码的责任，意味着政府的失职。这条共同认可的线之上的部分是超出社会成员生存权的部分，属于发展权的范畴，是“锦上添花”的部分，政府在有能力的情况下，可以采取多种形式来满足社会成员

---

① 辛鸣. 制度论：关于制度哲学的理论建构[M]. 北京：人民出版社，2005：11.

② 景天魁. 底线公平：和谐社会的基础[M]. 北京：北京师范大学出版社. 2009：133.

的这些需要。所以“底线”不是低水平、低起点，而是共同认可的一个标准、界限。这个标准、界线是不可打破的。如果打破这个标准、界限就会影响人们的正常生存。每一个社会成员在这条底线面前都具有一致性的权利，这就是“底线公平”。因此，要确保“底线公平”，必须在权利上确定一个一致性的基础，设定一个明确的职责，并认真遵守。

在当今社会，教育无论对个人、对家庭，还是对社会，都是必不可少的生存条件。因此，义务教育作为国民基础教育，作为政府公共服务的重要组成部分，必须秉持“底线公平”的理念。第一，全员共享。保证所有适龄儿童都能平等地享有义务教育公共服务。也就是说，只要是适龄儿童，就能够平等地享有国家规定的所有义务教育权益，不会因性别、家庭、自身条件等因素的差别而例外。第二，弱者优先。我国义务教育阶段儿童众多，教育资源有限，不可能满足所有儿童的一切教育需求，因此，只能弱者优先，先保障满足弱势群体的最紧迫的教育需求。第三，政府主责。政府应肩负起义务教育公共服务的主要责任，不可推卸。如 1985 年，在我国农村义务教育问题上，提出了“人民教育人民办，办好教育为人民”的口号，中央财政、省级财政不再出钱办教育，而是由县级财政、乡级财政出钱办教育，实际上就是政府把办教育的责任推给了农民，推给了乡村适龄儿童的父母，义务教育也就失去了其本身的意义，这就是打破了底线。第四，全员参与。在发挥政府主责的基础上，充分调动市场、社会、家庭、个人等各界力量多元参与义务教育服务。

综上所述，底线公平是有重点的公平，是政府必须予以提供的最低保障，政府必须承担相应的责任。底线公平表明所有适龄儿童在“底线”面前享有完全平等的对待。这就是说，义务教育公共服务均等化的制度安排，需要保障义务教育公共服务达到实质意义上的均等化。这就需要在制度构建时，依循补偿公平原理，实现对境遇不利者或最少受惠者的适度“照顾”，整合“权利”、“能力”、“机会”等关键要素，确保所有适龄儿童对义务教育公共服务的可及性。

二、利益均衡

利益就其语义来讲，是指“好处”。就其本质属性讲，是指人们通过社会关系所表现出来的不同需要，是人们行为的动力。古语有云：“天下熙熙，皆为利来；天下攘攘，皆为利往。”人们所奋斗的一切，都与他们的利益相关。追逐利益是人们最一般、最基础的心理特征和行为规律。利益由利益主体、利益客体和利益中介三个要素组成：利益主体就是利益的拥有者，是社会化了的需要主体；利益客体是利益的载体或者承担者，是人的需要所指的对象；利益中介是连接利益主体与利益客体之间的桥梁和纽带，是二者的中间要素，也就是人的活动。[①] 具体到义务教育公共服务，虽然利益相关者众多，但作为服务的对象，最主要的利益主体就是所有的适龄儿童；利益客体就是义务教育公共服务可提供的所有教育资源和教育质量；利益中介是义务教育服务这种活动。均等就是要合理分配，让每个利益主体都能享受到其应得的利益。

当前我国义务教育公共服务的非均等化的实质是一种不公平的利益分配；义务教育公共服务均等化就是要改变原有的利益分配，在所有适龄儿童之间重新分配教育利益，从而保证义务教育公共服务的公平性。[②] 区域之间、城乡之间、学校之间、不同阶层之间的适龄儿童未能享有相应均等的教育服务是我国当前义务教育公共服务非均等化的主要表现。因此，要构建义务教育公共服务均等化的制度，就要秉持“利益均衡”的理念，要求义务教育公共服务的提供者充分关注和理解不同主体的利益诉求，协调整合不同主体的期盼，使不同主体的利益诉求达到某种程度的平衡，从而使每一主体均在一定程度上能享受到其所需要的教育利益，实现对可支配的教育资源的重新分配。[③]

第一，建立义务教育公共服务的利益表达机制。有了这一机制，就可以保障社会成员通过合法的渠道来表达自己的利益诉求，为决策层制定决策提供一定的依据，这在一定意义上使社会成员从被管理的对象转变成为国家和政府进行社会治理的参与性力量，使社会成员能够更好地行使其民主权利。要实现义务教育公共服务均等化的目标，必须建立相应的利益表达机制以了解不同儿童的利益诉求。第二，建立完善的教育投入制度。(1)要增加教育投入。资源太少，只能保障低层次的均等，且利益主体之间的冲突会加大；资源增多，则可以将增加的部分用于补偿弱势群体，但并不损害优势群体的利益，利益主体之间的矛盾也会减少。(2)要建立合理的财政转移支付制度。确立了满足义务教育均衡发展需求的投入总量之后，就得解决由谁来支付、如何支付的问题。有研究者认为，财政转移支付制度是解决我国目前因经费不足而导致义务教育公共服务非均等化问题的有效策略，也是实现我国义务教育公共服务均等化的可行

---

① 杨晓霞. 义务教育均衡发展：利益冲突与整合[J]. 教育研究，2016，04：48—51.

② 柳欣源，姚玉香. 利益主体诉求视域下义务教育公共服务均等化的制度设计[J]. 东北师大学报（哲学社会科学版），2017，01：174.

③ 柳欣源，姚玉香. 利益主体诉求视域下义务教育公共服务均等化的制度设计[J]. 东北师大学报（哲学社会科学版），2017，01：175.

出路。(3)搭建公共对话平台,信息公开。借助互联网技术,将网络与义务教育公共服务进行有效结合,构建“互联网+义务教育公共服务公开”信息平台,使所有利益相关主体了解义务教育公共服务过程中的所有环节,清楚每一笔资金的去向与用途。①

义务教育公共服务均等化的最终目的是通过平衡义务教育公共服务中的利益而保证每个适龄儿童的公平受教育权益,因此,以利益均衡作为义务教育公共服务均等化制度构建的基本理念是应然选择。

三、增量改革

义务教育公共服务均等化,就是要促使义务教育公共服务过程中所有适龄儿童都能公平地享有人力、物力、财力等教育资源,因此,必然涉及如何构建财政分配制度和师资配置制度的问题。

根据罗尔斯的《正义论》,应该依据财政中立原则和差异补偿原则,构建义务教育公共服务均等化的财政资源配置制度,实施增量改革设计,以增量改革为主促进义务教育公共服务物力、财力、人力资源的配置。所谓增量改革,是指改革一般以不触动现有的“存量”格局(包括利益格局、功能角色等),而是在“做大”的过程中通过新的增量成分来改善其整体的一种办法。在改革启动初期从增量改革切入,是我国经济体制改革重要的成功经验。在推进义务教育公共服务均等化过程中,把新增教育资源“向农村地区、边远贫困地区和民族地区倾斜”;通过加大政府的财政投入,改造薄弱学校,实施学校标准化建设工程;扶持弱势困难群体;全员培训教师以增加人力资本等,都属于增量改革的范畴。增量改革通常可以采取强制性制度变迁方式,由政府命令和法律引入,以降低组织成本和实施成本。② 我国目前针对农村师资短缺问题,采取的“乡村教师支持计划”、免费师范生政策等就是要在不改变城市既有师资队伍力量的前提下,为农村新增大量合格师资,属于增量改革的举措。

义务教育公共服务均等化是要以发展促均等,而不是要拉低发达地区的教育水平和服务质量。因此,不能采用存量改革设计。所谓存量改革,是指通过“社会再分配”的方式,实施“为了平等的反向歧视”,使现有公共教育资源从富裕地区流向贫困地区,从强势教育群体流向弱势教育群体,城市学校支援农村学校,区域内统一调配资源等

---

① 柳欣源,姚玉香.利益主体诉求视域下义务教育公共服务均等化的制度设计[J].东北师大学报(哲学社会科学版),2017,01:177.

② 周洪宇,叶平.教育体制改革呼吁区域突破[M].武汉:湖北教育出版社,2012:69.

（即一般意义上的“削峰填谷”），以制度安排的手段建立体育场所、实验设施、图书、劳动技能培训等资源共享平台，提高资源使用效率等。特别是为实现人事中立，建立教师流动制度、城市学校支教制度等；为实现财政中立，依法完善政府间转移支付制度，建立县域教育经费单列制度和改革县域内学校财政拨付制度等。① 存量改革由于妨碍了既得利益者的利益，因而实施起来容易遇到阻碍，不利于提高义务教育公共服务的整体水平。

义务教育公共服务均等化不是限制发展，而是共同发展；不是平均发展，而是分类发展；不是要把发展水平高的拉下来，而是要根据各地区、各学校的实际情况，分阶段、分步骤、分类别、有计划地有序发展。要尽可能地缩小区域、城乡、学校之间的发展差距；想办法使教育水平相对较低的地区、学校尽快将教育水平提升上去，使优质教育资源迅速发展，从而实现义务教育公共服务的高层次的均衡发展，力求提升义务教育公共服务的公共满意度。也就是说，义务教育公共服务均等化不是“削峰填谷”，而是“造峰扬谷”。因此，构建义务教育公共服务均等化的制度，必须秉持“增存并进”的理念，不断加大教育投入。

四、统筹兼顾

在现代汉语词典中，“统筹”就是总揽全局，通盘谋划；“兼顾”就是照顾、顾及几桩事情或多个方面。所以，统筹兼顾就是总揽全局，科学规划，协调运作，兼顾各方。统筹兼顾是我国当前社会治理的重要理念，是教育改革的主要原则。如党的十六届三中全会提出了“五个统筹”；②党的十七大报告在“五个统筹”的基础上，进一步提出要兼顾中央和地方、个人与集体、局部与整体、当前与长远、国内与国外等多层面的利益，都是我国重视统筹兼顾的重要体现。义务教育公共服务均等化本质上是利益格局的重建，这就必然要照顾到所有适龄儿童的教育需求，全面规划教育发展，全面调控教育资源。③ 鉴于义务教育公共服务均等化本质上是通过利益重分使所有适龄儿童的利益需求获得相应的满足，享有相对公平的利益，要解决的是人与人之间的利益关系问

---

① 周洪宇，叶平. 教育体制改革呼吁区域突破[M]. 武汉：湖北教育出版社，2012：69.

② 作者注：“五个统筹”即统筹城乡发展，统筹区域发展，统筹经济社会发展，统筹人与自然和谐发展，统筹国内发展和对外开放。

③ 杨晓霞. 义务教育均衡发展改革中的利益整合研究[D]. 武汉：华中师范大学，2013：127.

题，[①]因此，构建义务教育公共服务均等化的制度，需要统筹规划义务教育公共服务中的人力、财力和物力资源。

第一，统筹义务教育公共服务资源的供给主体。义务教育公共服务的主要承担者是政府，但也不排斥市场组织和社会团体等多方主体参与，但由于各方承担的服务目的、服务内容、服务方式的差异，如果缺乏统一筹划，就会使义务教育服务供给缺乏整体性和有序性，造成人力、物力、财力和精力的浪费。要以法律、法规等制度化的形式明确各个主体的责任和义务，形成“横向到边、纵向到底、上下联动、齐抓共管”的义务教育责任体系，为保证义务教育公共服务均等化提供制度上的保障。第二，统筹义务教育公共服务的实施规划。义务教育公共服务的实施规划，是政府按照国民经济和社会发展的总体要求以及国家关于义务教育发展的重大决策，根据义务教育发展的客观规律而制定的。需要运用正确的方法对全国未来一定时期内义务教育公共服务需求进行统一筹划。既要满足短期教育需求，也要保证义务教育公共服务的可持续发展。第三，统筹义务教育公共服务的内容。义务教育承担主体主要是通过向不同地域、不同学校、不同学生提供相应的教育资源来完成教育服务，因此需要了解不同地域、学校、群体之间的教育需求，统筹教育投入、经费使用、师资配置等。[②]

构建义务教育公共服务均等化的制度，必须坚持“统筹兼顾”的理念，切忌毫无规划的管理，避免碎片化的安排。

第三节　义务教育公共服务均等化制度对象的确证

满足一切学生的一切教育需求，在有限的教育资源面前只是一种美好愿景。义务教育公共服务均等化的初衷是为所有适龄儿童提供均等的教育服务。构建义务教育公共服务均等化的制度，首先就要保障所有适龄儿童能够平等共享现有一切教育资源，不是人人的愿望都得到相同的满足。根据罗尔斯对“正义”的阐述，正义的公平不是完全的均等，而是一种差异平等。所以，义务教育公共服务均等化不是搞平均主义，而是要遵循差异性、补偿性原则。构建义务教育公共服务均等化的制度，应在保障所有适龄儿童的最基本的教育要求下，更多地关注到弱势群体的利益诉求并给予充分满

① 柳欣源，姚玉香. 利益主体诉求视域下义务教育公共服务均等化的制度设计[J]. 东北师大学报(哲学社会科学版)，2017，01：177.

② 黄俭. 中国义务教育省级统筹问题研究[D]. 武汉：武汉大学，2015：126.

足，这也契合了“底线公平”的理念。正如《教育 2030 行动框架》所指出的，“要保障教育内部和教育过程中的公平和全纳，排除在教育入学、参与、维持和完成以及学习结果中存在的所有形式的排斥、边缘化、不平等、弱势和不公平。教育体系应该接触、吸引和维持住那些现在被排挤在外或者处于被边缘化危险的人”。① 所以，根据我国义务教育公共服务的现实情况，老少边穷岛地区儿童、随迁儿童、留守儿童、残疾儿童、学困儿童应该是我国义务教育公共服务中的主要弱势群体，制度构建应该把保障的重点放在这类群体上。除了为其提供“平等”的教育服务，还需要提供一些特殊的支持和补偿，这些补偿可以因群体需求的差异而有所不同。

一、老少边穷岛地区儿童

“老少边穷”指的是位于我国经济发展落后的中西部和丘陵地带的老革命区、少数民族地区、边境地区和贫困地区，“岛”指的是位于我国东部和南部地区资源匮乏、人员稀少的荒岛地区。老少边穷岛地区条件差、位置偏、经费少，各方面都落后于国家平均水平，一直是国家经济、教育等治理的主要对象。自 20 世纪 90 年代开始，党和政府相继出台了一系列政策、法规，采取了一系列相应的改革措施，来改善这些地区的落后状况。1995 年至 2000 年，教育部（原国家教委）联合财政部共同组织实施了第一期“国家贫困地区义务教育工程”，对贫困地区的义务教育办学条件进行了着力改善；“十五”期间继续实施了第二期“国家贫困地区义务教育工程”，进一步解决贫困地区义务教育存在的现实问题。2000 年，教育部又启动了“东部地区学校对口支援西部贫困地区学校工程”和“西部大中城市学校对口支援本省（自治区、直辖市）贫困地区学校工程”，这两个工程的开展致力于帮助贫困地区的学校提高教育质量和管理水平，改善其硬件配置，如将其他学校闲置的教学仪器设备、教具和图书资料等无偿提供给这些地区的学校，包括仍可使用的计算机、电视机、投影仪、录像机等。2013 年《改善办学条件意见》颁布，主要针对中西部农村贫困地区和集中连片特困地区，兼顾东部部分困难地区和其他国家扶贫开发工作重点地区、民族地区、边境地区等，力图经过 3—5 年的努力，使贫困地区办学条件得到较大改善。2014 年，国务院办公厅又印发了《国家贫困地区儿

---

① UNESCO. Framework for Action Education 2030: Towards inclusive and eduitable qulity education and lifelong learning for all. http://www.right - to - education.org/sites/right - to - education.org/files/resource - attachments/Education_2030_Incheon_Declaration_and_Framework_For_Action_2015_En.pdf.

童发展规划(2014—2020年)》,要求集中力度解决这些地区教育服务中寄宿条件不足、大班额、上下学交通困难、基本教学仪器和图书不达标、合格师资短缺等问题,切实保障这些地区儿童的教育权益。对此,习近平主席在讲话中强调"扶贫先扶智",要加大对老少边穷岛地区的扶持力度,使这些地区儿童享受到平等的教育权益。2013年,刘延东副总理在出席全面改善贫困地区义务教育薄弱学校基本办学条件的工作现场推进会上也强调,要精准发力,持续推进,全面改善贫困地区基本办学条件,让贫困地区学生接受良好教育,确保到2019年所有义务教育学校办学条件都能满足基本教学和生活需要。

在各级政府的高度重视、社会各界的全力支持下,老少边穷岛地区的教育状况得到了有效改善,但由于原有底子薄、条件差等种种原因,教育的步子还迈得比较沉重,义务教育公共服务还远远不能满足适龄儿童的需求。如在2015年全国政协十二届三次会议上,全国政协教科文卫体委员会副主任马德秀作了"让老少边穷岛地区乡村教师下得去、留得住、教得好"的发言,其中提到的教师情况就是很好的例证。虽然教师资源配置不均衡只是义务教育公共服务不均等的一个方面,但在一定程度上映射出儿童受教育权利的不平等。

案例 让老少边穷岛地区乡村教师下得去、留得住、教得好

春节前,全国政协教科文卫体委员会和民进中央分别组织部分委员和专家,赴老少边穷岛地区考察了多所乡村学校,与乡村教师进行座谈,倾听他们的呼声。我们为广大乡村教师不计名利的付出和默默无闻的奉献感动落泪,更为广大乡村孩子学习条件的简陋和接受教育的落后状况焦急忧虑。

当前,我国有乡村中小学生4 000多万,背后是280多万乡村中小学教师,他们坚守在边远贫困地区的乡中心校和村小、教学点,编织着乡村孩子的多彩梦想。但是,这个本应是最伟大、最美丽的职业群体,却没有得到社会应有的尊重和重视。长期以来,乡村教师收入少、地位低、职业吸引力不强、优秀教师留不住等问题严重影响了乡村教育的健康发展,加剧了乡村的衰落和"空心化"。

一是工资收入低,待遇保障差。乡村教师工资水平与城镇教师相比有较大差距,总体上乡村教师的平均收入只及当地外出务工人员收入的一半。住房公积金、医疗保险等缴纳问题不同程度地存在,安置房、周转房等配套设施建设难以满足需求,乡村教师住房困难成为普遍问题。一位年轻女教师反映,她们三人挤在一间借助楼梯改造的

宿舍内，进出连腰都不敢挺直。

二是工作负荷重，压力大。乡村教师“结构性短缺”现象十分严重，教学点老师通常要负责四五门甚至更多学科的教学任务，任务重的每周达30多个课时。同时，乡村贫困儿童多、留守儿童多，进一步加重了教师负担。不少老师是“两师两员”，上课是教师，开饭是厨师，课外是心理辅导员，晚上是寝室管理员，天天疲于奔命，身心压力巨大。

三是教学观念和手段落后，整体素质偏低。乡村教师普遍年龄偏大、学历偏低，教育观念滞后、知识结构老化，特别是信息化教学能力低。雪上加霜的是，巨大的城乡差距导致不少乡村优秀教师纷纷流向城镇、流向重点学校。教师退出机制不健全，新鲜血液补充困难。乡村教师整体素质急剧下滑，乡村教育质量堪忧。

——资料来源：马德秀.让老少边穷岛地区乡村教师下得去、留得住、教得好.新华网，2015年3月10日.

老少边穷岛地区是我国义务教育公共服务的短板，是义务教育公共服务均等化的攻坚对象。因此，构建义务教育公共服务均等化制度，必须向老少边穷岛地区儿童倾斜。

二、随迁儿童

随迁儿童，即农民工随迁子女，是我国现阶段农民工问题的衍生物，其教育问题一直备受社会各界关注。国家陆续出台了一系列相关政策和法律来保障随迁儿童的教育权益。如以流入地政府为主、以公办学校为主的“两为主”政策，将常住人口纳入区域教育发展规划、将随迁子女教育纳入财政保障范围的“两纳入”政策等。2016年国务院印发《关于统筹推进县域内城乡义务教育一体化改革发展的若干意见》，继续强调“将随迁子女义务教育纳入城镇发展规划和财政保障范围，……切实简化优化随迁子女入学流程和证明要求，……依法保障随迁子女平等接受义务教育。……要坚持以公办学校为主安排随迁子女就学，对于公办学校学位不足的可以通过政府购买服务方式安排在普惠性民办学校就读。……公办和民办学校都不得向随迁子女收取有别于本地户籍学生的任何费用。特大城市和随迁子女特别集中的地方，可根据实际制定随迁子女入学的具体办法”。这些政策出台之后，各省纷纷根据本地具体情况出台了相关文件，力求改善随迁儿童在城镇接受义务教育的状况。如上海市为了使更多的随迁儿童能够进入公立学校就读，在《上海市教育委员会关于2017年本市义务教育阶段学校招生入学工作的实施意见》中指出“小学班额为40人、初中班额为45人，接纳进城务工人员随迁子女的学校可适当放宽班额”，并分类专门就随迁儿童招生工作进行了规定。

案例　上海市教育委员会关于2017年

本市义务教育阶段学校招生入学工作的实施意见

……(三)随迁子女招生。区县教育行政部门要根据有关要求，切实做好进城务工人员随迁子女招生入学工作，加强对随迁子女入学条件的审核。

根据《上海市人民政府办公厅转发市教委等四部门关于来沪人员随迁子女就读本市各级各类学校实施意见的通知》(沪府办发【2013】73号)要求，2017年，进城务工人员适龄随迁子女需在本市接受义务教育的，适龄儿童须持有效期内《上海市临时居住证》，父母一方须持有效期内《上海市居住证》；或父母一方持有效期内《上海市临时居住证》满3年(从首次发证日起至2017年6月30日)，且连续3年(从首次登记日起至2017年6月30日)在街镇社区事务受理服务中心办妥灵活就业登记。2017年，区县教育行政部门受理随迁子女办理入学手续截止日为6月30日。

随迁子女入学，小学阶段以进入公办学校为主，部分地区公办教育资源紧缺的，可统筹安排进入政府委托的民办小学就读。

——资料来源：节选自《上海市教育委员会关于2017年本市义务教育阶段学校招生入学工作的实施意见》(沪教委基【2017】2号).2017年1月9日.

但是，由于各地在上述政策的具体执行方面差异较大，有些地方落实不力，以至于随迁儿童的受教育状况依然不容乐观，严重挑战着义务教育公共服务的公平性。根据东北师范大学农村教育发展研究院的调查，当前，随迁儿童在流入地接受义务教育服务主要存在以下几个方面的困难：一是入读公办学校门槛繁多，对有些随迁儿童来说存在一定困难。2015年，全国仍约有357.78万随迁儿童未能在公办学校接受义务教育服务，有8.72%的随迁儿童就读于打工子弟学校，该类学校的办学质量与公办学校存在很大的差距。二是教育花费多，公办学校的花费在承担义务教育的各类学校中是最少的。此外就是学习适应难，升学机会少。虽然国家出台了相关政策保证随迁儿童的升学机会，但2015年随迁儿童的中考平均升学率比国家平均水平低24.63个百分点，这与两地之间（流入地、流出地）教材版本、教学方法、教学观念等存在较大差异，导致随迁儿童难以适应有很大的关系。[①]

因此，构建义务教育公共服务均等化的制度应该给予随迁儿童更多的关注，力求保障随迁儿童能够“进得来”、“上得起”，且“读得好”，要让随迁儿童更加有尊严地学习生活。

三、留守儿童

留守儿童一词最早出现于 20 世纪 90 年代早期，指的是因父母在国外工作学习而被留在国内的儿童。[②] 到 90 年代中后期，伴随着“民工潮”的出现，其含义发生了变化，特指因父母一方或双方外出打工而滞留在农村的儿童群体。全国妇联课题组于 2010 年进行了第六次人口普查，根据这次人口普查所取得的数据，课题组推算出全国大约有 6 102.55 万农村留守儿童，占农村儿童的 37.70%，占全国儿童的 21.88%。[③] 这一结果与第五次人口普查估算的 2 443 万相比，十年间约增加了 1.5 倍，[④]农村留守儿童规模有逐渐扩大的态势。随着新型城镇化进程的加快，这一趋势在未来一段时间内还会持续存在。21 世纪以来，留守儿童作为一个日益庞大的特殊群体，引起了社会的广泛关注。留守儿童在学习、心理、思想品德等方面存在的问题也逐渐受到国家的重视。2005 年，教育部在《2005 均衡发展意见》中规定，地方各级教育行政部门和学校要采取切实可行的办法，解决农民工的后顾之忧，关心留守儿童的生活，有针对性地为留守儿童提供学习、思想、生活等各方面的服务。笔者于 2016 年参与东北师范大学农村教育发展研究院的调研时所收集到的访谈结果也进一步佐证了留守儿童存在的上述问题。访谈中很多留守儿童都存在着各种各样的问题，其中笔者访谈的一个 H 省某小学五年级女生就因担心父母而不能安心学习，并非常渴望父母的陪伴。教师虽然也注意到了留守儿童存在的问题，但由于留守儿童较多，教师工作任务重，时间、精力有限，也不能全面顾及。

---

① 邬志辉，李静美. 农民工随迁子女在城市接受义务教育的困境与政策选择研究[J]. 教育研究，2016，11：19—31.

② 上官子木. 隔代抚养与“留守”儿童[J]. 父母必读，1993，11：16—17.

③ 全国妇联课题组. 全国农村留守儿童、城乡流动儿童状况研究报告[J]. 中国妇运，2013，06：30—34.

④ 段成荣，杨柯. 我国农村留守儿童状况研究[J]. 人口研究，2008，03：18—25.

学生访谈。访谈对象：H省某小学五年级学生梁某某。（F：访谈员；S：学生）

F：你家里都有些什么人啊？

S：爷爷、奶奶和我。

F：爸爸、妈妈去哪了？

S：他们去了广州打工。

F：上次见到爸爸、妈妈是什么时候？

S：今年过年的时候，他们回来呆了17天就走了，到今天已经246天了。

F：记得这么清楚，很想他们吧？

S：特别想他们！我总是担心他们在外边生病或被人欺负。（沉默）

F：为什么会有这种担心呢？他们都是大人，会自己照顾自己的。

S：我爸爸在建筑工地干活，去年就从脚手架上摔下来过，当时腿摔伤了，所以我总是做噩梦，梦见他又出意外，浑身血淋淋的。妈妈在饭店打工，因为常常听人说城里人会欺负从农村去的打工的人，所以也会为妈妈担心，担心她被欺负，有的时候课上着上着就走神了。（很忧心的样子，眼圈红红的）

F：希望他们留在家里吗？

S：（想了一两分钟）其实我很矛盾，我非常希望他们能够留在家里，这样我就不用担心他们，就可以安心学习了。但是他们之所以出去打工，在很大程度上是想让我生活得更好些，想供我读书，如果他们都回来，我可能就不能考大学了。有时候也想如果妈妈能留在家里也是好的，但是爸爸一个人在外面，我就更不放心了。（很纠结的样子）

教师访谈。访谈对象：H省某小学二年级班主任陈老师。（F：访谈员；T：教师）

F：陈老师好，能谈谈你们班学生的情况吗？比如学习、生活、家庭情况等。

T：学生平时上课的状态还可以，绝大多数学习成绩也还不错。生活也都还可以。家庭情况就比较复杂了，各家情况都不一样。

F：你们班留守儿童多吗？

T：班里36个人，有20多个留守儿童，可以说绝大多数学生是留守儿童，有的是父母都在外边打工，有的是父亲或母亲在外边打工，父母都在外边打工的居多。

F：这些留守儿童和其他学生有明显的差别吗？

T：父母不在身边或多或少都会对孩子有影响。比如有些留守的孩子安全感不足，自信心差，注意力不集中，学习成绩也不太好。

F：那您怎么办呢？

T：作为老师当然是要多关心他们了。但是我每周有20多节课，要备课、上课、批改作业，每天骑车上下班大约还需要50分钟，总感觉精力不够，不可能每个孩子都照顾到。

F：介意我问一下你每个月的工资吗？

T：没啥不可说的，每个月2 000吧，还可以。

为了更好地解决留守儿童问题，使留守儿童能够享有更好的义务教育公共服务，教育部等多部门于2013年印发《义务教育留守儿童关爱意见》，要求各地方要努力改善学校寄宿条件、膳食营养，提升交通服务水平等，优先保障留守儿童的现实需求。2016年，国务院印发《留守儿童关爱意见》并明确指出，各地方政府要强化家庭监管力度，提升家庭的责任意识，明确县乡镇人民政府和村民委员会的职责，提升教育部门和学校的服务质量，建立完善的农村留守儿童关爱服务体系。这一系列文件的出台对于改善留守儿童学习生活状况起到了重要的推动作用。但是留守儿童的教育现状仍然堪忧，严重影响着义务教育公共服务均等化的进程。

全国妇联课题组的报告指出，全国共有义务教育阶段留守儿童3 761万。其中，处于小学阶段的农村留守儿童约为1 953万，占农村留守儿童的32.01%；初中阶段为995万，占农村留守儿童的16.30%。未按规定接受义务教育的比例为3.4%，①小学阶段基本都能按要求接受义务教育，但到初中阶段，14周岁辍学率达到6.7%，并随年级增长不断上升。留守儿童的义务教育已然成为我国义务教育公共服务的薄弱环节。

因此，构建义务教育公共服务均等化制度，应针对留守儿童的实际情况有所侧重，并予以更多关注。

四、残疾儿童

残疾儿童，从广义上讲，指的是“异于普通儿童，在身体或心理各个方面与正常儿童有着明显差异的各类儿童”，既包括生理和心理发展上低于常态的儿童，也包括有过

① 全国妇联课题组.全国农村留守儿童、城乡流动儿童状况研究报告[J].中国妇运，2013，06：30—34.

轻微犯罪和犯罪倾向的儿童。我国多是从狭义上进行理解，指的是身心发展上有各种缺陷的儿童。残疾儿童作为义务教育公共服务对象的重要组成部分，其接受义务教育服务状况直接影响着义务教育公共服务均等化的程度。因此，国家出台了一系列文件保障残疾儿童接受义务教育的权利。1986 年，国务院转发《关于实施义务教育法若干问题的意见》，其中第 32 条规定，特殊教育应采用灵活多样的办学方式，可以创办特殊学校，也可以在普通学校附设特殊教学班。通过创设条件，将那些虽然有残疾，但有能力正常学习的儿童容纳进普通中小学学习。1990 年通过的《残疾人保障法》明确指出“国家保障残疾人受教育的权利”，要求各级政府要对残疾人教育进行统一的规划和领导。1994 年国务院办公厅颁布的《残疾人教育条例》规定，要对残疾儿童辅之个别教学，设置专门辅导教室，或根据情况采取其他形式进行义务教育。2006 年新修订的《义务教育法》从政府责任、教育形式、教师待遇、经费投入和法律责任五个方面对残疾儿童义务教育作出了规定，以保障残疾儿童、少年接受义务教育，促进义务教育公共服务均等化，并要求普通学校接收具有接受普通教育能力的残疾适龄儿童、少年随班就读，并为其学习、康复提供帮助。2010 年国务院印发的《教育规划纲要》也要求各级政府健全特殊教育保障机制，全面提高残疾儿童少年义务教育普及水平。2016 年，国务院印发教育部等七个部门制定的《特殊教育提升计划(2014—2016 年)》，致力于提高残疾儿童义务教育公共服务水平，并作出到 2016 年“全国基本普及残疾儿童少年义务教育，视力、听力、智力残疾儿童少年义务教育入学率达到 90%以上”的发展目标。[①]

积极的政策指导与支持使残疾儿童接受义务教育公共服务的质量获得了很大提升。调查显示，2009 年全国学龄残疾儿童接受义务教育的比例为 69.5%，2010 年增加到 71.4%，2013 年增加到 72.7%，呈现出逐年上升的态势，但是仍然不能满足残疾儿童对义务教育公共服务的现实需求。而且这一数字比全国 95%的平均水平低了 22.3%，即使完成 2016 年底达到 90%以上的发展目标，也低于国家平均水平。另外，当前，普通学校为随班就读儿童提供的义务教育服务也没有满足残疾儿童的需求。笔者没有专门对残疾儿童进行调查，但在 H 省一所小学访谈时，遇到了 1 个特殊儿童。这个孩子的腿有残疾，需要坐轮椅上学，但是学校并没为其提供特殊的教育设施。

---

① 晋浩天. 2016 年残疾儿童义务教育入学率将达 90%以上[N]. 光明日报，2014－1－21.

学生访谈。访谈对象：H省某小学五年级学生孙某某。（F：访谈员；S：学生）

F：你觉得你们学校的教学设施能够满足你的日常生活和学习需要吗？

S：我觉得我们学校没有为我们这些孩子提供任何的便利，我觉得如果走廊能够像超市推车行道一样有倾斜的台阶或滑道可能更适合我，每天都是我爸把我送到学校，把我从楼下背上来，然后再把轮椅抬上来，放学把我背下去，再把轮椅拎下去，很不方便。我们学校还有一个学生视力有点问题，你注意到我们的楼梯了吗？是没有扶手的，这对他来说下楼很危险。

从上面的分析可以看出，当前残疾儿童义务教育权依然是我国普及义务教育的薄弱环节，是我国推进义务教育公共服务均等化的重要任务，因此，构建义务教育公共服务均等化的制度必须予以残疾儿童特别关注。

五、学困儿童

学困儿童是教育对象中的一个特殊群体，亦称作“学业不良儿童”，指的是那些智力水平正常但是在各学科学习中不能达到学习要求、在成绩上显著低于平均水平的儿童。学困儿童的形成因个体差异各有不同，有自身学习方法、学习态度、学习能力等方面的原因；也有家庭方面的原因；还与学校中教师管理，教育教学内容、方式、方法等因素有关。学习困难导致他们在学校、班级处于弱势地位，易产生自卑、焦虑、孤独心理，甚至使其产生厌学、品德方面的种种问题，需要教师予以有针对性的教育。但实际上，我国目前对学困生这一特殊群体的关注还远远不够，并没有给予其应有的义务教育公共服务。

义务教育要求教育者平等地对待每一名学生，不排斥、不歧视、不放弃每一名学生，满足每一名学生应有的教育需求。但是我国目前的义务教育并没有满足学困儿童应有的教育需求。有研究表明，在总人口中，只有不足5%的儿童适宜学习理论知识。但我国当前的义务教育基本上是一种单一性的供给，也就是基本是知识性教育，对于学习知识不很适应、不想走考学之路、有其他非知识型教育需求和天分的学生，教育的供给相对狭窄，无法满足他们的需要。这就像给猫、狗、牛、马同样喂青草，结果猫和狗就得饿着一样。[①] 这种标准化的教育模式，本质上意味着可能会忽视部分学生的教育需求，是义务教育公共服务非均等化的表现。此外，当下很多学校依据学生的成绩，以实验班、普通班等形式把学生分成不同等级，使普通班的学生产生自己是一般儿童，甚至是“学困儿童”的认识。教师在教育过程中对不同班级的学生在教育期待、要求、态度上都存在差别。在同一班级中，教师也往往自觉或不自觉地更加关注优等生，而很少主动地去关注学困儿童，教育的中心也偏离、忽视学困儿童的需求，更谈不上课上的表扬、课下的交流。如访谈中一位李姓教师就谈到他们学校以学生中考成绩为依据将学生分成不同班级，并为自己担任“后进生”的班主任而心有不甘，似乎不太愿意多关注学习不好的学生。

教师访谈。访谈对象：H省某中学初二班主任。(F：访谈员；T：老师)

F：李老师好，能谈谈你们班学生情况吗？

T：我们班学生没啥好谈的，和其他班没法比，是整个初二年级最差的班。别的老师不要才给的我。

F：你的意思是说咱们班学生学习成绩不好，是吗？

T：是啊，整个年级最差的。像他们这样的，本身素质就不行、底子差，神仙也教不好。

F：怎么所有成绩不好的都在你们班呢？

T：按他们中考的成绩分的班啊，成绩好的进了实验班，剩下的虽然名称上没有区分，但实际上就是按成绩分的。

F：那你们班学生除了成绩不好，其他方面怎么样啊？比如说艺术方面、各种活动能力方面等？

T：你还别说，我们班孩子成绩普遍不行，但是有不少孩子唱歌跳舞都不错，也有个别男生运动能力挺好的。

F：那有没有想过让这些孩子往特长生方面发展，将来考个艺术学校或体校什么的？

T：班里这么多学生呢？我又不教音体美课程，很多孩子都是留守儿童，父母不在、不管，我可管不过来。

---

① 姜继为.教育的常识——关于教育价值与方法的思考[M].北京：中央编译出版社，2014：199.

可以说，学困儿童在教育过程中并没有平等地享有与其他儿童一样的对待，这在很大程度上违背了义务教育的过程公平，与义务教育公共服务均等化的全纳、公平的目标相背离。因此，制定义务教育公共服务均等化的制度，还需向学困儿童进行倾斜。通过调整教育的供给结构，均衡各种供给能力，优化供给方式，针对学困儿童具体情况进行因材施教，在学校、班级中平等对待每一名学困儿童，保障学困儿童在教育过程中享有平等的义务教育公共服务。

第四节　义务教育公共服务均等化制度环境的审度

制度作为一个系统，不是孤立存在的，总是处于一定的环境之中。制度环境指的是存在于该制度系统边界之外的物质的、能量的、信息的和人际的等相关因素的总和，[①]既包括该制度之外的所有其他制度，也包括制度构建中可利用的一切资源与涉及的社会生活中的习惯习俗、伦理道德、文化传统、价值观念和意识形态等。也就是说，制度环境由该制度之外的制度、该制度可支配的资源、该制度所处的文化等构成。不同的制度环境直接影响着人的制度意识和制度行为，影响着制度设计和制度执行。[②] 一般来讲，一项新制度能否发挥出应有的效力，能否在较短的时间内就被广大社会成员所接受，关键就在于这一制度与其所处环境的适切性。因此，制度构建不能忽视其所处的环境，只有充分考虑制度所处的环境，才能使制度最大限度地发挥效力。因此，要构建义务教育公共服务均等化的制度，必须审慎思考其所处的环境，并对其进行有效的利用和平衡。本节内容将主要从制度环境、资源环境、文化环境三方面来探讨义务教育公共服务均等化制度构建过程中如何处理均等化制度与其外部环境之间的关系。[③]

一、制度环境

义务教育公共服务均等化的制度环境指的并不是某一种制度，而是该制度之外

① 张文健.基于行为控制的制度设计研究[M].合肥：中国科学技术大学出版社，2014：127.

② 彭和平.制度学概论[M].北京：国家行政学院出版社，2015：309.

③ 作者注：文化是一个范围非常广泛的概念，有大文化、中文化、小文化之分。从大的范围来说，制度环境可归为文化环境，在这里，为了研究的需要，将制度环境从文化环境中单独抽离出来，使用的是更加小范围的文化概念。制度环境仅指国家正式制度构成的环境，而非正式制度全部划归为文化环境。

与其相关的所有制度的总和。一个社会的总制度，是由若干个相互联系、相互影响的子制度构成的。义务教育公共服务均等化制度就是我国社会总制度中若干个子制度之一。从纵向上看，在这一制度之外还存在着若干个与其相联系的上位制度、下位制度；从横向上看，也存在着许多与之平行的、看似没有联系的具体制度。但这些制度实际上是相互影响、相互制约的。[①] 在构建义务教育公共服务均等化制度的时候，要有大视野、大格局，接受上位制度环境的约束，同时平衡好各具体制度之间的作用范围。

第一，上位制度对制度构建具有重要制约作用。其为制度构建圈定了一个操作范围，限定了制度构建者可以在哪些方面进行变革，哪些方面是不可触及的，不允许进行丝毫的变动。也就是说，上位制度确定了一个框架，制度制定者只能在这个框架范围内操作，只有在此范围内作出的创新和规定才是有效的。义务教育公共服务均等化制度的最主要的上位制度就是国家的基本政治制度、经济制度和法律制度等。国家基本政治经济制度是国家社会成员在进行政治经济活动时必须遵守的行为规范，体现着国家的根本性利益，较之于其他各种制度，这一制度具有优先性。美国经济学家诺思曾经在其制度变迁理论中指出，宪法规则是基本法则，拥有最高法律效力，对其他普通法规起着约束作用，任何的变化都会影响其他法规的有效性，因此难以修改。[②] 他们以国家强制力为后盾，具有巨大约束力，除非发生重大改变，否则制度构建对制度环境的任何逾越都可能被视为违法行为而遭到政府的禁止，严重的还会受到制裁。[③] 所以，构建义务教育公共服务均等化的制度，必须以国家上位的政治制度、经济制度、法律制度为根本，不得与其发生矛盾和冲突。

第二，平行制度对制度构建具有重要影响。当今社会，每个领域都有各种各样的具体制度，这些制度都有其各自规范的领域。构建义务教育公共服务均等化制度还要考虑与平行制度之间的相容性和一致性。在制度构建的过程中，避免政出多头和各自为政、互不相关，而要充分考虑现有各项具体的政治、经济、法律制度已经规定的内容和范围，在不影响本制度目标达成的前提下，尽量与其保持一致，各种具体制度共同构成一个权限分明、互相支持、互相促进的制度环境。另外，鉴于与要构建的义务教育公共服务均等化制度平行的各项现有的具体制度，都是国家为解决某一具体问题而制定

---

① 张文建.基于行为控制的制度设计研究[M].合肥：中国科学技术大学出版社，2014：127—128.

② 杨卫安.中国城乡教育关系制度的变迁研究[M].长春：东北师范大学出版社，2015：60.

③ 茅玉峰.制度环境对我国企业制度变迁的影响[D].广州：暨南大学，2006：17.

出的具有时代意义的政策、法规，当其与义务教育公共服务均等化制度相违背，会对其运行产生阻碍的时候，可以考虑进行改革。比如，我国长期存在的城乡二元经济结构在当今社会已经成为造成城乡之间各种矛盾与冲突的重要原因，给义务教育公共服务均等化带来很大的障碍，成为教育不公平的重要因素。因此，构建义务教育公共服务均等化的制度，就要致力于改变这种城乡二元的经济制度，消除影响义务教育公共服务均等化的制度障碍。①

义务教育公共服务均等化的外部制度是其构建的制度环境，是影响其制度构建的根本环境因素，必须予以审慎对待，合理平衡。

二、资源环境

义务教育作为一项基本公共服务，是国家使用公共权力和公共资源，为全体适龄儿童提供的教育服务。因此，国家可支配的公共资源就构成了构建义务教育公共服务均等化制度不可不考虑的重要环境。目前，人们对教育资源的理解有广义和狭义之分，广义的教育资源既包括教育活动中投入的人力、物力、财力，还包括在教育过程中形成的制度资源和观念资源等；狭义的教育资源单指教育活动中投入的人力、物力和财力等。本书从狭义的角度理解教育资源的概念。促进义务教育公共服务均等化，一方面靠资源，一方面靠制度。目前，我国虽然可以称得上资源大国，在人力、物力、财力总量上资源雄厚，但由于人口众多，还远远不能满足所有适龄儿童对优质教育资源的需求。因此，只有依靠合理的制度安排进行资源供给。

第一，采用“一主多元”的供给模式。所谓“一主多元”的供给模式，就是在义务教育公共服务的资源配置问题上，以政府供给为主导、社会广泛参与的多元补充的供给方式。这一供给模式的基本理念是作为基本公共服务，政府理应承担义务教育资源供给的主要责任。仅仅依靠政府的力量提供义务教育公共服务所需要的一切教育资源是不现实的，不利于有效解决义务教育公共服务均等化问题，有必要将提供义务教育公共服务的权限与责任适度地转移给社会相应部门或团体、机构，从而引入竞争与合作机制，形成一种政府主导型的社会多元组织供给的互补格局，进而有效地提升义务教育公共服务供给的质量、效益与效能。② 义务教育公共服务资源供给的责任主体是

① 段丽华. 教育公平——制度视阈研究[D]. 长春：东北师范大学，2015：60.

② 孙建军. 我国基本公共服务均等化供给政策研究[D]. 杭州：浙江大学，2010：131.

政府，但又不完全是政府，而是强调供给过程中政府、社会之间实行广泛的多元合作。

第二，兼顾公平与效率、长期与差序进行资源配置。在一主多元的供给模式下，无论是政府还是社会，都要在资源配置过程中兼顾公平与效率、长期与差序。义务教育公共服务均等化应兼顾公平与效率，强调公平、效率的有效结合；兼顾长期与差序，强调不同时期教育资源的有效分配。当前我国义务教育公共服务非均等化的表现主要是区域间、城乡间、学校间、不同群体间享有的教育资源和服务差别较大，所以需要政府对其进行合理的调配，兼顾公平与效率。同时，从世界发达国家义务教育公共服务均等化的历程来看，任何一个国家义务教育公共服务均等化目标的实现都是一个漫长的过程，不是一朝一夕达成的。如现在有些发达国家已经将普及义务教育年限延长到12—14年，而且还提供免费书本，供应午餐，提供校车服务，但其这一结果的实现经历了几百年的时间。如果我们急于向这些发达国家看齐，但教育资源总量跟不上，就很容易后续无力，造成更为严重的后果。因此，必须对可以支配的教育资源进行长期规划，在不同的时期根据不同的需要进行相应的投入，不能完全平均或为了尽快取得成效而不顾未来发展需要，必须兼顾长期与差序。

资源是义务教育公共服务的基础，资源共享是义务教育公共服务均等化的目标，我国目前的资源环境就是总量虚多、人均不足且分配不均，需要政府主导、社会参与，兼顾公平与效率、长期与差序，使有限的教育资源实现最优配置。

三、文化环境

常言说得好，"文化为制度之母"，制度的构建离不开文化的蕴养。脱离文化环境，单纯强调制度环境、资源环境对义务教育公共服务制度构建的影响，会造成义务教育公共服务均等化制度研究的简单化和机械化，会使得构建的义务教育公共服务均等化制度无法在实践上得到有力的推广和有效的践行。

第一，文化传统影响着义务教育公共服务均等化制度的构建。任何一个国家、任何一个民族都有其相应的发展历史，使其社会成员有着特定的价值观念、思维方式、心理特征等，这些就是影响这一国家和民族社会成员言行的历史传统。这些传统会对教育的发展产生不同的影响，也对义务教育公共服务均等化的制度构建产生不同的影响。我国近两千年的封建社会，形成了根深蒂固的文化传统，至今仍影响着社会成员的价值观念和行为方式。如我国历史上存在的"学而优则仕"、"望子成龙"、"望女成风”等观念，使得每一个家庭都希望自己的子女能够进入更好的学校，接受更为优质的义务教育，进而在考试中取得优势。虽然目前在义务教育阶段取消了重点班、重点校，但人们头脑当中的层次观念依然存在，并影响着家长和学生的教育选择，导致义务教育“就近入学”政策的难以推进，择校之风屡禁不止。因此，要构建义务教育公共服务均等化的制度，必须摒弃这种传统的文化观念，以现代素质教育理念和新的人才观引领义务教育阶段的教育教学，构建以能力公平为原则的分配教育机会的方式，并实行配套的考试制度改革，进而促进义务教育公共服务均等化。

第二，新文化传播方式影响义务教育公共服务均等化制度的构建。文化不是固化的，而是随着时代发展、社会变迁而不断变化的，并对义务教育公共服务均等化制度的设计与安排产生了极大的影响。随着信息技术的发展，借助互联网技术的文化传播形式为义务教育公共服务均等化提供了新的契机和条件。针对当前我国教育经费短缺、师资缺乏、分配不均衡等问题，借助互联网技术打破时间、地域、人员的限制，能够满足更多的适龄儿童接受义务教育的意愿并提供接受优质义务教育的机会。这在传统的文化传播方式下是很难想象的。更为重要的是，学校通过网络进行教育，还可以让学生根据自身情况自由选择内容和进程，更好地满足不同学生的不同需求。这在一定程度上能够解决班级学生人数较多，教师精力有限，难以照顾多数学生多样化需求的问题。[①] 因此，构建义务教育公共服务均等化的制度，可以充分利用这种新型的文化传播方式，通过向弱势地区、弱势群体提供远程教育平台，使其享有平等优质的教育机会和资源。近年来，电子课本已经大范围进入中小学课堂，iPad 辅助教学已经成为中小学教学改革的主要举措，通过这种现代化的智慧教育手段，提升教育质量，推进义务教育公共服务均等化。2015 年，教育部科技司在其工作计划中，明确提出各地应有效利用信息技术手段推进义务教育公共服务均等化，并在制度上进行了详细安排。

制度总由人来进行构建，文化作为一种非正式的制度，通过影响制度构建主体的思维方式和思想观念来影响着制度构建的目标、理念以及服务对象，进而影响着其功能的实现。因而，义务教育公共服务均等化的制度构建，不能忽视文化环境的影响。

---

① 段丽华. 教育公平——制度视阈研究[D]. 长春：东北师范大学，2015：64.

第六章　制度安排：义务教育公共服务均等化的实践推进

制度是一种社会公开的准则或者规范。如同康芒斯认为的那样，制度是集体行动控制个人行动的一系列行为准则和标准。它是集体为了控制个人行动而设定的规约，是人人都必须遵守的准则。所以，从政府行政的角度出发，通过对制度的设计、改进以及安排，可以最直接地推进义务教育公共服务均等化，从而在最大程度上实现社会治理。

义务教育公共服务均等化目标的实现是一个系统工程，需要强有力的制度保障。在这个系统工程建设中，制度的安排与推进需要重点围绕以下内容和领域展开：关注财权与事权的合理分配，科学的设计和实施转移支付，适切性地建立好监管机制，实事求是地作好绩效评估。虽然制度本身能发挥的作用有固定范围，但在治理义务教育公共服务均等化问题上却可发挥出重要作用。

总体来看，根据前文对国外发达国家制度的比对了解，以及新中国成立以来国家在义务教育发展制度上的改进调整，结合我国推进义务教育均等化过程中的现状和问题，我们需要用"一盘棋"的思维、"统合"的思维、"协同"的思维来构建义务教育公共服务均等化制度体系。基于以上基础，本章在三个层面进行了统整：一是教育投入，二是有效监管，三是绩效评估。在这个综合体系中，投入制度是根本，是核心，是"阿基米德点"；监管制度是过程性效益与服务质量的保障；评估制度则是以评促改，以评促建，评建结合，重在落实。通过这些制度的推进，以全面提高义务教育公共服务的均等化水平和质量。

第一节　义务教育公共服务均等化的投入制度

我国关于义务教育的投入制度与国家的财政体制改革进程是紧密一体的。财政体制改革是义务教育投入制度的“母体”，每次义务教育投入制度改革都是在财政体制改革的大框架之下作出的。财政体制改革的本质是中央与地方之间财权的划分。同样地，义务教育投入制度改革的实质，是义务教育投入主体、管理主体的权限在中央与地方各级政府之间的划分。从理想的状态来说，义务教育的投入主体、管理主体在中央与地方之间的权力划分与母体的财政体制框架应该是一致的。但是在现实操作中，因为受到现行经济体制弊端、区域经济特性等复杂因素的影响，义务教育的投入在二者之间进行权力划分时就会出现偏差。这些偏差的存在会造成投入主体不明、投入总量不足、投入效率及效益不高等现实问题。

一、立法立规贯彻执行

纵向来看，1980 年至今我国形成的教育投入方面的制度性规约，大体经历了以下发展演变历程（见表 6-1）。

表 6-1　关于教育投入政策文件的演变历程

年份	颁布单位	政策文件名称	主要规定	投入主体	利弊
1980	国务院	《关于实行划分收支、分级包干财政经费保障机制改革的规定》	由“统收统支”改为“划分收支、分级包干”的地方财政包干制。	中央和地方两级财政切块管理。	地方财力明显扩大；国家宏观调控能力下降。
1985	国务院	《中共中央关于教育体制改革的决定》	明确提出实施九年制义务教育；义务教育投入体制：“地方负责，分级管理”；国家办学为主，集体、厂矿、企业办学为辅；群众自筹经费办学；征收农村教育事业费附加。	乡镇、农村；省、市、县。	实质上将经费投入转嫁给了乡镇、村，造成了地方政府负担，投入主体不明确，农村教育经费问题突出。
1986	国务院	《中华人民共和国义务教育法》	实行“地方负责，分级管理”。	1. 国家对经济困难的地区实施义务教育经费补助；2. 城乡征收教育事业费附加；3. 财、税、产、社、基等多渠道筹措。	问题持续存在。

续 表

年份	颁布单位	政策文件名称	主要规定	投入主体	利弊
1993	国务院	《关于实行分税制财政管理体制的决定》	1. 实行分税制，即按税种划分中央与地方财政收入；2. 中央对地方税收返还。	1. 地方政府勉强支撑对义务教育的投入；2. 地方对农村教育负担主要集中于乡镇，大概占到78%，县、省共占20%，中央仅占2%左右。	1. 财权上移中央，地方财力增长受限；2. 事权未上移，仍然在地方。
2001	国务院	《国务院关于基础教育改革与发展的决定》	农村义务教育实行：1. 国务院领导；2. 地方政府负责；3. 分级管理；4. 以县为主。	地方负责，省、地市、县、乡镇各级人民政府协同负责；农村义务教育投入以县为主。	农村教育缺口大，以县为主的政策也是“小马拉大车”。
2002	国务院	《国务院办公厅关于完善农村义务教育管理体制的通知》	农村义务教育实行：1. 国务院领导；2. 地方政府负责；3. 分级管理；4. 以县为主。	地方负责，省、地市、县、乡镇各级人民政府协同负责；农村义务教育投入以县为主。	
2005	国务院	《国务院关于深化农村义务教育经费保障机制改革的通知》	明确政府责任；中央地方共担；将全部免除农村义务教育阶段学生学杂费。	中央、地方。	加大了中央财政投入，提高了保障水平。
2006	国务院	《中华人民共和国义务教育法》修订版	财政教育经费支出占国民生产总值的比例有所提高；教育经费支出占财政总支出的比例有所提高；国务院和地方各级人民政府用于实施义务教育财政拨款的增长比例应当高于财政经常性收入的增长比例；保证按照在校学生人数平均的义务教育费用逐步增长；保证教职工工资和学生人均公用经费逐步增长。	分项目、按比例分担；经费省级政府统筹，管理以县为主。	提倡均衡安排义务教育经费。

续 表

年份	颁布单位	政策文件名称	主要规定	投入主体	利弊
2006	财政部、教育部	《关于确保农村义务教育经费投入加强财政预算管理的通知》	中央财政应承担的农村义务教育补助经费每年通过转移支付下达省级财政；地方财政应承担部分，由省级财政负责统筹落实，地方各级财政部门应当积极筹集资金，确保资金落实到位。省本级财力比较充裕的，省级财政应负担全部或大部分补助经费；省级财力下移较多或省以下财力相对充裕的，可以确定由各级财政分担，具体分担办法由省级财政确定。省级财政要制定切实有效的措施，督促市、县财政部门落实支出责任，足额安排农村义务教育经费。县级财政部门要将上级财政补助资金足额落实到农村中小学校；同时积极调整支出结构，确保县、乡（镇）两级承担的农村义务教育经费支出落到实处。各级财政部门在这次改革前已经安排用于农村义务教育的经费不能减少。	明确各级责任，中央地方共担，省级政府统筹，管理以县为主。	

横向来看，根据投入主体的不同，世界范围的义务教育投入分为集中模式（希腊、法国、韩国等）、相对集中模式（美国、德国、日本等）、分散模式（中国、丹麦、英国、挪威等）。当然，没有完美的投入模式，只有规范的投入模式。每种模式都有自己的运行条件、历史基础和优势特点，同时也有自己的弊端。因此，无论哪个国家采取哪种模式，最重要的不是选择哪种完美的模式，而是各方投入主体包括中央和地方政府的行为是否规范，如何规范，以及如何采取措施真正保障教育经费来源“稳定可靠”。

虽然我们不需言必称西方发达国家，但是针对具体问题，发达国家发展的经验确实值得借鉴。美、英、日、法等国家的教育发展史，实际上就是一部完整的立法史。对于中央、地方各级政府谁是主体、谁的责任、何种责任、多大比例等教育投入问题，发达国家采用了教育立法的方式进行规范。教育投入立法带来了两种结果：规范的经费来源，保证投入稳定可靠；关于教育投入的规定在内容上十分明确，操作性强。国外教育投入立法在价值上关注平等和发展，范围上覆盖监督以及问责等，具有强制性。这些法律为义务教育投入制度的执行起到了很好的保驾护航作用(见表6-2)。

表6-2 20世纪60年代发达国家教育立法概览①

国别	时间	立法名称
美国	1958年	《国防教育法》
	1965年	《初等和中等教育法》
英国	1965年	《教师报酬法》
	1992年	《公共服务法》
法国	1959年	《教育改革法令》
	1959年	《国家与私立学校关系法》
德国	1964年	《关于统一学校教育事业的修正协定》
日本	1954年	《偏僻地区教育振兴法》
	1958年	《义务教育学校设施费国库负担法》

目前,对于我国每年的义务教育经费投入能否足额到位,仍旧缺乏刚性保障,有时甚至是靠"领导重视"来实现的。基于推动义务教育公共服务均等化的有效落实,本书认为,需加快诸如《教育投入法》、《财政转移支付法》的立法研究论证,加快立法步伐,使教育经费的持续投入在法律层面上得到充分保障。事实上,整个国家教育立法体系的立法理念应是促进义务教育公共服务均等化,所以,我们应将促进义务教育公共服务均等化的政府行为和社会行动纳入稳固的法治轨道,真正形成有利于不断缩小教育差距的法律保障体系和机制,使得教育投入能够有法可依;各级政府应依据法律规定进行实施和监督,并追究违法者的法律责任,违法必究。具体到义务教育公共服务领域的教育投入,以下几个方面较为重要:立法宗旨、基本原则、实施过程、条件保障、法律责任等;在法律中应明确关系、权责、主体、程序等,杜绝中央与地方、地方各级政府之间出现的"靠重视吃饭"、"经常性地讨价还价"、"模糊投入"等问题。

二、全力做好转移支付

政府间财政转移支付作为一项重要的制度措施和极其有力的"杠杆",是我国解决义务教育投入总量不足和区域教育发展不均衡问题的重要手段。在国际上,依据资金

① 金铁宽,等.《中外教育大事年表》[M].上海:上海教育出版社,2001:286—296.

流向，政府间财政转移支付的模式主要分为纵向模式、横向模式、二者兼有模式。纵向转移支付是目前我国和世界多数国家采用的模式，我国也已积累了较多经验。横向转移虽未形成明显的模式，但多年来政府间进行的对口支援，已使横向转移成为事实。从实现公共服务均等化的客观要求出发，通过建立统一规范的转移支付公式，可以增加转移支付制度的有效性和透明度，极大地避免了中央向地方政府下拨资金过程的随意性和地方政府间的相互攀比问题，从而实现转移支付制度的规范化和公式化。转移支付的作用主要包括：确保实现宏观调控、调节区域间的横向失衡、调节中央与地方利益冲突、调整民族地区与非民族地区矛盾、调整地方溢出利益、特殊救济、实现各地公共服务均等化、保障各级政府运转、配置救济激励、改善地方政府财政失衡、解决中央政府对地方政府的控制力等问题。因此，实现各地公共服务均等化是财政转移支付制度的重要功能和目标之一。

政府的财政转移支付主要有两大类别：一般性转移支付和专项转移支付。因其功能、目标、项目众多，涉及范围较广，实现公共产品服务均等化只是其中的目标与功能之一。因此，完善、规范转移支付方面的制度规约，要与其他领域一起综合考量，而不能“就教育论教育”（见表 6 - 3）。

表 6 - 3　吉林省 2009 年财政转移支付项目及数据表

项目	金额（万元）
中央对吉林省财政转移支付小计	**9 508 256**
返还性收入	**1 098 878**
增值税和消费税税收返还收入	742 100
所得税基数返还收入	119 178
成品油价格和税费改革税收返还收入	237 600
其他税收返还收入	
一般性转移支付收入	**4 219 476**
体制补助收入	10 662
均衡性转移支付补助收入	1 537 700
民族地区转移支付补助收入	45 761
调整工资转移支付补助收入	831 652
农村税费改革补助收入	231 810
县级基本财力保障机制奖补资金收入	337 905
结算补助收入	69 366

续 表

项目	金额(万元)
化解债务补助收入	
资源枯竭型城市转移支付补助收入	55 900
企事业单位预算划转补助收入	199 095
工商部门停征两费转移支付收入	27 266
一般公共服务转移支付收入	6 464
公共安全转移支付收入	111 280
教育转移支付收入	161 579
社会保障和就业转移支付收入	591 613
其他一般性转移支付收入	1 423
专项转移支付收入	**4 189 902**
专项补助收入	3 528 254
增发国债补助收入	661 648

(一) 现存问题

到目前为止,财政转移支付仍然存在很多问题,这些问题也覆盖到了义务教育的财政转移支付领域。比如,财政转移支付的适度规模难以确定、财政转移支付结构不尽合理、财政转移支付带有旧体制特征等。具体到专项转移支付,主要有如下四个问题:

其一,专项转移支付的随意性大。当前,中央与地方之间存在着关系、权责、事权划分不清的问题,导致支出的责任很难确定。地方政府获得的转移支付资金有多大规模取决于地方与中央的讨价还价能力。目前具有法定意义的政府间转移支付制度是1995年财政部颁发的《过渡期财政转移支付办法》(以下简称《办法》)。在《办法》中,根据当时的分税制改革,中央与地方的财权划分已十分明确,但事权的划分仍是模糊设立和原则上的界定。省级政府对地方各级政府的事权更是如此,缺乏具体的原则和依据。对省、市、县分别有哪些财权,应对哪些事情负责,规定还不够明确,各级政府之间"扯皮"较多。

其二,专项转移支付"撒芝麻盐"。所谓的"撒芝麻盐",指中央专项转移支付的职能随着规模越来越大、范围越来越广,产生了职能泛化。很多专项转移支付资金较多考虑地区间的平衡,在地区间倾向于平均分配,这种平均分配阻碍了公共服务均等化目标的实现。

其三,很多专项转移支付固化,形成了既有利益格局。这种问题的产生,源于很多项目设立缺乏事权依据，缺乏政策、法律依据。有些专项确立之后，每年都实施补助，却未根据现实需要进行动态调整。这种固化的利益格局，与动态化地服务于公共服务均等化的目标是相悖的。

其四，均衡性财政转移支付的实施过程有悖于公平性目标。均衡性转移支付的主要目标是公平，在实现公平后兼顾效率。主要关注公平性目标是指，越是贫困地区，会得到越多的转移支付资金，即在财政转移支付之前，受支付对象地区的财力水平与转移支付资金之间呈现显著的负相关。而事实上，在实践操作中，因为缺少制度、法律的强制性规定，获得转移支付资金的多寡更多地依靠于地方政府与中央政府，包括下级地方政府与上级地方政府的协商争取能力，很多人均资金较弱的地区获得的转移支付资金相对较少，而人均财力能力强的地区却能获得较多的转移支付资金。这种现象使得转移支付实践与转移支付的制度设计、目标设计背道而驰。

上述这些问题的存在，根本原因是目前关于财政转移支付的立法和政策均不够完善。时至今日，比较完整的专门关于转移支付问题的文件还是1995年财政部颁发的《过渡期财政转移支付办法》，从那以后，只有《预算法》和《中华人民共和国各级人民代表大会常务委员会监督法》针对转移支付问题进行了一些原则性的说明。这就意味着，到目前为止，财政部既是运动员，也是裁判员；既是立法者，又是执法者。同时，因为财政转移支付问题是涉及政府层级的行政问题，当不同的政府层面遇到问题或者产生矛盾时，只能依靠地方政府与更高一级政府或者中央政府谈判解决，缺乏高位法的指导，随意性强。

（二）改善路径

第一，加快立法，依法推进。解决上述问题的根本办法是适时研究出台专门的《财政转移支付法》，对所有的财政转移支付行为加以法律的约束和规范，保障资金运行的公开化和透明化。财政转移支付的目标要兼顾公平与效率。一般来讲，中央层面的主要目标在于公平，而效率问题主要由地方政府承担。中央从宏观层面充分发挥对公平价值取向的调控，义务教育公共服务均等化才能得到实质性保障。根据我国目前的经济发展水平，实现基本公共服务均等化是我国教育改革的重要任务，而财政转移支付立法则是实现均等化的重要手段。通过制度规范、立法严明的财政转移支付，各地政府才能获得合理合法的资金总量，用于当地基础教育等方面的基本公共服务建设，从而使我国基本公共服务均等化进程向着更高层次发展。

第二，应科学划分和明确规定各级政府事权与财权。划分事权，其基本思路是通过立法，明确各级政府在实施义务教育公共服务均等化中的职责。具体来说，中央政府负责制定和完善针对教育公共服务的法律法规和政策文本，并督促地方政府积极贯彻落实，提高农村、中西部等薄弱地区教育转移支付的资金总量，从而逐步缩小地区和城乡之间公共服务水平差距。省级政府主要负责落实和执行中央下达的义务教育公共服务发展的政策意见，承担省内财政经费保障责任，确保省内各下级单位都能及时获得足额的教育经费，推动辖区内教育基本公共服务均等化。市级政府主要负责准确测算本辖区内教育公共服务财政经费投入需求，对各类教育基本公共服务制定标准统一的执行标准，并重点关注管辖区内农村及薄弱地区的财政经费是否到位和充足，逐步缩小辖区内教育公共服务的校际差距。乡镇政府主要是依法依规，有效使用上级政府划拨的经费，并对上级政府履行承诺。

第三，对贫困地区，要从转移规模上予以大力支持，对富裕地区要减少转移支付，从而调整地区之间的贫富差距。这样的调整可以保障贫困地区能享受到最基本的义务教育公共服务。在效率上，对贫困地区的财务转移支付要避免超过富裕地区，做好程度控制。尤其要加强对低于义务教育公共服务标准地区的专项财政转移支付，通过专项补助制度予以重点支持。

第四，对于义务教育的财政转移支付，要规范和完善转移支付资金的具体、细致的支付方式。专项转移支付，要严格规范审批程序，从程序入手控制支付。对于一般性财政转移支付，要完善分配公式，并且做到公开透明。对于公式计算，应采取因素法来代替现行的基数计算法。因素法即计算过程中首先确定能客观反映义务教育地区发展差异的有关因素，把各地方政府对于教育投入的努力程度因素引入其中，同时确定各种因素相应的权重、比重。

第五，尝试探索借鉴德国的横向财政转移支付方式。纵向的对义务教育的财政转移支付过度依靠中央财政；而横向财政转移支付方式可以高效地直接将富裕地区的资金转向义务教育资金投入不足的地区，从而有效缓解中央财政压力，调节地区之间的横向差异。

第六，根据一定的指标衡量地方政府财力供给能力、支出需求以及政府努力等因素，通过公式计算各地应获得的转移支付规模，将中央政府在转移支付上的角色从"决策者"变成"管理者"，降低中央转移支付的负向激励。中央政府转移支付政策的初衷本是为了保障义务教育的经费投入水平，所以以专项补助的形式将大量资金转移给地方政府。但在具体实施过程中，这种方式导致了地方政府为得到专项转移支付资金，浪费时间和精力，滋生了“跑部钱进”的现象。另外，由于中央政府和地方政府在了解民意民情方面信息不对称，使得中央政府的专项转移支付很难精准保障各项支出比例的协调。例如：2006年起推行的“农村中小学现代远程教育工程”，其资金的实际运行效力不够理想。究其原因，资金换来了设备，却没有具有相应知识背景的专职教师进行教授；另外，由于缺少维护使用的专项设备维护资金，很多欠发达地区的设备利用率很低，甚至搁置。

三、适时做大“以省为主”

省级教育财政统筹是解决区域义务教育公共服务均等化的关键一步。义务教育投入涉及中央政府和地方政府两个责任主体。为加快缩小义务教育经费投入的地区差异，上移投入重心就是一种必然选择，并且应不断加强中央政府和省级政府对经济落后和欠发达地区义务教育财政投入的责任。必须看到，我国的固有国情之一就是区域经济发展不平衡，县域之间经济发展水平仍有较大差异。那些经济欠发达的县域，由于经济发展水平低限制了其对义务教育的财政投入能力，常出现心有余而力不足的情况。所以，中央政府和省级政府必须加大对经济落后和欠发达地区的转移支付力度，分担这些地方的义务教育投入责任，减轻义务教育投入对经济落后和欠发达地区社会经济的总体压力。总之，中央和省级财政应加大对义务教育的投入力度并上移投入重心，这样才能更好地实现义务教育公共服务均等化。

关于义务教育的经费投入，新《义务教育法》第44条规定“省级统筹”。省级统筹的优点在于灵活性，可以避免对不同经济发展区域的“一刀切”，以及中央与地方投入比例带来的问题。但省级统筹是一个灵活的概念，同时也是一个非常模糊的概念，其并未明确省级政府的财政投入责任。财政性经费是义务教育经费投入的主体，相应的配套法规中要将各级政府尤其地方政府的教育财政职责作出明确规定。

义务教育经费投入的受益范围是整个国家的所有地区、所有居民，其产品所带来的利益外溢性覆盖了全国，远远超出了乡镇、县、市等地方政府的管辖范围。如果由这些地方政府完全或者大部分承担义务教育投入责任，就违背了公共产品性质的“谁受益、谁支出”的效益最大化原则。因此，受益范围遍及全国的公共产品和服务应该由中央政府提供资金，受益范围限于地方的则由地方政府提供资金。

“以省为主”的投入体制可以更好地解决农村义务教育的投入问题。从我国财政收入的分配格局和多年实践看，这种调整和改革的关键是，省级政府成为农村义务教育最主要的教育财政责任承担者。省级政府侧重统筹管理辖区内各级各类教育，包括统筹规划义务教育，强化义务教育财政责任。由此，应以立法的形式明确中央、省、市、县包括乡镇各自所承担的主要责任，同时避免“一省一个样”、“省省水平都不同”等问题的出现。

此外，还要规定各级政府年度教育投入在本级教育财政中的占比和年增长率。其中，中央政府加大义务教育投入，用以解决中央和地方政府财权、事权不匹配问题。这样的规定是为避免随着中央财政教育经费的增长性投入给地方政府所带来的“挤出效应”。

做大“省级统筹”，不能简单地理解为省级政府的“经费包干”，而是以省级政府的统筹管理、统筹使用、统筹监管、统筹评估为基点。按照基本公共服务均等化的要求，完善和规范中央对地方的财政转移支付力度，可以从以下五方面进行：一是适当扩大一般性财政转移支付规模，科学制定标准，清理和取消那些交叉重复、效果不大的教育专项转移支付，将其转化为一般性转移支付。对教育专项转移支付的配套政策应有所区别：富裕地区的配套资金可高些，欠发达地区低些，特困连片、老少边穷岛地区免于配套。二是中央财政新增财力要优先安排一定数额重点帮助解决经济欠发达省份的财力不足问题，提高“省级统筹”的能力和实力。三是规范与清理专项转移支付，逐步减少中央各部委提供公共服务的支出责任，将各部委减缩下来的资金直接由中央财政转移给省级政府，做大省级财政用于省级统筹的规模和总量。四是有针对地制定中央对地方的专项拨款配套制度，缓解地方政府财政压力。五是发挥省级财政统筹规划的创造性，精细谋划来自中央的经费支持，盘活省内的有限财力，科学规划使用项目，重点做到“雪中送炭”，逐步消除区域、校际差距。

四、努力优化投入结构

要推进义务教育公共服务均等化，在规范投入来源、投入总量、投入稳定性之后，要重点考虑优化投入结构以及弱势补偿问题。优化投入结构，根据《教育规划纲要》的要求，主要是优化各个阶段的教育投入结构，在保证日常运转所必需的投入经费基础上，向弱势群体倾斜，向教育发展的关键领域、薄弱环节倾斜。具体包括以下几个方面：

一是优化公共财政支出结构，提高教育财政支出在公共财政支出中的比例。优化公共财政支出结构，主要是压缩一般性财政支出，减少中央财政的经济建设支出，明显增加基本公共服务支出。随着国家经济发展和财力的增加，中央政府的义务教育财政投入增长应该快于总财政收入的增长，使得教育优先发展战略得到真正的落实。同时加大中央财政对广大农村地区、中西部落后地区的投入力度，使这些地区中小学校的基础设施和硬件条件得到改善，缩小地区间义务教育公共服务均等化的差距。

二是优化教育投入的纵向结构。建议在教育财政预算和专项转移支付中，对纵向结构的教育投入应该确保义务教育的优先地位；在义务教育范围内的投入秉承先小学、后初中的原则；在义务教育的城乡投入中，重点是农村义务教育，然后才是城市义务教育。

三是优化教育投入的横向结构。在义务教育投入中，应优先推行全免费教科书、作业本，之后补助贫困生伙食费，再之后改善办学条件。财政性教育投入增量，要重点向贫困地区、边远地区、民族地区倾斜。补偿性教育投入要按照国家级贫困县——中西部农村——发达地区的次序逐层进行重点顺位补偿。对贫困地区、贫困学生可以尝试制定"教育低保金"政策，保证"低保"家庭学生接受基本教育。此外，优化投入结构还应包括优化义务教育投入方向结构和优先扩大公用经费的投入比例等。

五、积极引进社会资金

现有的实践证明，单纯依靠政府发展义务教育，很难满足人民日益提高的对义务教育的质量追求和日益增长的社会需求。因此，在保证政府是义务教育投入主体的前提下，要尝试多渠道筹集义务教育经费，鼓励投资主体多样化、办学主体多样化，挖掘社会资源兴办教育——特别是民办教育；鼓励社会资本进入，也是解决义务教育经费投入不足的重要途径。

积极引进社会资金，就是为了改变民办学校普遍单纯依靠学费收入低水平运转的模式，政府应通过合理的经济或政策上的补偿方式，吸引民间资本以多种方式投资民办教育。在教育投入立法过程中，也要通过确立一些鼓励措施以增强民间资本、社会资本投资义务教育的积极性，比如在《教育投入法》中设立民间资本的教育投资税收优惠的政策，降低各地民办教育的税收，使之与公办学校一样享受优惠待遇。由此，才能广泛吸引社会资金投资教育，增加教育经费投入来源渠道。

社会捐赠是一种主观上出于自愿的社会行为，也是一种获得义务教育经费的良性运作方式。建立健全的捐赠机制能激发广大民众、社会团体、企事业单位的捐赠热情，引导更多社会捐赠行为的产生，为义务教育经费筹集创造良好的制度环境。当前社会缺乏捐赠动力，在很大程度上要归因于捐赠的获得机制不完善。因此，各级政府要逐步建立健全的捐资助学褒奖制度，通过完善义务教育捐赠的制度规范，形成对企事业单位、社会团体以及个人对义务教育投资捐赠行为的褒奖制度和鼓励制度，明确捐赠人或捐赠单位应得的荣誉和回报，保障义务教育投入的长效来源。同时，大力倡导海内外关心教育人士捐资助教。

最后，需要强调的是，虽然我们可以在义务教育阶段提倡多元的社会性资金吸纳制度，即在政府经费不足的情况下提倡办学主体多元化，但是，推进义务教育公共服务均等化仍要以政府办学为主。各级政府作为投入责任主体不能被削弱，更不能被取代。

第二节　义务教育公共服务均等化的监管制度

促进义务教育公共服务均等化离不开健全的监管制度。监管，既包括监督，也包括管理。一个有效的制度在制定和下达后，需要各级政府依据制度规划内容全面具体地铺开执行。由此，一个有效的监管制度可以对以下几个方面进行关注：教师队伍建设、教育机会均等、办学条件改进，并建立有效监管长效机制。

一、有效监管教师队伍建设

（一）补齐教师数量

1. 落实“县管校用”

所谓“县管”，即县级教育行政部门依据《教育法》等有关规定，按照职能分工和权限设置，对中小学教师统一进行招聘选用、职称评定、教师培训、交流轮岗等工作。所谓“校用”，即学校依法与教师签定聘用合同或工作合同，学校作为自主办学的法人主体，负责对学校教师的合理配置、统筹使用、绩效考核、专业能力提升、评优表彰等进行日常管理。县管校用的好处在于，县级政府可以从总量上控制教师的编制和岗位人数，通过对城乡教师进行统一分配和动态调整，从高位上解决城乡教师队伍结构失衡或缺员的问题。我们在实践中，除了遵循总量控制、城乡统筹的总原则外，还应探索更加科学的编制管理办法，完善教师岗位设置标准，实行“县管岗位结构、学校按岗定员”。

虽然，“县管校用”在实施过程中尚存在一些问题，如在一定程度上，对教师作用估计过高、对行政协调困难估计不足、忽视其他交流机制、打破教师队伍建设既有的工作生态等，但可以通过精细科学的设计合理规避，以便更好地落实县管校用，补齐教师数量，扭转乡镇教师数量紧张的局面。第一，要统筹教师管理业务，建立部门联动机制。例如，建立教师管理服务中心，建立教师管理联系会议制度等。第二，要摸清县域教师状况，统一安排总量结构。例如，建立县域内教师需求电子平台，建立教师需求报送制度等。第三，重视市场机制的特殊作用，创新多种激励机制。例如，以市场机制为主，建立优秀人才增量培育机制、学术休假机制、交流期限累加激励制度等。第四，实行梯度教师交流，逐步扩大交流范围。例如，先在最小单元内交流，从“小生态”向“大生态”过渡等。

2. 扩大“特岗计划”

2006 年，新《义务教育法》和《中共中央国务院关于推进社会主义新农村建设的若干意见》发布，提出要加大建设农村教师队伍，鼓励城镇教师支援农村，逐步推进城乡义务教育的均衡发展。基于此背景，教育部经过反复论证和深入考察，制定了《农村义务教育阶段学校教师特定岗位计划实施方案》(简称“特岗计划”)。“不知从何时开始，对农村的鄙视已经成为一种普遍的社会心理，逃离农村成为普遍的社会价值选择。”[①]可以说，特岗计划是中央为解决农村教师队伍结构性短缺，促进农村教师队伍建设长足发展，从数量和质量上为农村学校输送新鲜血液的有力创新之举。“特岗计划”实施以来，已经取得了良好的成效，在一定程度上对于农村教师队伍紧缺和结构性矛盾等问题起到了缓解作用，从总体上看也极大地提升了农村义务教育质量。第一，“特岗计划”改变了农村学校教师年龄结构严重不均的持续窘境。笔者通过实地考察发现，农村小学校教师年龄普遍在 40 岁以上，50 岁以上且教龄为 30 年者也大有人在，而 30—40 岁的青年教师却寥寥无几，青黄不接，断档严重。“特岗计划”的适时实施为农村学校招进了一大批年轻的教师，这极大地缓解了农村学校缺编缺员、断档断层的尴尬境地，为农村学校补充了大量合格师资，增强了农村学校的生机与活力，积极推动了农村义务教育教学质量的提升。第二，“特岗计划”是由省级教育行政部门通过公开招聘的办法统一组织选聘考核，具有省级统一的选聘标准和选聘流程，减少了人情因素，增加了教师聘用的公开性、公正性、透明性，从源头上对新进教师进行质量把关。因此，“特岗计划”对地方教师队伍建设具有积极示范带动效应，能有效地带动各地积极采取措

① 石中英，乡土中国与文化自觉[M]. 北京：三联出版社，2007：290。

施加强教师队伍建设。第三,“特岗计划”的教师入校后,带动了已有教师队伍的专业发展。自愿受聘“特岗计划”的新教师,均是具有比较坚定的职业理想、良好的专业背景和专业理论基础的大学生,在校期间经历了系统的专业训练和教学技能培养。他们可以将这些专业优势带到教师队伍中,为学校注入新的气息,形成新的人际氛围。对新教师本身来讲,通过投身农村教育,增强了本身职业使命感和社会责任感,丰富了人生阅历,也有利于他们的职业成长。

同时,为顺利推进“特岗计划”的实施,需及时解决现存的一些实际问题,如工资的及时足额发放、任教科目过多、学科结构失衡、本科学历人员数量不高、学非所教、期满留任难等。因此,有效监管教师队伍建设的一项重要内容,就是要进一步完善并扩大“特岗计划”来补齐教师数量缺额。为更好扩大“特岗计划”,应从如下几个方面进行改进:第一,完善和落实相关配套政策,如教师的工资收入、医疗保险、交通住房等,并适当给予待遇补偿;第二,在严把教师入口关的同时,要结合实际情况逐年提高本科生比例;第三,加强宣传,营造良好环境,吸引并留住优秀大学生长期从教;第四,延长“特岗计划”实施期限,分担因计划所形成的地方财政压力。

3. 引导自主选择

激励一个大学毕业生选择从教生涯,可以遵循一条“标本兼治”、“提倡引导自主选择”的路径。

从具体实施路径来看,如下几个方面十分值得重视:

第一,以改革开放先导区的经验,引导自主选择。改革开放以来,改革开放的先导区率先打破了许多既有的制度和习惯,如户籍制度、劳资规定、身份档案、人员编制、人员流动、论资排辈、铁饭碗、终身制等。经过多年改革开放的冲击,在改革开放先导区已确立了一套新的政策体系,形成了适应新时代的观念系统。具有类似改革开放先导区特点的区域,可效仿他们选人用人的经验,把求发展、讲效率、重质量、高待遇放在前面,引导师范生选择职业时转变编制第一的传统观念,把事业、成就、机会兼有待遇作为第一追求。

第二,落实《乡村教师支持计划(2015—2020年)》(下文简称《计划》),推动自主选择。《计划》提出要拓展乡村教师补充渠道,要求省级人民政府建立统一选拔乡村教师的补充机制,扩大农村“特岗计划”实施规模,为乡村学校输送大批优秀高校毕业生。此外,国家应组织专项检查,了解《计划》发布以来的成效、作用、存在的问题等,推进政策的有效落地,提高政策的权威性。

第三，设置乡村教师岗位绩效津贴，吸引自主选择。比照目前我国各省对口派出教师支援西藏、新疆出台的有关生活待遇规定，出台乡村教师岗位绩效津贴实施办法。"办法"可包括实施对象、每月津贴数额、津贴等级确定条件等。通过提高津贴的办法吸引城市教师、大学毕业生自愿前往农村中小学校任教。

第四，加强师范生乡土情怀教育，鼓励自主选择。例如，我们可以在师范生入学时开展导向教育。一般而言，导向教育有三个步骤：一是通过入学教育，通过教学录像等方式为新生展现我国当前农村教育发展现状和现实困境，唤醒学生的社会责任感；二是在校期间，师范院校应组织学生到当地乡村学校进行实地参观和学习，参与农村学校的教学和生活，与当地乡村教师进行深度交流，增强学生的代入感和使命感；三是毕业前，鼓励学生回到自己家乡实习，增加其乡土情怀，通过感受家乡与母校的变化坚定其投身农村教育的决心，为乡村教育发展贡献自己的一份力。

（二）提高队伍质量

1. 完善免师政策

2007 年，国务院在教育部直属师范大学中推行师范生免费教育政策。免费师范生政策是中央政府为促进农村教育事业发展所实行的又一项重大举措。十年的实践证明，免费师范生政策对提高教师队伍质量，改善教师队伍结构起到了积极的促进作用。为进一步巩固政策的良好成果，需根据时代发展及十年的经验和问题对现有政策作出进一步的完善和调整。具体建议是：一是将师范生免费教育的名称修改成"师范生公费教育"；二是将师范生公费教育政策的范围扩展到省属师范大学，或鼓励省属师范大学比照实施师范生公费教育，从而培养更多高素质教师；三是在实施这一政策时，灵活签约，不受限制，以此吸引更多优秀大学毕业生从事教师职业。从 1977 年恢复高考至今四十余年的师范教育发展历程中，不论是公费时代，还是自费时代，自愿做教师过去是、将来依然会是许多优秀学子的崇高理想，对此，我们应有坚定的信心和愿景。

2. 提高社会待遇

社会待遇高低直接影响教师的工作热情和教师队伍的稳定。目前农村教师的工资水平普遍偏低，导致相当一部分城市教师和高校毕业生不愿意到农村任教，因此提高教师队伍质量的关键是提高教师薪资待遇，尤其是保障农村教师待遇。对此法国的经验或许可以借鉴。法国在 1981 年实行了"优先教育区"计划，提高优先教育区内的学校教师的工资待遇，并给予特别补助；1992 年，法国对教师聘用政策进行了再次改革，法国政府承诺，对前往"优先教育区"薄弱学校任教的教师每年发放6 900法郎的

"特殊津贴"。[①] 结合我国推进义务教育公共服务均等化的需要,提高教师队伍质量可从如下方面入手:第一,将城乡教师薪酬待遇承担重心适度上移,由中央统一调控,省级政府保证基准,区县层面适度补偿。第二,健全农村教师收入增长联动机制。各级政府要宏观调控,争取将农村教师工资的平均水平提高到同级城市教师的标准。第三,通过职称评审制度改革和教师在职培训等方式,促进农村教师职业发展。第四,提高农村教师的政治地位和社会地位,建立尊重和认可农村教师的制度。

3. 加强在职培训

为了提高教师队伍质量,加强在职培训是非常重要的环节。在这一环节中,增进培训实效成为重中之重。首先,我们应发挥"国培计划"示范引领、促进改革和雪中送炭的作用,不断提高教师培训的针对性和实效性,加快培训一大批"种子"骨干教师。其次,我们应建立健全完善、面向全员、突出骨干、倾斜乡村、学用结合、协同治理的教师培训制度体系。再次,我们应实行按需培训、分层培训、专项培训,鼓励参与式、讨论式、情景式等培训形式,让教师学有所得、研有所感、训有所获。由此,教师视野才能更加宽阔,能够借鉴世界先进教育理念,取其精华,为己所用。同时,在文化上更加自信,继承和弘扬中华优秀传统文化思想,在教育教学中百尺竿头更进一步。特别需要指出的是,加强在职培训的同时,还要特别建立教师专业发展共同体,从而形成教师队伍建设的向心力。"现实是共同联系的关系网,我们只有存在于这种共同联系中才能认识现实。"[②]

4. 促进交流轮岗

2014 年教育部出台了《关于推进县(区)域内义务教育学校校长教师交流轮岗的意见》。该《意见》对推动县域内的教师城乡轮岗的方式提供了政策建议,从而促进城乡教师队伍的协同发展。第一,地方可运用固定交流、跨校选聘、学区一体化管理、教师走教等多种办法,使优秀校长和骨干教师进入乡村学校、薄弱学校交流,县域内重点推动县城教师到乡村学校交流轮岗,乡镇范围内重点推动中心学校教师到村小、教学点交流轮岗,补充和加强乡村教师队伍,改善乡村教育质量。第二,确定教师轮岗的最低比例,如每学年城镇或优质学校教师轮岗的比例在交流总数的 10%以上,其中,骨干教师轮岗比例保证在交流总数的 20%以上。例如,山东省为实现 2020 年义务教育

---

① 王晓辉. 教育优先区:给匮者更多[J]. 全球教育展望,2005,01:73—75.

② 帕克·帕尔默. 教学勇气[M]. 上海:华东师范大学出版社,2014:88—89.

师资基本均衡，连续出台了四个文件，推进校长、教师轮岗工作的全面落实，其具体规定如下。

案例　山东省推进校长、教师轮岗的主要做法

1.《关于推进县(市、区)域义务教育学校校长教师交流轮岗的意见》

2.《关于推进中小学教师县管校聘管理改革的指导意见》

3.《关于进一步加强中小学教师考核工作的指导意见》

4.《山东省中小学教师继续教育学分管理办法》

义务教育阶段公办学校校长、副校长，在同一所学校连续任职超过2届(每届任期一般3至5年)；在编在岗教师，已聘任中级及以上专业技术职务，在同一所学校连续任教超过两个聘期(每个聘期一般3至5年)，应当交流轮岗。距法定退休年龄不足5年的校长、教师，经本人同意，可不参与交流轮岗。处于孕期、哺乳期或因病等特殊情况不宜交流的教师，在校内公示并经学校主管部门同意后，可暂不交流。同时，城镇学校、省市规范化学校、已聘高中级教师职务达到或超过岗位设置结构比例的学校，每学年教师交流轮岗的比例不低于应交流教师总数的10%，其中初级中学高级教师、小学高中级教师交流轮岗的比例不低于交流教师总数的20%，特级教师、名师名校长、教学能手和县级以上优秀教师等要占一定比例。同一学校校长、副校长一般不同时进行交流。按照要求，城镇学校交流到农村学校的教师，交流时间一般不少于3年；校长每次交流的年限原则上不少于一届。

——资料来源：节选自《关于推进县(市、区)域义务教育学校校长教师交流轮岗的意见》(鲁教师发【2015】1号).2015年4月14日.

5. 鼓励支教活动

国家应积极组织大学生支教活动，从而缓解农村教师短缺和教师结构不合理的现实。具体的方式有：

第一，继续发挥共青团中央的先锋带头作用，组织大学生志愿者服务团到贫穷落后地区的中小学支教。为更好地服务于国家的科教兴国战略，充分开发青年人力资源，促进广大青年在实践中锻炼成长，缓解贫困地区教师数量不足、质量偏低的问题。从1998年开始，共青团中央启动青年志愿者支教扶贫接力计划，以公开招募、定期轮换的方式组织青年志愿者到贫困地区从事1—2年的中小学教育方面的志愿服务。大学生支教在一定程度上可以缓解农村地区教师匮乏的问题，同时通过此项活动，大学生的社会实践能力也得到了锻炼。因此，有必要根据当前推进义务教育公共服务均等化的新形势和新要求，从活动方式和配套管理上对大学生支教制度进行创新。政府应根据当前农村地区中小学校对教师队伍的迫切需要，通过组织专门的教育教学培训，鼓励有支教意愿和教学能力的大学生前往农村地区支教，从而提高支教质量，同时保障支教活动的连贯性。

第二，组织城市里退休的优秀教师到农村地区支教。很多城里退休的优秀教师，刚刚离开一辈子钟爱的教师岗位，可能会很不适应。如果身体健康，可根据个人意愿，为他们发挥余热提供新的舞台。国家可出台相应的意见或建议，由地方政府的教育工会负责组织，并给予适当的物质奖励。

二、有效监管教育机会均等

在我国九年义务教育全面普及之后，义务教育机会均等问题已得到基本解决。但受经济发展水平差异、城乡二元社会结构以及原有教育管理体制机制沉积等因素的影响，义务教育在地区、城乡、学校之间以及起点、过程、结果之间的差距依然存在，再加上城镇化进程的加快，流动人口子女接受义务教育问题的凸显，使得义务教育机会均等面临新问题和新挑战。如何进一步“扶弱济贫助残”，使处于弱势地位、贫困地区的儿童少年在逐步实现义务教育公共服务均等化的过程中不会因各种外部条件限制而影响他们的学习和未来发展，怎样维护进城务工人员随迁子女和农村留守儿童的平等受教育权，如何保障城乡儿童少年平等享受质量均衡的义务教育，这些问题是新时期进一步提高义务教育机会均等保障水平需要重点监管和解决的。

（一）残疾儿童少年受教育权的保障

历经多年长期不懈的努力发展，我国义务教育阶段残疾儿童少年的教育已经初步形成了以特教学校为骨干、普通学校随班就读和附设特教班为主体的新局面，残疾儿童少年接受教育的权利得到了有效的尊重和保障，其入学率也显著提高。但总体而言，特殊教育资源依然不足，尤其是在边远贫困地区还严重缺乏，同时，特殊教育的主体形式“随班就读”也呈现萎缩态势，质量堪忧。[①] 就读普通学校的残疾儿童少年在学

① 《国家中长期教育改革和发展规划纲要》中期评估——特殊教育专题评估报告[EB/OL]. http://www.moe.edu.cn/jyb_xwfb/xw_fbh/moe_2069/xwfbh_2015n/xwfb_151130/151130_sfcl/201511/t20151130_221728.html.

习和生活上还遭受到不同程度的歧视，其平等的受教育权受到严重侵害。① 为全面提高义务教育公共服务均等化水平，需从如下几个方面着手开展工作，强化监督和检查，以落实相关政策目标，切实保障残疾儿童少年的平等受教育权。

1. 继续提高残疾儿童少年义务教育的普及水平。努力实现《特殊教育提升计划(2014—2016年)》所提出的残疾儿童少年义务教育入学率达到90%以上的目标，建议将此和特殊教育教师专业化水平、特殊教育保障水平等作为基本普及残疾儿童少年义务教育评估验收的主要指标，并作为申报全国义务教育基本均衡县的达标指标，加以督导和检查评估。

2. 扩大残疾儿童少年在普通学校随班就读的规模，实行全纳教育。这是保障残疾儿童少年平等的受教育权、促进其身心发展、使其更好地融入社会的有效途径。因此，政府应为在普通学校随班就读的残疾学生提供必要的学习和生活便利设施；学校及教师应秉承无歧视的理念，依据残疾儿童少年的特殊状况，制定个别化的教育方案，改进教学教法，因材施教，以取得最优的教育效果。

3. 增加对特殊教育的经费投入，以改善承担特教任务学校的办学条件。各级政府应建立和完善特殊教育经费投入的保障机制，以实现特教经费的逐年增长，尤其要加大对贫困地区特殊教育的支持力度。按照《特殊教育提升计划(2014—2016年)》中的相关规定，增加义务教育阶段在各类学校就读的残疾学生的生均预算内公用经费标准，在“两免一补”的基础上，提高对残疾学生的补助水平以满足其特殊需要。特殊教育经费投入作为特殊教育保障水平的核心体现，应是督导检查和评估验收的重要内容。

4. 加强专业化特殊教育教师队伍的建设。合格的师资是提高特殊教育质量进而有效保障残疾儿童少年平等受教育权的关键。针对目前我国特殊教育教师数量不足、质量不高的突出问题，特殊教育教师队伍的建设应从编制配备、工资待遇、绩效考核、职称评聘、准入制度、专业标准、职前教育、职后培训等多方面入手，完善教师管理制度，提升教师专业水平，并在此基础上强化监督和检查，以尽早打造出一支高素质的特殊教育教师队伍。

(二) 贫困地区儿童少年受教育权的保障

对于贫困地区儿童少年受教育权的保障，党和政府一直予以高度重视，相继出台

① 石连海. 义务教育阶段残疾儿童受教育权保障的思考[J]. 中国特殊教育，2010，04：4.

并实施了一系列政策措施和工程项目来加以改善，取得了较大的成效。但是由于贫困地区原有的教育底子薄、条件差，即使办学条件有所改善，现有的义务教育水平仍不能满足儿童少年的需求。在义务教育的巩固率、教学质量等方面距离全国的平均水平还有相当大的差距，贫困地区儿童少年平等的受教育权还有很大的提升空间。贫困地区是我国义务教育公共服务的短板，是义务教育公共服务均等化的攻坚对象。为此需要政府和社会各界合力攻坚，精准施策，逐步实现《国家贫困地区儿童发展规划(2014—2020 年)》和《教育脱贫攻坚"十三五"规划》中提出的相关目标，使"建档立卡义务教育阶段的适龄人口，都能接受公平有质量的义务教育"。到 2020 年，"集中连片特殊困难地区儿童发展整体水平基本达到或接近全国平均水平"。

为保证上述目标的如期实现，监督管理的重点主要包括以下几个方面。一是核清贫困地区儿童少年的底数。通过建立义务教育阶段适龄人口数据库，摸清贫困学生的底数，掌握其就学、受资助的情况，为相关政策的精准实施提供支撑。二是加快推进贫困地区全面改善农村薄弱学校基本办学条件，并按规定在 2017 年底前完成，为贫困地区中小学教育质量提升打下坚实的物质基础。三是进一步落实农村义务教育学生营养改善计划，扩大试点范围，2017 年要确保实现贫困县全覆盖。这是切实保障贫困地区儿童生存和发展权益的突出体现。为把好事做好，必须加强有关资金使用和食品安全的管理。四是切实解决贫困地区合格教师缺乏问题。"特岗计划"、"国培计划"等应优先满足贫困县教师队伍建设的需要，通过采取提高教师生活补助标准、加快周转房建设等措施，改善教师工作和生活条件，以吸引和留住更多人才来此任教。五是统筹资金并向贫困地区倾斜。整合存量资金，加大增量资金，充分利用好上级政府、援建单位等给予的各种项目资金，统筹调配，精准投放，加强财务监督检查和审计，提高资金的使用效率。

(三) 随迁子女和农村留守儿童受教育权的保障

为使进城务工人员随迁子女能够和城市儿童少年一样享受同等的义务教育，保障其平等的受教育权，党和政府做了很多工作，陆续出台了一系列相关政策措施。在《国家新型城镇化规划(2014—2020 年)》、《国务院关于进一步做好为农民工服务工作的意见》、《义务教育一体化意见》等文件中明确了保障农民工随迁子女平等接受义务教育的总体原则和具体措施，目前及今后的工作重心是督促各地结合实际情况狠抓落实，努力解决前期政策执行不力、不到位的问题，使这项利国利民的好政策尽早见实效。为此，需要从以下几方面展开监督和检查。

1. 提高随迁子女接受义务教育的保障水平。努力增强流入地城市公办中小学校的接纳能力，体现以公办学校为主的原则；同时增加政府购买民办学校学位的数量，以及时解决公办学校学位不足问题，从总量上满足随迁子女日益增长的入学需求。

2. 消除随迁子女就学的障碍。切实简化入学手续，规范入学流程，为随迁子女顺利入学提供便利。以前有的地方需要居住证、租房合同、劳动用工合同、劳动保险证明以及学籍证明等，现在可简化为只需居住证明和学籍证明。

3. 学校要对随迁子女与城镇学生混合编班和统一管理。不得向随迁子女收取有别于本地户籍学生的任何费用，并在教育教学及评优奖励、入队入团、课外活动等方面要一视同仁，保障教育过程公平。

4. 完善进城务工人员随迁子女初中毕业后在流入地参加升学考试的政策措施，以保障教育结果公平，使随迁子女对前途充满信心。

如前文所述，农村留守儿童在享有义务教育公共服务水平上与城镇儿童、随迁儿童存在着较大差距，因其在成长过程中缺少父母一方或双方的家庭亲情养育，就更需要社会各界给予更多的关心和呵护，以使其身心健康成长。因此，为有效执行国家出台的一系列关爱保护农村留守儿童的政策措施，保障农村留守儿童的平等受教育权，监督检查首先应从落实基层乡镇政府和村(居)委会的监护监督职责入手，建立详实完备的留守儿童信息台账，做到一人一案，以实现对留守儿童的精准化关爱和救助。其次，因为学校是留守儿童生活、成长的主要场所，所以要督促学校加大教育的关爱力度，注重留守儿童的心理健康辅导，及早发现和纠正个别留守儿童的不良行为。同时，还要加强农村寄宿制学校的建设，优先满足留守儿童的住宿要求。再次，强化父母监护责任并提高其监护能力，加强家庭教育指导服务，督促外出务工家长以各种方式关心留守儿童的健康成长。

(四) 就近入学与城乡儿童少年平等受教育权的保障

义务教育实行就近入学是遵循儿童少年身心发展规律、符合基础教育属性特点的正确做法，《义务教育法》中明确规定就近入学是适龄儿童少年应有的基本权利，是政府的法定责任。就近入学作为义务教育阶段学生入学的基本形式，是实现义务教育机会均等的重要途径，是教育公平的保障。因此，通过实施有效的就近入学来保障城乡儿童少年的平等受教育权就显得尤为重要。

1. 农村学生的就近入学与平等受教育权的保障

自 21 世纪以来，我国农村中小学为优化教育资源，提高办学水平和教育质量实施了撤点并校政策。然而在政策取得成效的同时，也带来了一些问题。由于撤点并校过程中大量的农村村小和教学点以及部分初中被裁撤，导致许多农村学生上学路程变得遥远，就近入学成为奢望；同时，因为交通条件差，不仅增加了上学途中乘车的安全隐患，还加重了学生家庭的经济负担，并连带性地导致农村寄宿学生的增加、寄宿制学校的短缺和城镇学校的大班额现象，进而侵害了部分农村儿童少年，尤其是那些没有经济实力进城和边远贫困地区儿童少年的平等受教育权。为解决上述问题，2012 年 11 月国务院印发了《规范学校布局意见》，要求有关部门应从当地的实际情况出发，合理地规划农村义务教育学校布局，科学民主地决策学校撤并行为，采取多种措施办好村小学和教学点，努力满足农村适龄儿童少年就近接受良好义务教育的需求。2016 年 7 月在国务院《义务教育一体化意见》中又再次重申要"办好必要的乡村小规模学校。因撤并学校造成学生就学困难的，当地政府应因地制宜，采取多种方式予以妥善解决"。由此可见，今后及未来一段时间里，为使家庭经济困难的农村适龄儿童少年能就近接受良好的义务教育，保障其平等受教育权，需进一步落实相关的政策措施，对农村义务教育学校布局调整、村小学与教学点建设、学校撤并突出问题的解决情况等进行专项监督和检查，以及时发现并解决存在的问题。

2. 城市学生的就近入学与平等受教育权的保障

城市义务教育实行就近入学，不仅指一般意义上的保障适龄儿童少年的平等受教育权，更有杜绝义务教育阶段"择校"乱象、维护学生平等入学权的延伸涵义。为此，从 2014 年起，全国各地教育部门开展了义务教育免试就近入学的改革，通过规范有序入学、阳光监督入学，以缓解"择校热"，促进教育公平。按照突出重点、分类指导的原则，教育部聚焦义务教育招生入学问题备受关注的 19 个副省级以上大城市，提出了明确的改革目标，要求北京、上海、长春等 19 个重点大城市 2015 年小学划片就近入学率达到 100%，2017 年初中划片入学率达到 95%以上。并以这些城市取得的经验作为示范，带动影响其他城市，逐步扩大义务教育划片就近入学的实施范围。对于教育资源配置不够均衡、群众择校冲动强烈、"学区房"问题突出的区域，在大力促进学校均衡发展的同时，积极稳妥地推进"一个小区对应多个小学初中的"多校划片、随机摇号或派位等做法。片区调整时要邀请相关单位和家长代表充分参与，增强划片工作的认可度和公信力，新旧片区变化要设置合理的过渡期限。基于此，开展对择校热度较高的重点地区的专项监督检查，以督促免试就近入学目标的有效落实，需成为今后及未来一段时期的工作重点。

三、有效监管办学条件改进

办学条件均等化是摸得着、看得见的公共服务均等化。办学条件有广义与狭义之分。广义的办学条件是开办学校需具备的“人、财、物”等所有各个方面的资源。如《教育法》对设立学校所需的办学条件有明确的规定：有组织机构和学校章程，稳定的经费来源，合格的教师队伍，符合规定的教学场所、设施及设备等。《义务教育法》对办学条件也有明确的要求，如学校建设应符合国家规定的办学标准、选址要求和建设标准，确保学生和教职工安全。狭义的办学条件仅指学校的硬件设施，包括校舍建筑、运动场地、仪器设备、图书资料等物理空间和物质存在方面的资源，即学校“人、财、物”投入中的“物力资源”或“硬件设施”，它以固定资产的形式存在并区别于学校教育经费、师资队伍。前文已分别阐述了教育投入制度和教师队伍建设的推进，此处仅就狭义的办学条件改进提出自己的主张。

（一）做好顶层设计，强化操作行动

落实教育优先发展不能只是讲在会上，写在纸上，停在嘴上，挂在墙上，而是要把明明白白的认识落到切切实实的行动上；要主动而为，积极作为，有所作为；要统筹规划，列出操作落实的时间表和路线图；要有想尽千方百计、吃尽千辛万苦、说尽千言万语、走遍千校万班的精神，摸准办学条件现状，建立现状与改进的详细台账，根据国家和当地实际，列出切实可行的、精准解决的三年总体规划和年度行动计划；投入多时整体改进，投入少时局部改进，但不能不改，消极等待，缺乏积极主动作为的精神和行动；要向积极作为的省市县学习，有令即行，主动作为。2002 年教育部《城市普通中小学校建设标准》、《农村普通中小学校建设标准》发布后，上海、河南、长沙、成都、洛阳、晋宁等省市县，立即结合本地实际，先后颁布了市本或县本的“建标”。在这些把国家的“建标”落实落地的典型中，有先进发达地区，也有不发达地区。云南晋宁是个经济欠发达的县。晋宁县的案例说明，只要积极作为，晋宁能做到的，同类及以上的市县应该都能做得到。

案例　晋宁推进教育均衡发展 9 年新改建 35 所农村中小学校

自 2007 年以来，晋宁县共新建、改扩建农村中小学标准化学校 35 所，推进了全县教育均衡发展。

按照“学前教育抓普及、义务教育抓均衡、高中教育抓品牌、职业教育抓创新”的要求，巩固教育成果，晋宁县不断推进全县教育均衡发展。其间，晋宁县启动农村中小学

标准化建设,新建、改扩建农村中小学标准化学校35所,建设总占地面积1 385.81亩,新建建筑面积178 281.43平方米,直接或间接排除各级危房、不抗震房15万平方米,D级危房已全部排除。

同时,晋宁县全面实施义务教育学校标准化建设,优先支持贫困村义务教育学校规划建设,全面改善其基本办学条件,使其与全县其他学校同步实现标准化,让山区孩子能就近享受公平优质教育资源,减轻贫困家庭子女乘车、寄宿等经济负担。目前,晋宁县义务教育阶段学校由2005年的127所优化整合为37所,义务教育阶段95%以上的学生在标准化学校就读。

在推进教育均衡的前提下,晋宁县还强化了农村教师队伍建设。近年来,晋宁县将招聘的义务教育学校教师,优先分配到农村学校任教。同时,县教育局组织选派城镇优秀教师到农村学校、偏远地区学校、薄弱学校支教援教,定期组织骨干教师、学科带头援助农村学校,开展兼职授课和教学交流活动,为农村学校教师进行示范指导和传、帮、带,有效提升农村教师的师能素养。

此外,晋宁县严格执行边远山区教师津补贴政策,并根据教师工作、生活条件艰苦程度等因素合理分档,重点向条件艰苦地区倾斜,确保受助教师津补贴按时足额发放到位,放宽了偏远山区中小学中、高级职称晋升条件,并落实评先评优和绩效工资分配向农村学校专任教师倾斜的政策。

——资料来源:蔡晓磊.晋宁推进教育均衡发展 9年新改建35所农村中小学校.昆明日报,2016年12月8日.

2017年,教育部在年度工作要点中确定了新一年的行动计划,提出:开展市域内城乡义务教育一体化改革试点,出台乡村小规模学校和寄宿制学校建设意见,推进实施消除大班额计划,全面改善贫困地区义务教育薄弱学校基本办学条件,推进县域城乡义务教育学校装备配备标准化。这些行动计划说明,中央政府已为展开国家层面的办学条件改善作出了制度安排。习近平总书记说,鞋子合不合脚,自己穿着才知道。各级地方政府应根据对本地学校办学条件的准确把握,拟定出到2020年的三年改进规划和年度改进计划,精准列出改进对象、改进项目、改进时间、改进目标和改进要求,力争到2020年全国进入小康水平时,全国中小学的办学条件全部达到"建标"的目标。

(二) 已经改进的回头看,刷旧更新

办学条件的改善,既不能一刀切,也不能一次性。部分硬件设施都是耗材性质,虽无生命，但有使用寿命，易陈旧落后、损耗用尽，需要持续的维护和定期的更新。伴随国家与地方的经济发展及提高教育质量公众需求的变化，办学条件的改进也要与时俱进。加之人类社会的迅猛发展和科学技术的日新月异，不断为教学仪器设备和图书文献资料的更新注入各种变化。“互联网+”带来的不仅是智慧地球、智慧城市和智慧生活，更推动了教育领域的智慧教学和智慧管理，它正全方位地改变着学校教育方式。所有这一切都迫切地要求我们有必要根据现实的可能条件，对已改进的学校硬件设施进行动态性的回头检查。检查不仅仅是查看办学条件的现状，包括新旧程度、使用效率、设备维护、添置需要、更新比例和设施明细，更要看这些硬件设施的管理，如使用制度、操作规范、工作模式、责任人与责任制、学校的创新性改进措施等。如有的学校在引入日本 5S 管理的基础上，有创意地加入“安全”即“safety”，变成了具有学校特色的 6S 实验室管理模式，6S 即整理（seiri）、整顿（seiton）、清扫（seiso）、清洁（seiketsu）、素养（shitsuke）、安全（safety）六个项目。通过规范现场、现物，营造一目了然的工作环境，培养员工良好的工作习惯，其最终目的是提升人的品质，养成良好的工作习惯。6S 管理模式应用后，实验室由过去的混乱不堪变得井井有条。类似的办学条件、办学环境改进的经验和做法需要通过回头检查去发现和宣传，使得存在的问题及时得到纠正和规范。

（三）正在改进的按标准，保证质量

百年大计，质量第一。正在建设中的校舍建筑和更新中的教学设施，必须树立强烈的质量意识，本着为国家负责、为学生负责、为自己负责、为未来负责的高度责任感和精益求精的工作态度，完成建筑施工的监督和教学设备的购置。关于校舍建筑，国家先后颁行了《城市普通中小学校建设标准》和《农村普通中小学校建设标准》，部分省市参照国家标准研制了符合本地实际的建设标准。国家“建标”对生均占地面积、生均建筑用地面积、生均体育场地面积、生均教学与教学辅助用房面积、生均办公用房面积、生均生活用房面积等设定了详实明确的指标。建筑施工时需适时核对国家“建标”或本省、市的“建标”，通过工程监理，确保能够按照颁行的“建标”建好经济适用、保质保量的校舍和场地。国家“建标”是学校建筑的基本标准。在施工中，既要防止随意降低标准，留下安全隐患；也不建议盲目追求超标准，造成国家投入的浪费。关于仪器设备，更要用专业的眼光精挑细比，使其质好价适。关于图书资料，可请教师提出书单和数量，更好地满足教师和学生的需求。

（四）未改进的实施帮扶，精准施策

到2020年我国的经济社会发展全面实现小康，是政府精准施政的一项重要目标，因此，教育领域尤其是义务教育阶段实现薄弱校办学条件改善和全覆盖已迫在眉睫。对此，2017年教育部在工作要点中确定的年度重点任务之一是：落实好《教育脱贫攻坚“十三五”规划》，把改善办学条件作为近三年的攻坚项目。各级地方政府应根据教育部的要求，结合当地实际，突出重点、因地制宜地制订办学条件改善的年度计划。精准施策需要做到：

1. 工作理念精准。按照均衡发展、绿色生态的理念，以全面推进义务教育学校标准化建设，整体提升义务教育公共服务均等化水平为目标，加强改善计划的科学化、精细化设计，提高资金的使用绩效，力争到2020年省域内的义务教育学校办学条件实现全面改善。

2. 思路目标精准。目标设计要覆盖贫困地区，聚焦薄弱学校。以集中连片特困地区为主，兼顾其他国家扶贫开发重点地区、老少边穷岛等贫困地区；以中西部农村贫困地区为主，兼顾东部部分困难地区；以农村薄弱校、村小学和教学点为主，兼顾其他地方的薄弱校。立足基本办学条件，立足教育教学基本需要，立足师生学校生活基本需要，立足城镇超大班额的基本消除。

3. 内容任务精准。办学条件的改善项目集中指向：义务教育学校的教室、图书室、计算机室、实验室、运动场等教学基础设施；黑板桌椅、仪器设备、电子媒体、校园网络、图书资料、运动器材等教学辅助资源；学校宿舍、床位、食堂、饮水、厕所等生活基本设施。完成办学条件改善任务的基本要求是：改善后的教学设施满足基本教学需要，生活设施满足基本生活需要，村小学和教学点能够正常运转，县镇超大班额现象基本消除。

4. 规格要求精准。改善办学条件时要保证做到：采光照明、黑板材料、仪器设备、运动器材、课桌椅符合规范要求；教室坚固、适用、通风，符合抗震、消防安全要求；图书资料、宽带网络、媒体数字等教育资源要适合学生身心发展特点。生活设施要消除大通铺，食堂要洁净卫生，饮水要安全便捷，厕所要有足够厕位。

总之，办学条件的改善，既刻不容缓，又要有长远眼光；既需要国家支持，又要发挥地方政府的主动性和创造性；既讲究使用效率，又要及时维护和科学管理。

四、建立有效监管长效机制

要保证国家和各级政府形成的义务教育公共服务均等化的良好设计得到全面有

效的贯彻落实，除来自政府自身的监管外，最有约束力的监管是来自第三方的中立性客观监管。因此，配套确立真正有约束力的基本公共服务均等化监管机制十分必要。根据需要建立的监管机制应做到全方位、立体化、多层次。就客观的第三方监管主体而言，主要包括以下几个方面：

（一）人大、政协及相关机构监管

我们可以通过人大的政务公开制度、预算审查审计制度、人大监管专职化制度、人大信任投票制度等方式，不断完善人大对义务教育公共服务从投入到转移等各个环节的监管、审查。人大监管的重点所在也是义务教育公共服务均等化的关键事项，主要包括三个方面：义务教育投入均等、教育经费到位、教育资金的用途和效益。其一，一票否决的抽查式监管制度。各类监管机构、各级人民代表大会、政协组织应定期或不定期地对辖区义务教育进行抽查，对义务教育公共服务落实不力、完成不好的实行“一票否决”制度，充分发挥督政作用。其二，经费来源渠道的监管。要定期进行监管性清查，对于合法的经费渠道要予以鼓励，而对于法律之外的违规税收、乱收费等经费渠道要进行坚决取缔、处罚、清除。其三，经费使用效益的监管。要重点监管义务教育到位经费的使用情况、资金流向，审查是否按照预算规定合理使用，是否存在挪用、浪费、截留行为，确保经费正常留用和使用，促进义务教育健康发展。

（二）“客户”监督

社会基本公共服务之所以存在，其最大的价值就是为广大社会公众服务。社会公众作为义务教育公共服务最直接的服务对象，其对于是否满意最具有发言权。就其直接感受来说，是否满意、是否感觉到了与其他地区的巨大差异，都是最直接的“温度计”。“客户”觉得满意了，才是真正的质量提高；“客户”觉得均衡了、达标了，才是真正的均衡。尤其对于义务教育公共服务中的教育投入、教育机会、教育过程均等是否满意，质量是否提高，除了国家权力机关发挥监管作用之外，社会公众、学生家长和学生等多方社会力量也是重要的监督主体。教育行政部门应该利用社会信息网络，建立天网、地网和人网协同的监管体系，充分利用来自一线学校领导、教师、学生的监督信息，做到快速发现、快速反馈、及时解决。可以说，来自基层学校的领导、教师对义务教育每年的投入预算情况、落实情况、资金到位情况、执行情况等最为清楚，对于是否存在问题、存在何种问题也都是最清楚的。因此，可以将学校的领导群体、教师和学生代表作为监督的主体之一，更好地发挥监督作用。

（三）社会媒体监督

我们要充分发挥新闻、报纸、网络媒体等多种媒体及新兴媒体的舆论监督作用，多方位、多层面、立体式地形成监督网络。一方面，教育行政部门要推进政务公开，让社会媒体了解相关信息，便于媒体向社会发布政策动向、主要内容、过程落实、政策成效等，形成连贯系统的信息流，回应社会关切，搭建起政府与社会公众之间沟通的桥梁。另一方面，社会媒体可利用自身的专业优势，对义务教育公共服务的成就和现存问题展开全方位的监督。借助媒体监督，既可使政府了解来自一线最直接的政策落实信息，洞悉事物发展动态，又可通过媒体曝光不作为、乱作为等怠政、庸政现象，从而改善政府形象，提供更优质的服务水平。

（四）专项巡视监管

推进义务教育公共服务均等化，需确立常态化的巡视机制作为保障，为制度安排的有效落实提供持续动力。巡视制度是中国共产党党内的一项新制度，具体指中央和省级党委通过建立专门巡视机构，按照有关规定对下级党政领导班子及其成员进行监督检查。2015 年，党中央印发了《中国共产党巡视工作条例》（下文简称《条例》），这不仅是落实党的十八大和十八大三中、四中全会精神，更是贯彻习近平总书记系列重要讲话精神、加强党内法规制度建设重要成果和全面从严治党的重要利器。在推进义务教育公共服务均等化过程中，为有效发挥监管机制作用，应将党中央的巡视机制引入教育监管体系，参照《条例》提供的工作程序和工作模式，对落实义务教育公共服务均等化的情况进行专题巡视和随机的“回头看”，以推动制度安排的落实。

（五）问责、约谈监管

建立中央对地方的公共服务问责、约谈机制，将义务教育公共服务均等化的推进落实纳入问责、约谈管理体系，问责、约谈内容既包括义务教育公共服务均等化落实过程中的教育投入到位与使用情况、教师队伍建设举措和问题、学生保有率和辍学情况、办学条件改善情况等，也包括择校、课后班收费等有悖于均等化的教育热点、难点及不规范办学行为的治理和纠正等。问责当然包括追责，如对义务教育经费投入使用不当的追责，对地方政府义务教育投入不足、未达到规定增长要求的追责，对义务教育公共服务均等化推进不力而导致区域、学校之间差距依然存在的追责等。问责的形式既可以是领导班子的集体谈话，亦可是主要领导的异地约谈。但不论是问责还是约谈，既是监督，包括限期改进、成果汇报等；亦是管理，包括责任追究、行政处分等。

第三节　义务教育公共服务均等化的评估制度

义务教育公共服务均等化是一个长期、艰巨、动态且系统的工作，这就要求各级教育行政部门需转变现有观念，运用系统思维来推进义务教育公共服务均等化的进程。除了实施行之有效、有的放矢的教育制度，提供多渠道、多重点、多手段的教育监督和管理，规范科学、合理全面的教育评估也是其中不可或缺的一环。

绩效评估是政府管理的一个行之有效的工具。正如著名行政学者戴维·罗森布鲁姆(D. Rosenbloom)所言："如果你不能评估某项活动，你就无法管理它，换言之，你评估什么你就能得到什么——这是千真万确的。"[①]义务教育评估是获取义务教育制度执行情况的一个重要手段，通过系统地搜集有效的指标数据，了解某地区义务教育公共服务均等化的各方落实情况和教育发展的健康状况，从而实时反馈均等化推进过程中的问题。通过义务教育评估，制度制定者可以多维度、多层次地了解义务教育均衡发展状况，准确把握当前教育发展形势动态，并适时地推进、调整或整改当前制度。简言之，义务教育评估的目的，是为国家的教育决策提供论证依据，从而逐步地完善和健全当前教育体制，保证义务教育持续的良性发展。在义务教育评估的推行中要坚持科学性、全面性、多元性、持续性、法制性的原则，即科学构建教育评价指标体系，全面多元地推进评估过程，持续反馈促进评估长期发展，健全明确评估法律保障。

一、精准科学的评价体系建设

义务教育评估指标体系是将各个义务教育相关指标系统地组合起来，测量义务教育系统中相关复杂成分，从而为教育制度制定者提供有效全面的信息，以正确评估当前的义务教育发展状况或改进当前义务教育决策的一种机制。义务教育评估指标体系是义务教育评估的基础和前提，承载着整个评估的现实目标和具体要求。建立一套科学、全面的义务教育评估指标体系，可以多维度地反映义务教育公共服务的发展水平和进度，配合合理的评价标准，为评价地区义务教育公共服务水平提供重要手段和依据，加速推进义务教育公共服务均等化的进程。因此，在建立义务教育评估指标体系时，要着重注意选取指标的适切性、全面性、动态性。

---

① Rosenbloom, D. H. The Context of Management Reforms [J]. The Public Manager, 1995,03: 39.

指标的适切性，是指指标的设定需精准把握《义务教育法》、《教育规划纲要》、《服务“十二五”规划》、《2010均衡发展意见》等国家文件对义务教育公共服务的要求，结合地区义务教育公共服务发展水平，再根据科学论证、专家咨询等方法，剔除无效、无意义或重叠的指标，最终选取能真实反映义务教育公共服务水平的有效指标。现有的基础教育公共服务评估指标体系，横向上以教育投入、师资水平、办学条件三方面着手，纵向上则是以教育起点（入学机会）、教育过程（资源配置）、教育结果（质量均衡）为主线构建，然后根据各自不同的评估目标和地区特点而各有侧重。在指标选取时，要避免为了保证可操作性而使指标过于单一化，或者未经科学论证凭空设置，这样才能使指标的适切性最大化。

指标的全面性，并不是说在选取指标时要面面俱到，越多越好，而是在保证选取指标适切性的同时要注重指标的全面性，同时保证权重的清晰划分。繁冗复杂、过于细致的指标会导致指标体系横向庞大，更好的办法是选取最具有针对性和代表性的指标，这些指标的性质可以很全面，比如包含长期指标和短期指标、硬指标和软指标、静态指标和动态指标、结果指标和过程指标等。目前指标的选取方法有定性与定量之分，定性的有德尔菲法和头脑风暴法，定量的有主成分分析法和因子分析法等。这些方法不仅可用于筛选和建立评价指标，还可以确定指标权重并验证。指标权重的测算普遍采用标准差、方差、变异系数、加权变异系数、基尼系数、洛伦茨曲线等。只有预设合适的指标权重，指标的运用才会更加得体准确，使得整个教育评估具有更强的客观性。

指标的动态性，是指评价同一地区的一套指标并不是一成不变的，评价不同地区的指标体系也相应地具有地区特征。义务教育公共服务均等化过程的动态性，决定了评价指标体系的动态性。指标的选取，应根据当地义务教育公共服务的进步发展水平进行及时修正。虽然评估指标体系具有相对稳定性，但同时也需要具有前瞻性。在评估初期，义务教育公共服务关注的更多是起点均等，入学率、升学率等是必备指标，相应的数据也较为重视；随着义务教育的不断进步，人们的关注焦点从“有学上”变成了“上好学”，同时，过程均等和结果均等更加受关注，教育资源和教育质量是否向优质方向发展成为发达地区主要的讨论方向。除此之外，随着服务型政府理念和公众权利意识的增强，作为反映教育服务对象状况的公众满意度的相关指标也进入教育评估的视野。这些变化使得有些评价指标已不适应现有的义务教育公共服务的发展水平，应去除该类指标或减少此指标的权重分值，适当增加更具有时代特色或者地区特色的指标，这样才能增加评估的针对性和精准度。

除了建设精准科学的指标体系，根据当前的经济和社会发展的实际需要以及义务教育发展的客观规律，我们仍需建立义务教育公共服务的评估标准。义务教育评估标准是义务教育制度效果或者效益的量尺。一个标准的建立需要专业化的构建、长时间的总结和反复的推敲，其目的是对教育起点、过程、结果达到既定目标程度的价值判断，也是义务教育制度实施成绩的目标检验。评估标准中不仅有量化指标标准，还需有质化指标标准。量化指标主要考虑的是教育的实际价值，以成本和效益，即教育投入—教育产出来计算；质化指标更多地侧重人文因素，把义务教育中的个体发展状况、个体提升、满意程度等作为衡量标准。相比而言，质化评估数据的处理和分析更加困难，但是更具有现实意义。只有把切合实际的评估标准作为比对，才能评价某项义务教育制度的实施效果。否则，义务教育制度的激励和约束将无法体现。

二、规范多元的绩效评估过程

（一）评估过程的规范性

义务教育评估过程应注重规范性。为了保证评估结果的有效性和可靠性，评估过程必须做到平等、公开、透明。政府应建立健全的义务教育评估制度，将评估人员的选拔培训和工作规范、评估程序的布置监督、评估结果的反馈管理等方面制度化，参与者需严格遵守制度规范，任何人、机构或组织都不得干扰评估程序的正常推进；在评估中，各方参与的评估主体各司其职，且都有平等的获得信息、表达意见的权利，其反馈信息也需公平、公正、及时地传达到相关部门；在评估完成后，要定期地向社会更新评估实时进度并作出合理解释，使得评估数据的收集、整理、加工、存储、反馈、运用等过程都能公开化和透明化，加强公众的社会参与度，使广大人民都能及时地获得评估相关信息，同时起到一定的监督作用，避免利益部门的腐败问题。随着现代信息技术的发展，信息的调查采集更加便利和全面，在评估过程中也要重视信息化水平的提高，加强不同地区间的信息沟通，以保证所搜集数据的时效性和准确性，为教育制度后续的制定、改进和执行减少阻碍。

（二）评估过程的多元性

义务教育评估过程还需重视两个多元：多元评估主体参与和多元评估方式选择。

多元评估主体参与是指在义务教育评估中，不仅仅只是教育系统内部人员参与评估，社会公众、专家以及第三方评估机构等都应被纳入义务教育评估人员行列。不同的组织、机构或者个人因其所处位置和社会认知定位的不同，具有不同的观察视角和出发点。教育系统内部人员是直接接触到制度的制定和决策过程的相关者，他们在评估中具有宏观大局观，更加侧重教育制度的普适性、包容性和规范性；社会公众是教育制度实施的最直接受益者，他们在评估中侧重细节和结果，尤其关注自身利益相关问题的落实情况，对公众而言，结果的重要性要大于过程的重要性；专家一般是政府为了政策落实和调整所寻找的各领域的学术权威，他们更加关注政策制定的深刻性、系统性、逻辑性、全面性，专家的学术成就使得专家对教育政策制定的某一点的权威性要大于其他评估主体；具有专业资质的第三方评估机构相对较为中立，是对组织、个人等其他评估主体的重要补充，可以协助政府对相关部门进行监管，有利于提高评估的客观性。以上提到的评估主体都通过自己的分析视角来审视教育制度的执行情况，在某一个方面都具有一定的倾向性或不同的利益诉求，得出的结论也会不尽相同。单一的评估主体难免会造成评估结论的客观偏差，从而降低评估的有效性。多方评估主体一同参与评估则可以发挥不同参与方各自的优势，取其所长、避其所短，这种多角度评估可以有效提高评估的客观性、真实性和科学性，增加评估的可信度。诚然，多方参与必定会消耗大量的人力和财力，但却是义务教育评估发展的必然趋势。政府应逐步推进义务教育评估从单一型向多元化角度发展，渐进地增加评估主体类型。

多元评估方式选择是指在义务教育评估中，不应拘泥于某一种评估方式，要注重单一指标评估和多指标评估的结合、定性指标评估和定量指标评估的结合、自我评估和外部评估的结合等。当前的义务教育管理和制度制定均涉及多种因素、多个层次，为了使政府能够全面地了解制度实施的效果动态，评估手段也要从单一向多元发展。当然，这并不意味着一次评估中要使用所有的评估方式，而是指在不同阶段以某一种或者某几种评估方式为主。比如，自我评估通常发生在教育系统内部，定期的自我评估是教育部门开展自查工作的有效手段，可以及时地发现当前的问题，但是其客观性相对较弱，不能避免为了政绩等利益问题而产生的好大喜功现象，容易滋生教育腐败，而外部评估则可以有效地弥补这一缺陷，起到监督的作用，综合两种方法得到的数据更加真实和客观。再比如，教育公共服务的评估指标中，很多是量化指标，如生均教育经费支出、生均建筑面积、生均教育设备值、生师比、专任教师合格率等，这些数据通过教育统计年鉴或者调查都可以得到，但是同样反映服务效果的一些指标，比如满意度、服务效果、期望等难以量化的指标，则需要定性分析，或使用其他办法进行量化。多元评价方法能弥补单一方法的不足，与多元主体参与共同应用，形成 360 度全面评估，更能体现评估的全面性。评估中可以根据需要对不同评估主体或评价方法设置相应的权重。

三、及时动态的评估结果反馈

评估是为了更好地改进和提高，义务教育评估的最终目的应该是促进义务教育公共服务的持续改善。一个合格、完整的评估，在得到评估数据后，需要对数据进行整理、分析和运用，及时地将结果反馈给教育部门和广大公众，并对义务教育评估目标进行长期、动态的测定，同时适时地采取激励机制，为评估工作和义务教育制度的完善提供保障。从最基本的角度来看，教育评估结果的运用可以反映当下教育公共服务中的现实问题。从更加深远的角度来看，有效的评估结果分析可以解决更加长远的制度建设问题。只有这样，评估才能体现其存在的意义和价值，达到以评促建的效果。总的来看，评估反馈可以从如下三个方面进行关注和改进。

（一）及时的反馈公布

在义务教育评估中存在着“评估一来，忙不过来，评估一走，啥都没有”的现象。在评估任务下达后，需要参与人员整理大量的数据和文件或填写诸多的问卷调查，但是当结果提交后，往往就没有了下文。参与主体对于关心的问题，诸如评估的结果如何、评估反映出当前何种教育短板、大众对公共服务的满意度如何、教育部门将怎么应对等，却无从得知反馈。教育部门过于关注评估的过程而忽略了评估结果的应用，有的甚至“为了评估而评估”，绩效评估沦为争先评优和排名的工具，反倒使评估结果被束之高阁，不用或利用不足的情况时有发生。这种本末倒置的现象也是教育评估非规范化的一种体现，不但改变了教育评估的初衷，而且造成了劳民伤财的局面，无法起到有效的激励作用。评估变成了形式主义，失去了原有的存在价值。因此，建立规范的评估反馈机制势在必得，必须将评估结果及时、真实地反馈给教育部门，作为制度改进、调整、整改的依据，同时将结果向大众公布。一方面，公众可以监督政府尽快做出相应的制度举措以改进教育公共服务的供给状态；另一方面，通过广泛搜集公众对评估的质疑或意见，为制度调整提供一定的指导方向。

（二）目标的动态测定

如前文所述，义务教育公共服务均等化并不是一蹴而就、一朝一夕完成的事情，而是一个长期动态的过程。均等化具有阶段性目标，在一个阶段内，通过国家各方面努力达到了阶段内的基本均等——也许只是某一方面的均等，那么国家需要调整相关政策，提出更高一级的阶段性目标，以适应发展的持续性。义务教育制度就在这种动态的发展中不断进步。这个时候，义务教育评估就起到了关键性作用。针对某一现实问题或政策而推行的义务教育评估，其结果反馈为教育政策调整提供了理论依据。但是，由于义务教育问题和均衡发展目标的长期性，且易受到国家经济、社会、文化的影响，绝大多数问题都无法在短期内解决，因此，义务教育政策的调整也必须重视长期的可持续性。在实施义务教育评估时，可以采取阶段性评估，即在某一个时间段内对同一议题进行持续性测定，测定不同阶段的义务教育公共服务均等化状态，阶段性的评估结果必须反馈用于指标体系的修订和制度改进，从而逐步地推进义务教育公共服务均等化的进程。在这种动态测定的教育评估中，既关注当前阶段内相应目标的差距性，又注重当前评估结论对后续阶段评估的影响，保证义务教育政策能及时、有针对性地进行持续性改进。

（三）有效的激励机制

教育部门应将义务教育评估工作纳入区域政府的常规性工作，使区域政府对推进当地义务教育公共服务均等的承诺成为政府绩效考核的组成部分，定期评估并考核评估结果。教育评估是一个长期、耗时耗力的工作，因此，对于义务教育评估过程以及评估结果表现突出的单位和个人，都需进行精神和物质奖励，增加人员的积极性；对于工作怠慢或评估结果不尽理想的地区单位，要提出整改意见，并定期检查，缩短落后地区与达标地区之间的差距。这样，才能加强地方官员对义务教育评估的重视程度，增加其提供义务教育公共服务的动力。

四、健全明确的评估法律保障

当前，我国义务教育评估方面的法制化建设仍未启动，国家对绩效评估、公共服务绩效评估、义务教育服务评估均未形成相关法律条文。而发达国家则已经有较为成熟的绩效评估法案，将绩效评估作为政府机构的法定职责，比如美国的《政府绩效与结果法案》、英国的《地方政府法》、荷兰的《市政管理法》、日本的《政府政策评估法》等。无规矩不成方圆。由于法制建设的不足，我国义务教育评估中存在很多隐患，评估的指导思想、标准、原则、时限、过程等方面未形成规范化、制度化的规定，使得教育评估存在较大的随意性，多为自发性的评估。评估结果的反馈、激励机制的缺失，形成了“评估完了，没有下文”、“一年填一次的重复劳动”等诟病，浪费大量的人力、物力和财力，使得评估流于形式、虎头蛇尾。对此，当务之急是建立系统科学的各级法律法规政策，以法律的形式将义务教育评估带上规范化的道路。只有这样,政府的绩效评估的贯彻执行才能有可靠的保障。因此,本书认为,当前义务教育评估法制建设至少需注意以下几个方面。

(一)法律上需保证绩效评估的权威性

绩效评估是义务教育制度实施效果的重要反映途径,其存在不是可有可无,而是必不可少的。国家应立法确立义务教育评估在义务教育公共服务中的特殊地位,明确义务教育评估应为义务教育公共服务中不可缺少的基本环节,使得义务教育评估变得法制化和常规化。评估结果也应与教育相关部门的绩效考核相挂钩,实行一定的问责制,从而提高各级政府的积极性和评估意愿,避免流于形式和无谓劳动的出现。

(二)法律上需对评估各方面作出详细规定

一个完整的评估过程,包括评估前指标体系的建设、评估标准和内容的确定、评估主体的选择;评估中评估工具的使用,数据的收集、整理、加工、存储及评估过程的监督;评估后评估数据的可持续运用和反馈、相应的奖惩和激励等。法律条文需对以上所述程序一一进行约束,一方面,对各部分的可操作性加以肯定,保证整个评估程序能完整地进行;另一方面,严惩弄虚作假或者干扰正常评估程序的行为。另外,身处大数据时代,资源整合和利用更加便利,国家应建立教育资源数据库,每年在数据库中提交常规教育相关信息,并以法律的形式赋予专门人员提取数据的权利,避免重复劳动的人力、财力浪费,达到资源共享、共建的目的。

(三)法律上应强调教育评估中公众参与的重要性

公众是义务教育公共服务最直接的利益相关者,公众对义务教育制度实施的反馈是最直接和真实的。公民在参与评估过程中,可以了解到政府制度的制定目的、运作方式和预期效果,知晓政府的努力程度和短板,从而能直观快速地提出相应的建议。因此,让公众参与教育评估,一方面能够增强评估的客观性和全面性,另一方面也有利于提高公众对政府的信任感和认同感。在当前服务型政府的倡导下,理应重视公众参与评估的价值和重要性。法律法规中应正视公众评价的弊端,如经验不足、主观认识偏差等,给予公众平等的话语权,倡导公众积极地参与义务教育服务建设,使义务教育评估更有成效。

(四)法律上应规范第三方评估的认证程序

第三方评估是官方评估的有力补充,其中立的特性可以保证评估结果的客观性。第三方评估的科学性很大程度上取决于评估机构和评估专家团队的专业化程度,因此，应规范评估机构的准入程序，设立评估准入标准，对承接评估业务的单位进行资格认定，无法通过资格认定的机构不能承接评估工作；另外，对机构所拥有的工作人员和专家团队的选拔、培训和考核过程加以约束，团队成员必须学习评估相关法规，参与评估技术方法和行为准则的专门培训，方可获得评估资质并从事教育评估任务，以法律的形式确保评估机构的专业权威性和公正性。具有专业资格的教育评估机构应享有与教育相关部门资源共享的权利，与政府部门通力合作完成义务教育评估。

综上可见，健全义务教育绩效评估制度，是实现义务教育公共服务均等化的强力保障，可以最大限度地实现以评促建的结果，推进义务教育制度的持续改进；执行过程的多样性和多方参与度，评估结果的公开化和透明化以及以法律的形式保障评估的有效性，有利于引导公众建立良好的政策预期，提高政府的公信力，从而使政府也获得持续改进的动力。

结语

回溯全书，在义务教育公共服务均等化制度设计的研究中，形成了如下一些研究成果：

第一，层层深入，揭示内涵。本书在厘清相关核心概念如均等与均等化、公共服务与基本公共服务、制度与教育制度的基础上，界定了义务教育公共服务均等化的含义，即国家基于公平正义原则，通过政策干预和资源调整，让全体适龄儿童少年都能公平可及地获得大致均等的教育公共服务的过程，不论其年龄、性别、民族种族、经济状况和居住地，都能享受到由政府提供的数量相当、质量相近、可及性大致相同的义务教育。同时阐述了义务教育公共服务均等化的制度类型、制度属性和制度特征。

第二，借鉴外来，回望本来。本书以深度挖掘制度变迁一般规律为切入点，梳理了世界主要发达国家如美国、英国和日本在推进义务教育公共服务均等化历程中形成的制度改进等历史经验和曾经出现的问题。总结概括了新中国成立以来从普及初等教育到实施义务教育之于目前实现义务教育公共服务均等化的时代价值，即普及初等教育，保证人人可上学，确立了社会主义教育制度；推进教育机会均等，做到人人有学上，为进入义务教育服务均等提供了坚实基础；解决均衡问题，提高教育质量，迈向人人上好学，为实现义务教育服务均等提供了发展阶梯；推进义务教育公共服务均等化，让中国的义务教育进入了一个新的历史发展拐点。

第三，分析现实，提出对策。本书运用文献分析、现场调查等研究方法，对我国义务教育发展的现状进行了深入剖析。结果发现，虽经近些年的持续努力，但在教育投入、办学条件、教师队伍和教育机会四大方面，区域之间、城乡之间、学校之间仍然存在不均衡的现实。基于此，本书提出了制度构建的设想和制度推进的策略。关于制度构建，本书认为应始终牢牢地把握：正确的价值选择，清晰的制度理念，准确的对象确证和良好的环境建设。关于实践推进，本书提出：要创新服务均等的教育投入制度，抓好过程落实的有效监管制度，强化服务结果的绩效评估制度。制度推进既是解决均等化现实问题的实践之策，也是对前述现实分析与制度构建的回应。

限于时间和能力水平，本书尚有诸多不足：一是在研究问题指向上，对普遍性、一般性的问题关注较多，而对个别性、特殊性的问题关注较少；二是在制度形成的研究上，囿于研究资源的限制，国外的比较研究仅涉及美国、英国、日本三个国家，未开展与我国发展程度相近国家的比较；三是在义务教育公共服务均等化的制度设计上，尽管从要素分析和路径选择两个方面展开了较深入的论证，但一些观点可能缺乏全局高度或基层视野，同时亦未从利益攸关者等更加微观、更加具体的角度去提出实践操作的具体流程和要求。

2017 年 3 月 1 日，国务院印发《“十三五”推进基本公共服务均等化规划》，提出“国家完善基本公共教育制度，加快义务教育均衡发展，保障所有适龄儿童、青少年平等接受教育，不断提高国民基本文化素质”。其重点任务之一就是在义务教育阶段，建立城乡统一、重在农村的义务教育经费保障机制，加大对中西部及民族、边远、贫困地区的倾斜力度。统筹推进县域内城乡义务教育一体化改革发展，推进建设标准、教师编制标准、生均公用经费基准定额、基本装备配置标准统一和“两免一补”政策城乡全覆盖，基本实现县域校际资源均衡配置，扩大优质教育资源覆盖面，提高乡村学校和教学点办学水平。落实县域内义务教育公办学校校长、教师交流轮岗制度等。展望未来，推进义务教育公共服务均等化必将成为我国基础教育改革发展的重要任务。

路漫漫其修远兮，吾将上下而求索！

附录[①]

附录一　区教育局调查表

（区教育局的调查由 9 个问卷构成，如其中之一的教育经费问卷）

区教育基本状况调查

（区教育局填写）

________省________市________区

填表人：________联系方式：____________________________

【填表说明】

一、本表信息是国家制定教育政策的数据基础，请您务必认真如实填写，不要漏空。如果确实没有相关数据，请填写“无”。

二、本表提供文本档和电子档各一份，文本档请加盖公章，并注明填写人姓名及联系方式，以便有疑问时进行核对。

2015 年地方教育经费信息表

项目	经费数
小学生均公用经费（元）	
初中生均公用经费（元）	
公共财政预算教育经费（万元）②	

① 作者注：因知识产权问题，附录仅呈现部分表格或问卷。

② 作者注：公共财政预算教育经费是指中央、地方等财政上级主管在本年度内安排划拨到各级学校和事业单位，列入国家预算支出科目的教育经费。

续 表

项目	经费数
其中，中央财政拨款	
省级政府拨款	
市级政府拨款	
事业性教育经费支出(万元)①	
中小学教师人均绩效工资(元)	
小学教职工工资总额(万元)	
小学公用经费总额(万元)	
初中教职工工资总额(万元)	
初中公用经费总额(万元)	
农村教师专项津补贴(万元)	
中小学校车投入(万元)	
公共财政预算教育支出(万元)	
其中，基建支出(万元)	
公共财政预算教育事业费支出(万元)②	
地方公共财政总支出(万元)	
其中，教育类支出占比(%)	
高中教育财政性经费投入(万元)	
中等职业教育财政性经费投入(万元)	

附录二　县教育局调查表

(县教育局的调查由 11 个问卷构成，如其中之一的班级数问卷)

县域教育基本状况调查

(县教育局填写)

________省________市________县(县级市)

---

① 作者注：事业性教育经费支出分为“个人部分支出”和“公用部分支出”，前者包括工资、福利和补助类，后者包括学校购买商品服务支出(不包括购买固定资产支出)和非各级发展部门购置固定资产、土地及大型修缮等支出。

② 作者注：公共财政预算教育事业费支出反映学校对应的“公共财政预算教育事业费拨款”支出。

填表人：________联系方式：________________________

【填表说明】

一、本表信息是国家制定教育政策的数据基础，请您务必认真如实填写，不要漏空。如果确实没有相关数据，请填写“无”。

二、本表提供文本档和电子档各一份，文本档请加盖公章，并注明填写人姓名及联系方式，以便有疑问时进行核对。

2015年县域班级数

	县城			镇			乡			村		
	总数	公办校	民办校	总数	公办校	民办校	总数	公办校	民办校	总数	公办校	民办校
幼儿园												
九年一贯制学校												
寄宿制九年一贯制学校												
小学												
教学点												
寄宿制小学												
初中												
职业初中												
寄宿制初中												
普通高中												
职业高中												

附录三　学校调查表

（学校的调查由13个问卷构成，如其中之一的学生情况调查表）

学生基本情况调查表

	总数	男生数	小学阶段（年级）						初中阶段（年级）		
			一	二	三	四	五	六	七	八	九
1. 班级个数		/									
2. 在校生人数											

续 表

	总数	男生数	小学阶段(年级)						初中阶段(年级)		
			一	二	三	四	五	六	七	八	九
3. 寄宿生人数											
4. 获得资助的寄宿生人数											
5. 贫困生人数											
6. 获得资助的贫困生人数											
7. 留守儿童人数											
8. 随迁子女人数											
9. 留级生人数											
10. 辍学人数											
11. 休学人数											
12. 复学人数											
13. 死亡人数											
14. 年度转入学生人数											
15. 年度转出学生人数											

附录四　校长调查问卷

(为了保护原问卷的知识产权,此问卷做了截取)

校长调查问卷

________省________市________县(区)________乡(镇)________学校

1. 您的出生年份________,性别________,民族________,教龄________,任校长年限________,任本校校长年限________,在________个学校当过校长。

2. 您是否转过行(　　)

   A. 是　　B. 否

3. 您的第一学历是(　　),您的最高学历是(　　)

   A. 研究生　　B. 本科　　C. 大专　　D. 中专

   E. 中师　　F. 高中　　G. 初中　　H. 小学及以下

4. 您第一学历所学专业是________,您最高学历所学专业是________。

5. 您第一学历毕业院校属于(　　)，您最高学历毕业院校属于(　　)(请填写具体字母)

A. “985”、“211”或部属高校　　B. 省属重点本科高校

C. 省属普通本科高校　　D. 独立学院或民办本科院校

E. 大专院校　　F. 中师/中专/高中

G. 初中及以下

6. 您获得最高学历院校属于(　　)

A. 师范类　　B. 非师范类

7. 贵校教学实验室使用效率怎么样？(　　)

A. 很高　　B. 一般　　C. 较低　　D. 不清楚

E. 有设备没人用

8. 贵校教学实验仪器设备够用吗？(　　)

A. 够用　　B. 不够用　　C. 不清楚

9. 贵校教学实验仪器设备使用效果怎么样？(　　)

A. 很好　　B. 一般　　C. 不好　　D. 不清楚

10. (可多选)学校计算机等信息设备哪些方面需要完善？(　　)

A. 计算机设施设备数量不足　　B. 计算机设施设备性能差

C. 缺少可用的数字化教学资源　　D. 设备维护和更新不及时

E. 设备管理制度不健全　　F. 没专业教师

G. 其他________

11. (可多选)贵校计算机等信息设备维护费来源包括(　　)

A. 公用经费　　B. 学生收费　　C. 学校创收　　D. 社会捐赠

E. 其他________

12. 贵校图书资源使用的效果好吗？(　　)

A. 较好　　B. 一般　　C. 不好　　D. 不清楚

附录五　教师调查问卷

(为了保护原问卷的知识产权，此问卷做了截取)

义务教育阶段教师调查问卷

以下各题为单选题和填空题，“(　　)”为单选题，“________”为填空题。

1. 您的性别是：(　　)　A. 男　B. 女

2. 您的出生地：________省________市________县(区)________乡(镇)________村。

3. 您的出生年月是________；您的教龄是________年。

4. 您任教时的第一学历是：(　　)；您的最高学历是：(　　)(请填写字母)

A. 研究生　B. 本科　C. 大专　D. 中专/中师

E. 高中　F. 初中　G. 小学及以下

5. 您的住处离学校有________公里，单程大概需要________分钟，交通方式一般是________，每月往返学校的交通费是________元，学校每月补助的交通费是________元，您在学校每月的伙食费是________元，学校每月补助的伙食费是________元。

6. 您每月总收入是________元。其中，基本工资是________元/月，绩效工资是________元/月，乡村教师生活补助是________元/月，其他收入是________元/月。你的家庭年总收入是________元。

7. 您认为教师在当地的社会地位属于(　　)；您目前的月收入水平在当地处于(　　)

A. 上等　B. 中上等　C. 中等　D. 中下等

E. 下等

8. 您的任课情况：

科目	现在教的	以前教过	科目	现在教的	以前教过
语文	节/周	节/周	音乐	节/周	节/周
数学	节/周	节/周	体育	节/周	节/周
外语	节/周	节/周	美术	节/周	节/周
物理	节/周	节/周	社会	节/周	节/周
化学	节/周	节/周	心理	节/周	节/周
生物	节/周	节/周	信息技术	节/周	节/周
科学	节/周	节/周	综合实践	节/周	节/周
历史	节/周	节/周	地方课程	节/周	节/周
地理	节/周	节/周	校本课程	节/周	节/周
政治/品德	节/周	节/周	其他	节/周	节/周

9. 一有机会，您就会转出教师行业：(　　)

A. 非常符合　B. 比较符合　C. 一般　D. 不太符合

E. 非常不符合

10. (可多选)您参加的教师培训都有哪些形式(　　)

A. 顶岗置换　　B. 网络研修　　C. 送教下乡　　D. 专家指导

E. 校本研修　　F. 没参加过培训　　G. 其他________

附录六　教师访谈提纲

(为了保护完整提纲的知识产权,此提纲做了截取)

教师访谈提纲

基本情况:年级、学科、任教年限、是否为班主任;年龄、教龄、性别、职称、毕业院校、学历等。

一、教师待遇和专业发展

1.【胜任情况】您觉得自己教目前的年级和学科能胜任吗?

2.【满意度、流动意向】您什么时候到这里任教的?到这里任教的原因是什么?您对目前的工作和生活状态满不满意?在哪些方面不满意,为什么?您周围有教师转校或转行吗?转到什么学校(行业)了?通过什么方式转校的?他们转校或转行的原因是什么?您有没有想离开这里,想离开这里的原因是什么(不想离开的原因是什么)?哪些条件改善能够打消您流动的念头?

3.【生活方面】您在学校的住宿、伙食、交通情况如何,是否满意?

4.【补助】您有哪些补助(尤其是生活补助),每月能有多少元?

5.【职称评定】您目前的职称是什么?和城市教师相比,职称评定难不难?

6.【教师培训】您有没有参加过县级及以上层次的培训?学校选择哪些教师参加培训?培训主要采取什么样的形式?您觉得培训对您的教育教学有什么样的帮助?您愿不愿意参加培训?您觉得教师培训在哪些方面还需要完善?

7.【教师交流】您了解城乡教师交流政策吗?有没有到这所学校来交流的教师,他们的教学水平怎么样?您如何看待这一政策?

8.【针对特岗教师】服务期满后,您的打算是什么?您会留任吗,为什么?您认为影响特岗教师是否留下来的主要因素是什么?

二、教学状况

1.【教学工作量】您教几个年级，几个班级，几门学科？您每周多少节课？您觉得工作量大吗，能够胜任吗？您觉得一个教师教几门课是合理的？

2.【教学形式】您所教班级平均多少学生？学生数量，有没有影响到您的教学？如果有，是如何影响的，您是如何应对的？您目前教育教学工作中面临的最大问题是什么？

3.【数字教育资源】学校有没有数字教育资源设施设备（如计算机、平板电视、电子白板、投影仪）？您平时有没有使用数字教育资源开展教学？如果有，效果如何？在使用过程中面临的最大困难是什么？

4.【教学设施设备】您觉得贵校的办学条件（校舍、图书室、运动场地、仪器设备等）怎么样，能否满足您的教育教学需求？如果不能满足，体现在哪些方面？

5.【办学条件完善】您觉得贵校办学条件在哪些方面最需要改善，为什么？

三、学生情况

1.【学生学习】您所教班级学生的学习状态和学习成绩如何？学生本身有什么特点（如身体上、心理上、背景上）？学生家庭情况如何，父母都是做什么的？您如何看待这种情况？

2.【留守儿童】您所教班级有没有留守儿童，如果有，他们给您的工作带来哪些影响？在管理留守儿童过程中有哪些问题，您是如何应对的？

参考文献

1. 中文著作类

[1] 陈昌盛,蔡跃洲. 中国政府公共服务：体制变迁与地区综合评估[M]. 北京：中国社会科学出版社,2007.

[2] 陈蒙蒙. 美国社会保障制度研究[M]. 南京：江苏人民出版社,2008.

[3] 陈振明. 公共管理学——一种不同于传统行政学的研究途径[M]. 北京：中国人民大学出版社,2003.

[4] 程虹. 制度变迁的周期[M]. 北京：人民出版社,2000.

[5] 迟福林. 中国农村改革新起点——基本公共服务均等化与城乡一体化[M]. 北京：中国经济出版社,2009.

[6] 辞海编辑委员会. 辞海：语词分册(上)[M]. 上海：上海辞书出版社,1979.

[7] 辞海编辑委员会. 辞海：语词分册(下)[M]. 上海：上海辞书出版社,1979.

[8] 戴圣. 礼记[M]. 郑州：河南科学技术出版社,2013.

[9] 杜佑. 通典[M]. 长沙：岳麓书社,1995.

[10] 范晔. 后汉书[M]. 李贤,等,注. 北京：中华书局,1965.

[11] 傅小随,胡冰,等. 深圳基本公共服务均等化研究[M]. 深圳：海天出版社,2014.

[12] 高如峰. 义务教育投资国际比较[M]. 北京：人民教育出版社,2003.

[13] 顾明远. 教育大辞典(第1卷)[M]. 上海：上海教育出版社,1990.

[14] 顾明远. 教育大辞典(增订合编本)[M]. 上海：上海教育出版社,1997.

[15] 顾明远. 教育大辞典[M]. 上海：上海教育出版社,1999.

[16] 顾明远. 改革开放30年中国教育纪实[M]. 北京：人民出版社,2008.

[17] 何东昌. 中华人民共和国重要教育文献(1949—1975)[M]. 海口：海南出版社,1998.

[18] 胡鞍钢,等. 第二次转型：国家制度建设[M]. 北京：清华大学出版社,2003.

[19] 基本公共服务均等化研究课题组. 让人人平等享受基本公共服务——我国基本公共服务均等化研究[M]. 北京：中国社会科学出版社,2011.

[20] 吉标. 制度视野中的教学改革[M]. 北京：中国社会科学出版社,2015.

[21] 江必新,王红霞. 国家治理现代化与社会治理[M]. 北京：中国法制出版社,2016.

[22] 姜继为. 教育的常识——关于教育价值与方法的思考[M]. 北京：中央编译出版社,2014.

[23] 姜晓萍,等. 基本公共服务均等化：知识图谱与研究热点述评[M]. 北京：中国人民大学出版社,2016.
[24] 蒋云根,金华. 发展中的公共行政(第三版)[M]. 上海：东华大学出版社,2015.
[25] 教育部财务司,国家统计局社会科技和文化产业统计司. 中国教育经费统计年鉴(2013)[M]. 北京：中国统计出版社,2016.
[26] 教育大辞典编纂委员会. 教育大辞典(第 6 卷)[M]. 上海：上海教育出版社,1992.
[27] 金铁宽,等.《中外教育大事年表》[M]. 上海：上海教育出版社,2001.
[28] 景天魁. 底线公平：和谐社会的基础[M]. 北京：北京师范大学出版社. 2009.
[29] 孔凡河. 上海城乡基本公共服务均等化问题研究[M]. 上海：上海社会科学院出版社,2015.
[30] 孔丘. 论语[M]. 杨伯峻,杨逢彬,注译. 长沙：岳麓书社,2000.
[31] 李军超. 政府推进城乡义务教育均衡发展的制度逻辑研究[M]. 北京：中国社会科学出版社,2015.
[32] 李军鹏. 公共服务型政府[M]. 北京：北京大学出版社,2004.
[33] 刘安. 淮南子[M]. 杨有礼,注说. 开封：河南大学出版社,2010.
[34] 刘山. 日本近代普及义务教育研究[M]. 北京：人民出版社,2016.
[35] 刘志昌. 中国基本公共服务均等化的变迁与逻辑[M]. 北京：中国社会科学出版社,2014.
[36] 卢洪友. 中国基本公共服务均等化报告[M]. 北京：人民出版社,2012.
[37] 卢现祥. 西方新制度经济学[M]. 北京：中国发展出版社,2003.
[38] 吕友仁. 周礼译注[M]. 郑州：中州古籍出版社,2004.
[39] 马国贤. 政府预算理论与绩效政策研究[M]. 北京：中国财政经济出版社,2008.
[40] 马雄光. 转型：漫谈基本公共服务均等化[M]. 北京：中央编译出版社,2012.
[41] 孟子. 孟子[M]. 万丽华,蓝旭,译. 北京：中华书局,2006.
[42] 墨子. 墨子[M]. 苏凤捷,程梅花,校注. 开封：河南大学出版社,2008.
[43] 彭和平. 制度学概论[M]. 北京：国家行政学院出版社,2015.
[44] 蒲蕊. 公共教育服务体制探索[M]. 武汉：武汉大学出版社,2015.
[45] 石中英. 乡土中国与文化自觉[M]. 北京：三联出版社,2007.
[46] 司马迁. 史记[M]. 长沙：岳麓书社,2002.
[47] 宋应星. 天工开物[M]. 管巧灵,谭属春,点校注释. 长沙：岳麓书社,2002.
[48] 汤志龙. 教育概论[M]. 台北：五南图书出版股份有限公司,2005.
[49] 唐世平. 制度变迁的广义理论[M]. 北京：北京大学出版社,2016.
[50] 陶西平. 教育评价辞典[M]. 北京：北京师范大学出版社,1998.
[51] 汪洪涛. 制度经济学：制度及制度变迁性质解释(第二版)[M]. 上海：复旦大学出版社,2009.
[52] 王充. 论衡[M]. 陈蒲清,点校. 长沙：岳麓书社,2006.
[53] 王浦劬. 国家治理现代化理论与策论[M]. 北京：人民出版社,2016.
[54] 王实甫. 西厢记[M]. 张燕瑾,校注. 北京：人民文学出版社,1995.
[55] 王瑜. 美国义务教育均衡发展研究[M]. 桂林：广西师范大学出版社,2015.
[56] 翁士洪. 治理呼唤制度教育援助的非正式制度研究[M]. 北京：中国社会科学出版社,2015.

[57] 邬志辉，秦玉友. 中国农村教育发展报告 2011[M]. 北京：北京师范大学出版社，2012.
[58] 邬志辉，秦玉友. 中国农村教育发展报告 2012[M]. 北京：北京师范大学出版社，2014.
[59] 邬志辉，秦玉友. 中国农村教育发展报告 2013—2014[M]. 北京：北京师范大学出版社，2015.
[60] 邬志辉，秦玉友. 中国农村教育发展报告 2015[M]. 北京：北京师范大学出版社，2016.
[61] 吴树平，等. 十三经(全文标点本)(上)[M]. 北京：燕山出版社，1991.
[62] 吴遵民，等. 基础教育公平论[M]. 上海：上海教育出版社，2014.
[63] 辛鸣. 制度论：关于制度哲学的理论建构[M]. 北京：人民出版社，2005.
[64] 新英汉词典编写组. 新英汉词典(增补本)[M]. 上海：上海译文出版社，1979.
[65] 杨东平. 中国教育公平的理想与现实[M]. 北京：北京大学出版社，2006.
[66] 杨东平. 中国教育发展报告(2005)[M]. 北京：社会科学文献出版社，2006.
[67] 杨东平. 中国教育发展报告(2009)[M]. 北京：社会科学文献出版社，2009.
[68] 杨东平. 中国教育发展报告(2011)[M]. 北京：社会科学文献出版社，2011.
[69] 杨东平. 中国教育发展报告(2013)[M]. 北京：社会科学文献出版社，2013.
[70] 杨柳. 美国残疾人教育研究[M]. 北京：人民教育出版社，2014.
[71] 杨卫安. 中国城乡教育关系制度的变迁研究[M]. 长春：东北师范大学出版社，2015.
[72] 叶澜. 新编教育学教程[M]. 上海：华东师范大学出版社，1991.
[73] 于军. 英国地方行政改革研究[M]. 北京：国家行政学院出版社，1999.
[74] 余靖雯. 教育投入、分权与经济增长[M]. 北京：中国经济出版社，2016.
[75] 俞可平. 论国家治理现代化[M]. 北京：社会科学文献出版社，2015.
[76] 张觉，商君书校注[M]. 长沙：岳麓书社，2006.
[77] 张康之. 李传军，张璋. 公共行政学[M]. 北京：经济科学出版社，2002
[78] 张蓉. 教育制度转型的国际比较研究[M]. 北京：北京师范大学出版社，2014.
[79] 张文健. 基于行为控制的制度设计研究[M]. 合肥：中国科学技术大学出版社，2014.
[80] 张宇燕. 经济发展与制度选择——对制度的经济分析[M]. 北京：中国人民大学出版社，1992.
[81] 张章. 说文解字(上)[M]. 北京：中国华侨出版社，2012.
[82] 张章. 说文解字(下)[M]. 北京：中国华侨出版社，2012.
[83] 赵怡虹. 我国基本公共服务地区均等化研究[M]. 北京：经济科学出版社，2016.
[84] 郅庭瑾. 为思维而教[M]. 北京：教育科学出版社，2007.
[85] 郅庭瑾. 教育管理的伦理向度[M]. 北京：教育科学出版社，2015.
[86] 中华人民共和国教育部发展规划司. 中国教育统计年鉴 2014[M]. 北京：人民教育出版社，2015.
[87] 中华人民共和国教育部组编. 共和国教育 50 年[M]北京：北京师范大学出版社，1999.
[88] 中共中央宣传部理论局. 七个“怎么看”——理论热点面对面 2010[M]. 北京：学习出版社，人民出版社，2010.
[89] 中国大百科全书总编辑委员会. 中国大百科全书：教育卷[M]. 北京：中国大百科全书出版社，1985.
[90] 中国社会科学院语言研究所词典编辑室. 现代汉语词典[M]. 北京：商务印书馆，2002.
[91] 钟启泉，等. 多维视角下的教育理论与实践[M]. 北京：教育科学出版社，2004.

[92] 周洪宇，叶平．教育体制改革呼吁区域突破[M]．武汉：湖北教育出版社，2012．
[93] 朱新梅．政府干预与大学公共性的实现——中国大学的公共性研究[M]．北京：教育科学出版社，2007．
[94] 转型期中国重大教育政策案例研究课题组．缩小教育差距：中国教育政策的重大命题[M]．北京：人民教育出版社，2005．
[95] 卓晴军，李仲汉．中小学教育史[M]．海口：海南出版社，2000．
[96] 左丘明．国语[M]．上海：上海古籍出版社，2015．

2．中文译著类

[1] J. R. 波尔．美国平等的历程[M]．张聚国，译．北京：商务印书馆，2010．
[2] R·科斯，等．财产权利与制度变迁[M]．刘守英，译．上海：上海三联书店，上海人民出版社，1994．
[3] 埃莉诺·奥斯特罗姆．公共事物的治理之道：集体行动制度的演进[M]．余逊达，陈旭东，译．上海：上海三联书店，2000．
[4] 保罗·A·萨缪尔森，威廉·D·诺德豪斯．经济学(英文版，第16版)[M]．北京：机械工业出版社，1989．
[5] 庇古．福利经济学[M]．金镝，译．北京：华夏出版社，2011．
[6] 查尔斯·林德布洛姆．政治与市场：世界的政治—经济制度[M]．王逸舟，译．上海：上海三联书店，1992．
[7] 戴维·奥斯本，特德盖·布勒．改革政府——企业家精神如何改革公营部门[M]．上海：上海译文出版社，1996．
[8] 道格拉斯·C·诺思．制度、制度变迁与经济绩效[M]．杭行，译．上海：格致出版社，上海三联书店，上海人民出版社，2014．
[9] 道格拉斯·C·诺思．经济史上的结构和变革[M]．厉以平，译．北京：商务印书馆，2016．
[10] 凡勃伦．有闲阶级论——关于制度的额经济研究[M]．蔡受百，译．北京：商务印书馆，1997．
[11] 富兰克林·德·罗斯福．罗斯福选集[M]．关在汉，译．北京：商务印书馆，1982．
[12] 河连燮．制度分析：理论与争议(第2版)[M]．李秀峰，柴宝勇，译．北京：中国人民大学出版社，2014．
[13] 经济合作与发展组织．教育概览2014：OECD指标[M]．中国教育科学研究院组织，译．北京：教育科学出版社，2016．
[14] 康芒斯．制度经济学(上册)[M]．于树生，译．北京：商务印书馆，1962．
[15] 康芒斯．制度经济学(下册)[M]．于树生，译．北京：商务印书馆，1962．
[16] 柯武刚，史漫飞．制度经济学：社会秩序与公共政策[M]．韩朝华，译．北京：商务印书馆，2000．
[17] 莱昂·狄骥．公法的变迁：法律与国家[M]．郑戈，等，译．沈阳：辽海出版社，长春：春风文艺出版社，1999．
[18] 罗纳德·H·科斯，等．财产权利与制度变迁产权学派与新制度学派译文集[M]．刘守英，等，译．上海：格致出版社，2014．
[19] 罗纳德·德沃金．至上的美德平等的理论与实践[M]．冯克利，译．南京：江苏人民出版社，2008．

[20] 马克·G·波波维奇. 创建高绩效的政府组织：公共管理者实用指南[M]. 孔宪遂，耿洪敏，译. 北京：中国人民大学出版社，2002.
[21] 马克思，恩格斯. 马克思恩格斯选集(第一卷)[M]. 中共中央马克思恩格斯列宁斯大林著作编译局，编译. 北京：人民出版社，1966.
[22] 马克思，恩格斯. 马克思恩格斯选集(第四卷)[M]. 中共中央马克思恩格斯列宁斯大林著作编译局，编译. 北京：人民出版社，1972.
[23] 马克思，恩格斯. 马克思恩格斯选集(第三卷)[M]. 中共中央马克思恩格斯列宁斯大林著作编译局，编译. 北京：人民出版社，2012.
[24] 马克斯·韦伯. 经济与社会(上卷)[M]. 北京：商务印书馆，1997.
[25] 欧文·E·休斯. 公共管理导论[M]. 彭和平，等，译. 北京：中国人民大学出版社，2000.
[26] 帕克·帕尔默. 教学勇气[M]. 上海：华东师范大学出版社，2014.
[27] 青木昌彦. 比较制度分析[M]. 周黎安，译. 上海：上海远东出版社，2001.
[28] 让·雅克·卢梭. 社会契约论[M]. 徐强，译. 北京：中国社会科学出版社，2009.
[29] 塞缪尔·P·亨廷顿. 变化社会中的政治秩序[M]. 王冠华，译. 上海：上海三联书店，1989.
[30] 世界银行. 2000年世界发展指标[M]. 中国财政经济出版社组织，译. 北京：中国财政经济出版社，2000.
[31] 亚当·斯密. 国民财富的性质和原因的研究(上卷)[M]. 郭大力，王亚南，译. 北京：商务印书馆，2013.
[32] 亚当·斯密. 国民财富的性质和原因的研究(下卷)[M]. 郭大力，王亚南，译. 北京：商务印书馆，2016.
[33] 约翰·罗尔斯. 正义论[M]. 何怀宏，何包钢，廖申白，译. 北京：中国社会科学出版社，1988.
[34] 詹姆斯·S·鲍曼，等. 职业优势：公共服务中的技能三角[M]. 张秀琴，译. 北京：中国人民大学出版社，2005.
[35] 珍妮特·V·登哈特. 新公共服务——服务，而不是掌舵(第三版)[M]. 丁煌，译. 北京：中国人民大学出版社，2016.

3. 中文期刊类

[1] 安体富，任强. 公共服务均等化：理论、问题与对策[J]. 财贸经济，2007，08.
[2] 安体富，任强. 中国公共服务均等化水平指标体系的构建——基于地区差别视角的量化分析[J]. 财贸经济，2008，06.
[3] 鲍传友. 中国城乡义务教育差距的政策审视[J]. 北京师范大学学报(社会科学版)，2005，03.
[4] 蔡春红. 完善财政转移支付制度的政策建议——兼论推进基本公共服务均等化和主体功能区建设的关系[J]. 中国行政管理，2008，04.
[5] 曹海琴，张立克. 我国城乡义务教育公共服务均等化的思考——以城乡二元户籍制度为视角[J]. 理论与改革，2013，06.
[6] 曾满超，丁延庆. 中国义务教育资源利用及配置不均衡研究[J]. 教育与经济，2005，02.
[7] 常修泽. 中国现阶段基本公共服务均等化研究[J]. 中共天津市委党校学报，2007，02.
[8] 陈昌盛，蔡跃洲. 中国政府公共服务：基本价值取向与综合绩效评估[J]. 财政研究，

2007,06.
[9] 陈昌盛.基本公共服务均等化：中国行动路线图[J].财会研究,2008,02.
[10] 陈刚.我国西部地区城乡基本公共服务均等化问题探析[J].经济与社会发展,2014,05.
[11] 陈钢.制度创新：义务教育均衡发展的关键支撑[J].南京社会科学,2009,08.
[12] 陈海威.中国基本公共服务体系研究[J].科学社会主义,2007,03.
[13] 陈海威,田侃.我国基本公共服务均等化问题探讨[J].中州学刊,2007,03.
[14] 陈惠敏.略论教育公共服务供给机制创新[J].人民论坛,2013,05.
[15] 陈惠敏,荀关玉.我国教育公共服务提供路径的优化[J].中国成人教育,2012,21
[16] 陈静漪,袁桂林.城市义务教育均衡目标下的经费配置机制研究——机制设计的理论视角[J].教育科学,2008,05.
[17] 陈立.西部地区基本教育公共服务均等化现状、原因与对策[J].知识经济,2013,12.
[18] 陈鹏,林玲.中国义务教育法制百年历程之反思[J].陕西师范大学学报(哲学社会科学版),2007,02.
[19] 陈麒羽,李燕凌.新时期基本公共服务均等化的转移支付制度路径探究[J].企业改革与管理,2016,04.
[20] 陈上仁,田延光.义务教育均衡性转移支付制度研究[J].教育科学研究,2003,05.
[21] 陈书全.论义务教育公共服务均等化政策取向——以山东省为例[J].山东社会科学,2011,05.
[22] 陈宪.教育公共服务均等化何以可能——基于《2011年全国教育经费执行情况统计公告》的分析[J].探索与争鸣,2013,05.
[23] 陈鑫.我国基础教育公共服务均等化差异研究[J].求索,2012,03.
[24] 陈亚伟,李娟.巴西基础教育十年进展述评(1995～2004)及启示[J].外国教育研究,2006,08.
[25] 陈颐.简论以制度为学科对象的社会学[J].社会科学研究,1998,03.
[26] 陈永明.教育管理的“求心力”与“远心力”[J].河南大学学报(社会科学版),2004,04.
[27] 陈振明,李德国.基本公共服务的均等化与有效供给——基于福建省的思考[J].中国行政管理,2011,01.
[28] 陈峥.英国义务教育福利化的历史发展[J].湖南师范大学教育科学学报,2011,03.
[29] 程虹,窦梅.制度变迁阶段的周期理论[J].武汉大学学报(哲学社会科学版),1999,01.
[30] 迟福林.“十二五”时期教育公共服务体系建设：突出矛盾与主要任务[J].经济社会体制比较,2011,02.
[31] 褚宏启,高莉.义务教育均衡发展评估指标与标准的制订[J].教育发展研究,2010,06.
[32] 崔惠玉,刘国辉.基本教育公共服务均等化研究[J].财经问题研究,2010,05.
[33] 崔慧广,何旭昭.县域基本公共教育服务均等化的模式选择及政策路径[J].理论观察,2014,07.
[34] 邓菊秋.论促进城乡基本公共服务均等化的财政政策[J].时代金融,2014,14.
[35] 丁雨佳.新型城镇化研究的文献综述[J].经济研究导刊,2014,36.
[36] 丁元竹.促进我国基本公共服务均等化的基本对策[J].中国经贸导刊,2008,05.
[37] 丁元竹.理解均等化[J].读书,2009,11.
[38] 东北财经大学课题组,吕炜.公共教育支出绩效考评制度国际比较研究[J].经济研究参

考,2006,92.
[39] 董丹丹,李叔君,李文莉.公共服务均等化背景下农村教育资源配置的现状分析——以浙江省为例[J].社科纵横(新理论版),2013,03.
[40] 董世华,范先佐.我国县域义务教育均衡发展监测指标体系的建构——基于教育学理论的视角[J].教育发展研究 2011,09.
[41] 董晔璐.马克思主义公平理论视阈下基本公共服务均等化考略[J].理论导刊,2015,12.
[42] 杜占元.面向 2030 的教育改革与发展[J].教育研究,2016,11.
[43] 段成荣,杨柯.我国农村留守儿童状况研究[J].人口研究,2008,3.
[44] 段艳平.转移支付对区域间基本公共服务均等化效果的实证分析[J].前沿,2011,04.
[45] 樊丽明,郭健.城乡基本公共服务均等化的国际比较:进程与经验[J].中央财经大学学报,2012,07.
[46] 樊燕,邢天添.中国义务教育财政支出绩效评估[J].湖北大学学报(哲学社会科学版),2013,02.
[47] 范宁.制定《义务教育法》普及义务教育[J].北京师范大学学报(社会科学版),1985,05.
[48] 方铸,常斌.市场经济下基础教育公共服务均等化研究——一个文献综述[J].经济研究导刊,2013,20.
[49] 费蔚.从管理到治理:区域推进义务教育优质均衡发展的体制机制创新[J].教育发展研究,2014,Z2.
[50] 冯建军.义务教育优质均衡发展的理论研究[J].全球教育展望,2013,01.
[51] 高洪贵.公民参与地方政府公共服务绩效评估:价值、困境及路径[J].广西社会科学,2015,09.
[52] 高贤美,李曼.义务教育均衡发展主要问题归因及对策[J].现代教育科学,2014,08.
[53] 高鑫.促进民族地区基本公共服务均等化的对策研究[J].经济论坛,2014,06.
[54] 高益民.消解均衡?——日本义务教育改革动向分析[J].外国教育研究,2011,08.
[55] 顾铁军,夏媛.上海市基础教育资源配置现状及对策分析——基于基本公共服务均等化的视角[J].教育导刊,2015,02.
[56] 郭丹丹.良序的建立:从碎片化到整体治理[J].国家教育行政学院学报,2016,11.
[57] 郭凯.西方发达国家实现义务教育公共性的政策安排[J].现代教育管理,2009,11.
[58] 郭小聪,代凯.国内近五年基本公共服务均等化研究:综述与评估[J].中国人民大学学报,2013,01.
[59] 郭小聪,刘述良.中国基本公共服务均等化:困境与出路[J].中山大学学报(社会科学版),2010,05.
[60] 国家统计局江西调查总队课题组,邓祖龙.完善评价指标体系 促进基本公共服务均等化[J].中国井冈山干部学院学报,2015,02.
[61] 何克抗,赵兴龙.美国义务教育均衡发展的政策与措施[J].基础教育参考,2010,07.
[62] 何鹏程,宋懿琛.教育公共服务的理论探讨[J].教育发展研究,2008,09.
[63] 胡伶."十二五"时期义务教育平等政策回顾及其对"十三五"教育规划的建议[J].教育理论与实践,2016,10.
[64] 胡庆芳.美国实现全体儿童教育优异的纲领与实践[J].比较教育研究,2000,03.
[65] 胡耀宗.基本公共服务均等化视阈下的义务教育政策选择[J].清华大学教育研究,

2009,06.
[66] 胡志平.国家治理现代化的公共服务路径[J].探索,2015,06.
[67] 胡祖才.努力推进基本公共教育服务均等化[J].教育研究,2010,09.
[68] 黄茂钦.论基本公共服务均等化的软法之治——以“治理”维度为研究视角[J].现代法学,2015,06.
[69] 黄亚平,陈瞻,谢来荣.新型城镇化背景下异地城镇化的特征及趋势[J].城市发展研究,2011,08.
[70]《基本公共服务均等化与政府财政责任》协作课题组,刘尚希,等.基本公共服务均等化与政府财政责任[J].财会研究,2008,06.
[71] 江明融.实现公共服务均等化目标的政策思考[J].特区经济,2006,08.
[72] 江洋.欧盟2010—2020年教育发展战略及启示[J].世界教育信息,2013,07.
[73] 姜美玲.教育公共治理:内涵、特征与模式[J].全球教育展望,2009,05.
[74] 姜晓萍,郭金云.基于价值取向的公共服务绩效评价体系研究[J].行政论坛,2013,06.
[75] 蒋云根.我国现阶段教育公共服务存在的问题及对策研究[J].天津行政学院学报,2008,01.
[76] 孔伟艳.对我国当前完善基本公共教育服务的政策建议[J].中国经贸导刊,2014,06.
[77] 雷晓康,曲婧.基础教育公共服务均等化问题研究——以陕北几县为例[J].西北大学学报(哲学社会科学版),2011,01.
[78] 类淑霞,张士运.北京城乡基础教育公共服务均等化研究[J].教育教学论坛,2015,45.
[79] 李爱民.我国新型城镇化面临的突出问题与建议[J].城市发展研究,2013,07.
[80] 李爱萍,杨梅.20世纪德国基础教育改革政策的演进与启示[J].外国教育研究,2004,11.
[81] 李凡,岳彩新.我国省级基本公共服务均等化水平的测度[J].统计与决策,2014,11.
[82] 李风华.治理理论:渊源、精神及其适用性[J].湖南师范大学社会科学学报,2003,05.
[83] 李继星.关于义务教育均衡发展指标体系的出版思考[J].人民教育,2010,11.
[84] 李剑,王妤.分类逐步推进基本公共服务均等化[J].企业经济,2009,06.
[85] 李娇.我国农村义务教育财政体制面临的问题探析——基于公共服务均等化的视角[J].改革与开放,2013,01.
[86] 李杰刚,李志勇.新中国基本公共服务供给:演化阶段及未来走向[J].财政研究,2012,01.
[87] 李孔珍.对义务教育均衡发展评价的思考[J].教育发展研究,2010,09.
[88] 李连芬,刘德伟.西部地区教育公共服务均等化:指标体系及其测度[J].重庆社会科学,2010,03.
[89] 李连宁.努力做好义务教育公共服务的提供与管理[J].人民教育,2003,01.
[90] 李明华.义务教育均衡发展政策选择与制度设计——以浙江省为案例[J].中国教育学刊,2008,09.
[91] 李鹏,朱德全.义务教育学校标准化建设:进程、问题与反思——基于2010年—2014年全国义务教育办学条件数据的测度分析[J].清华大学教育研究,2016,01.
[92] 李萍.从农民工子女入学难看我国义务教育均衡发展存在的问题[J].当代教育论坛(综合研究),2011,12.
[93] 李姗泽,范亮.信息化助推义务教育均衡发展的机制探讨[J].电化教育研究,2012,10.

[94] 李涛，邓泽军. 国际统筹城乡教育综合改革：发展脉络、治理模式与决策参考[J]. 江淮论坛，2012，01.
[95] 李伟涛，郅庭瑾. 基础教育公共服务的家长满意度分析与建议——以上海市为例的实证研究[J]. 全球教育展望，2014，07.
[96] 李文军，唐兴霖. 地方政府公共服务均等化研究——来自中国省级面版数据的分析[J]. 中州学刊，2012，04.
[97] 李艳辉. 俄罗斯基础教育创新发展动向及启示[J]. 中国教育学刊，2013，02.
[98] 李振海，任宗哲. 西部地区基本公共服务均等化：现状、制度设计和路径选择[J]. 西北大学学报(哲学社会科学版)，2011，01.
[99] 厉以宁. 关于教育产品的性质和对教育的经营[J]. 教育发展研究，1999，10.
[100] 厉以宁. 论城乡二元体制改革[J]. 北京大学学报(哲学社会科学版)，2008，03.
[101] 梁朋，康珂. 基本公共教育均等化：基于财政预算投入的测量与评价[J]. 中共中央党校学报，2013，06.
[102] 梁文艳，杜育红. 省际间义务教育不均衡问题的实证研究——基于生均经费的分析指标[J]. 教育科学，2008，04.
[103] 刘成奎，王朝才. 城乡基本公共服务均等化指标体系研究[J]. 财政研究，2011，08.
[104] 刘德吉. 公共服务均等化的理念、制度因素及实现路径：文献综述[J]. 上海经济研究，2008，04.
[105] 刘芳，吴建涛. 我国义务教育公共服务体系发展研究：问题与对策[J]. 中国教育政策评论，2011，00.
[106] 刘海波. 促进和谐社会构建的公共教育服务改善机制研究[J]. 国家教育行政学院学报，2008，02.
[107] 刘荣. 论东西部差距不断扩大的根源及对策[J]. 河北师范大学学报(哲学社会科学版)，2010，01.
[108] 刘尚希. 基本公共服务均等化：现实要求和政策路径[J]. 浙江经济，2007，13.
[109] 刘玉博，向明勋，李永珍. 上海市闵行区推进流动人口基本公共服务均等化研究[J]. 上海经济研究，2011，11.
[110] 柳海民，王澍. 中国义务教育实施30年：成就、价值与展望[J]. 北京大学教育评论，2016，04.
[111] 柳欣源，姚玉香. 利益主体诉求视域下义务教育公共服务均等化的制度设计[J]. 东北师大学报(哲学社会科学版)，2017，01.
[112] 柳欣源，杨清溪. 中国基础教育发展的时代理念与实践遵循[J]. 教育科学，2016，05.
[113] 娄世桥. 基本公共服务均等化再思考：以山区基础教育为例[J]. 农村经济，2013，07.
[114] 卢海燕. 论政府绩效管理转型[J]. 中国行政管理，2014，12.
[115] 卢洪友，祁毓. 中国教育基本公共服务均等化进程研究报告[J]. 学习与实践，2013，02.
[116] 卢智增. 欠发达地区义务教育问责制度重构研究[J]. 教育理论与实践，2013，14.
[117] 陆岳新. 日本义务教育均衡发展的特点及启示——赴日本考察基础教育的情况报告[J]. 世界教育信息，2006，12.
[118] 罗哲，张宇豪. 基本公共教育服务均等化绩效评估理论框架研究——基于平衡计分卡[J]. 四川大学学报(哲学社会科学版)，2016，02.

[119] 吕苹. 基于统筹城乡发展的学前教育公共服务体制建构[J]. 教育研究,2014,07.
[120] 吕炜,赵佳佳. 我国财政分权对基本公共服务供给的体制性约束研究[J]. 财政研究,2009,10.
[121] 吕新发. 我国基本公共服务均等化的标准设计[J]. 改革与战略,2011,04.
[122] 马克·霍哲. 公共部门业绩评估与改善[J]. 张梦中,译. 中国行政管理,2000,03.
[123] 马国贤. 基本公共服务均等化的公共财政政策研究[J]. 财政研究,2007,10.
[124] 马雷军,高慧斌. 我国公共教育服务相关政策法规(截至 2010 年)[J]. 中国教育政策评论,2011,00.
[125] 毛倩如,金丽馥. 农民工随迁子女教育的问题与对策[J]. 江苏农业科学,2015,02.
[126] 毛寿龙,王猛. 地方义务教育公共服务标准化指标体系构建——基于多中心的视角[J]. 教育发展研究,2015,22.
[127] 孟华. 推进以公共服务为主要内容的政府绩效评估[J]. 中国行政管理,2009,02.
[128] 南锐,王新民,李会欣. 区域基本公共服务均等化水平的评价[J]. 财经科学,2010,12.
[129] 庞晶,毕鹏波,鲁瑞娟. 义务教育均衡发展评价指标体系的评述与构建[J]. 当代教育科学,2011,16.
[130] 蒲蕊. 基本公共教育服务体系研究现状与发展动态述评[J]. 武汉大学学报(哲学社会科学版),2012,02.
[131] 蒲蕊. 公共利益：公共教育体制改革的基本价值取向[J]. 教育研究与实验,2007,01.
[132] 蒲蕊,沈胜林. 治理视角下的公共教育服务问题研究[J]. 现代教育管理,2015,06.
[133] 全国妇联课题组. 全国农村留守儿童、城乡流动儿童状况研究报告[J]. 中国妇运,2013,06.
[134] 秦勇,薛蔚. 中国义务教育均等化的法律保障[J]. 中国石油大学学报(社会科学版),2015,02.
[135] 阮成武. 我国义务教育均衡发展政策的演进逻辑与未来走向[J]. 教育研究,2013,07.
[136] 上官子木. 隔代抚养与“留守”儿童[J]. 父母必读,1993,11.
[137] 石连海. 义务教育阶段残疾儿童受教育权保障的思考[J]. 中国特殊教育,2010,04.
[138] 石英华. 促进教育公共服务均等化的财政政策[J]. 中国财政,2007,07.
[139] 史根林,邱白丽. 支点和着力点的选择——对县域义务教育优质均衡发展评估指标设计的思考[J]. 教育理论与实践,2013,04.
[140] 宋文昌. 财政分权、财政支出结构与公共服务不均等的实证分析[J]. 财政研究,2009,03.
[141] 苏明. 中国城乡基本公共服务均等化研究[J]. 当代农村财经,2016,01.
[142] 苏娜,黄崴. 区域义务教育校际均衡发展现状与改进——基于广州市的调研分析[J]. 教育发展研究,2010,02.
[143] 孙进. 教育均衡发展政策的“结果困境”——德国义务教育均衡发展的现状、问题与启示[J]. 复旦教育论坛,2012,05.
[144] 汤学兵,张启春. 中国政府间转移支付制度的完善——基于区域基本公共服务均等化目标[J]. 江海学刊,2011,02.
[145] 唐钧. 基本公共服务均等化保障 6 种基本权利[J]. 时事报告,2006,06.
[146] 田发,周琛影. 区域基本公共服务均等化与财政体制测度：一个分析框架[J]. 改革,2013,01.

[147] 田志磊,袁连生,张雪.地区间城乡义务教育公平差异研究[J].教育与经济,2011,02.
[148] 汪明.义务教育均衡发展与若干保障机制——部分地区的政策及实践分析[J].教育发展研究,2005,19.
[149] 王贝妮.基本公共服务均等化评价模式初探——以城乡基层教育设施为例[J].建设科技,2014,15.
[150] 王春兰,李文靖.我国区域公共服务均等化分析——基于重庆与上海义务教育的比较[J].重庆三峡学院学报,2013,02.
[151] 王定华.中国义务教育改革发展的回顾与展望[J].中国教育科学,2013,04.
[152] 王剑.教育基本公共服务均等化的财政保障机制研究[J].西北工业大学学报(社会科学版),2012,03.
[153] 王敬尧,宋哲.地方政府财政投入与基本公共服务均等化[J].华中师范大学学报(人文社会科学版),2008,01.
[154] 王谦.城乡公共服务均等化的理论思考[J].中央财经大学学报,2008,08.
[155] 王善迈,董俊燕,赵佳音.义务教育县域内校际均衡发展评价指标体系[J].教育研究,2013,02.
[156] 王善迈.教育公平的分析框架和评价指标[J].北京师范大学学报(社会科学版),2008,03.
[157] 王诗宗.治理理论的内在矛盾及其出路[J].哲学研究,2008,02.
[158] 王诗宗.治理理论与公共行政学范式进步[J].中国社会科学,2010,04.
[159] 王闻.中国义务教育财政改革与地区差异分析:教育财政的公平与充足[J].公共行政评论,2009,02.
[160] 王晓辉,教育优先区:给匮者更多[J],全球教育展望,2005,01.
[161] 王新奎,巫志刚.县域义务教育教师资源均衡配置的法律制度设计[J].教育学术月刊,2013,06.
[162] 王彦力.从"OB"计划看印度中小学教育政策的实施[J].外国中小学教育,2004,09.
[163] 王艳艳.绩效管理的理论基础研究:回顾与展望[J].现代管理科学,2011,06.
[164] 王莹.公共服务均等化:基于制度设计要素的思考[J].财贸经济,2009,02.
[165] 王永莉,梁城城,王吉祥.财政透明度、财政分权与公共服务满意度——中国微观数据与宏观数据的交叉验证[J].现代财经(天津财经大学学报),2016,01.
[166] 王瑜.公平视域下美国义务教育改革的价值诉求分析[J].外国中小学教育,2013,08.
[167] 王瑜.述义务教育问责制的概念内涵[J].出版与版权,2015,11.
[168] 王自亮,陈卫锋.公共财政支出与推进教育公共服务均等化研究——基于浙江省的案例[J].浙江海洋学院学报(人文科学版),2013,04.
[169] 魏福成,胡洪曙.我国基本公共服务均等化:评价指标与实证研究[J].中南财经政法大学学报,2015,05.
[170] 邬志辉,李静美.农民工随迁子女在城市接受义务教育的困境与政策选择研究[J].教育研究,2016,11.
[171] 吴安新.推进教育公共服务均等化的 12 条建议[J].重庆社会科学,2012,04.
[172] 武秀霞.公平视野下义务教育均衡发展的理论与实践探寻[J].教育发展研究,2011,06.
[173] 武云.我国义务教育均衡发展综合评价指标体系研究[A].北京市统计学会.北京市第十

六次统计科学研讨会获奖论文集[C]. 北京市统计学会,2011.
[174] 肖昊,周丹. 美国公共基础教育财政的分配模式[J]. 教育与经济,2013,03.
[175] 谢炜,陈进红. 教育公共服务的国际经验及其借鉴[J]. 内蒙古师范大学学报(教育科学版),2008,03.
[176] 熊筱燕,徐耀缤. 中国义务教育发展均衡性测度[J]. 统计与决策,2015,22.
[177] 徐菁菁. 重点学校政策的嬗变及其启示[J]. 教育研究与实践,2014,04.
[178] 徐钦福,希象. 构建高水平教育公共服务体系——上海的战略思考与政策建议[J]. 教育发展研究,2008,09.
[179] 徐文娜,于月萍. 公共服务理念下基础教育发展的价值选择与路径探索[J]. 现代教育管理,2015,07.
[180] 许杰. 重心下移: 义务教育均衡发展政策走势[J]. 中国教育学刊,2012,03.
[181] 许杰. 试析均衡发展进程下公共教育权力变迁[J]. 中国教育学刊,2013,06.
[182] 许世红,王书汉. 规范教育评估　促进教育评估事业科学发展[J]. 高教探索,2013,03.
[183] 许淑萍. 论我国基本公共服务绩效评估的价值取向[J]. 理论探讨,2013,06.
[184] 许振光. 教育公平视角下城乡义务教育均等化发展路径分析[J]. 教育探索,2014,11.
[185] 薛二勇. 区域内义务教育均衡发展指标体系的构建——当前我国深入推进义务教育均衡发展的政策评估指标[J]. 北京师范大学学报(社会科学版),2013,04.
[186] 严平. 均衡发展视野下的日本义务教育学校标准化研究[J]. 比较教育研究,2013,04.
[187] 阎琨. 拔尖人才培养的国际论争及其启示[J]. 复旦教育论坛,2013,04.
[188] 杨光,李宏. 我国基本公共服务供给制度的变迁与发展[J]. 中国财政,2014,21.
[189] 杨军. 英国促进基础教育均衡发展政策综述[J]. 外国教育研究,2005,12.
[190] 杨旻旻,连进军. 印度初等教育普及计划(SSA)对弱势群体教育公平的促进及面临的难题[J]. 外国中小学教育,2013,06.
[191] 杨小微. 公平取向下义务教育发展的评价指标探究[J]. 华中师范大学学报(人文社会科学版),2013,04.
[192] 杨晓霞. 义务教育均衡发展: 利益冲突与整合[J]. 教育研究,2016,4.
[193] 叶玉华. 教育均衡化的国际比较与政策研究[J]. 教育研究,2003,11.
[194] 易承志. 治理理论的层次分析[J]. 行政论坛,2009,06.
[195] 尹华,严明明. 实现我国城乡公共教育服务均等化的路径选择[J]. 经济视角(上),2013,02.
[196] 尹玉玲. 美国促进基础教育均衡发展的举措及启示[J]. 上海教育科研,2005,12.
[197] 于发友,赵慧玲,等. 县域义务教育均衡发展的指标体系和标准建构[J]. 教育研究,2011,04.
[198] 于树一. 公共服务均等化的理论基础探析[J]. 财政研究,2007,07.
[199] 余栋,唐林. 评价义务教育均衡发展的两个维度[J]. 统计与决策,2011,13.
[200] 袁贵仁. 深化教育领域综合改革　加快推进教育治理体系和治理能力现代化[J]. 中国高等教育,2014,05.
[201] 袁祖社. "公共性"的价值信念及其文化理想[J]. 中国人民大学学报,2007,01.
[202] 岳军. 公共服务均等化、财政分权与地方政府行为[J]. 财政研究,2009,05.
[203] 臧乃康. 基本公共服务均等化的政府绩效评估障碍与消解[J]. 江苏社会科学,2009,03.

[204] 翟博.教育均衡发展：理论、指标及测算方法[J].教育研究，2006，03.
[205] 翟博.中国基础教育均衡发展实证分析[J].教育研究，2007，07.
[206] 翟博.教育均衡发展指数构建及其运用——中国基础教育均衡发展实证分析[J].国家教育行政学院学报，2007，11.
[207] 张东娇.义务教育均衡发展的社会资本障碍及其政府治理[J].北京师范大学学报（社会科学版），2008，02.
[208] 张国强.OECD教育发展指标体系分析及启示[J].外国教育研究，2006，11.
[209] 张鸿雁.中国新型城镇化理论与实践创新[J].社会学研究，2013，03.
[210] 张绘.我国义务教育校际资源分配不公平现象的现状、原因及对策[J].教育发展研究，2007，17.
[211] 张菊梅.县级政府绩效评估的发展及其典型模式[J].中南大学学报（社会科学版），2013，06.
[212] 张开云，张兴杰，李倩.地方政府公共服务供给能力：影响因素与实现路径[J].中国行政管理，2010，01.
[213] 张侃.制度视角下的我国义务教育均衡发展[J].教育科学，2011，03.
[214] 张耒.县域义务教育均衡发展政策指向及战略选择[J].中国教育学刊，2013，11.
[215] 张立荣，冷向明.基本公共服务均等化取向下的政府行为变革[J].政治学研究，2007，04.
[216] 张茂聪.我国教育公共服务体系的创新及构建[J].中国教育学刊，2009，05.
[217] 张茂聪.教育公共服务均等化的路径选择——基于山东潍坊市教育公共服务体系的研究[J].教育研究，2012，06.
[218] 张启春.区域基本公共服务均等化与政府间转移支付[J].华中师范大学学报（人文社会科学版），2009，01.
[219] 张强.基本公共服务均等化：制度保障与绩效评价[J].西北师大学报（社会科学版），2009，02.
[220] 张绍荣，朱德全.区域义务教育均衡发展的政策设计与路径选择[J].教育与经济，2015，01.
[221] 张万朋，孙雪.关于"均等化"与"均衡化"的思考[J].教育与经济，2010，04.
[222] 张旺，李慧.城乡义务教育一体化进程中的教育问责制建构[J].教育理论与实践，2016，13.
[223] 张侠，刘小川.义务教育均等化：基于省际数据的实证考察[J].现代管理科学，2015，04.
[224] 张新平.教育政策概念的规范化探讨[J].湖北大学学报（哲社版），1999，1.
[225] 张源源，刘善槐，邬志辉.义务教育质量评价的基本原理、路径与方法[J].东北师大学报（哲学社会科学版），2013，05.
[226] 张志刚，张晶晶.西部地区基本公共教育服务均等化的实现路径探讨[J].经营管理者，2013，06.
[227] 赵慧.推进基本公共教育服务均等化——2011年度上海市教育决策咨询委员会全体会议综述[J].教育发展研究，2011，Z1.
[228] 赵静云.近十年来义务教育均衡发展指标体系研究述评[J].滇西科技师范学院学报，2016，09.
[229] 赵俊男.推进基本公共服务均等化战略的路径选择[J].党政干部学刊，2015，01.

[230] 郅庭瑾,尚伟伟.新型城镇化背景下义务教育基本公共服务均等的现实困境与政策构想[J].华东师范大学学报(教育科学版),2015,02.
[231] 郅庭瑾,尚伟伟.个性化教育实践概况与未来发展思考[J].教育发展研究,2016,06.
[232] 郅庭瑾.人的城镇化:教育何为[J].人民教育,2015,09.
[233] 郅庭瑾.我国教育管理伦理研究现状与反思[J].教育发展研究,2007,24.
[234] 郅庭瑾.教育管理制度伦理问题研究[J].华东师范大学学报(教育科学版),2006,04.
[235] 郅庭瑾.教育制度分析的伦理视角[J].全球教育展望,2006,11.
[236] 郅庭瑾.论教育领导的伦理向度及其实现[J].教育研究,2012,11.
[237] 郅庭瑾.中国传统文化下的伦理型学校管理及其现实影响[J].教育发展研究,2009,20.
[238] 中国(海南)改革发展研究院课题组."十二五"教育公共服务体系建设:突出矛盾与主要任务[J].中国人民大学教育学刊,2011,01.
[239] 钟智,李伟涛.教育公共服务的比较研究[J].教育发展研究,2008,09.
[240] 周彬.上海基础教育均衡发展的实证分析[J].中国教育政策评论,2008,00.
[241] 周满生,王建.一项具有里程碑意义的决策——解读国务院《关于深化农村义务教育经费保障机制改革的通知》[J].国家教育行政学院学报,2006,05.

5. 学位论文类

[1] 曹心萌.山东省区域义务教育均等化研究[D].济南:山东大学,2012.
[2] 戴俊豪.浙江省义务教育均等化发展的政府对策研究[D].杭州:浙江大学,2010.
[3] 杜晓敏.全纳教育视野下的基本公共教育服务均等化研究[D].上海:华东师范大学,2016.
[4] 段丽华.教育公平——制度视阈研究[D].长春:东北师范大学,2015.
[5] 冯学军.中国义务教育财政投入不均衡问题研究[D].沈阳:辽宁大学,2013.
[6] 何鹏程.教育公共服务体系构建研究[D].上海:华东师范大学,2012.
[7] 黄俭.中国义务教育省级统筹问题研究[D].武汉:武汉大学,2015.
[8] 江明融.公共服务均等化问题研究[D].厦门:厦门大学,2007.
[9] 李慧娟.促进城乡义务教育均等化财政体制研究[D].长沙:湖南大学,2010.
[10] 李利文.地方政府公共服务绩效评估的指标体系[D].上海:华东政法大学,2014.
[11] 茅玉峰.制度环境对我国企业制度变迁的影响[D].广州:暨南大学,2006.
[12] 孙建军.我国基本公共服务均等化供给政策研究[D].杭州:浙江大学,2010.
[13] 王国涛.公共财政视角下的义务教育均等化研究[D].上海:上海交通大学,2011.
[14] 王谦.城乡公共服务均等化问题研究[D].济南:山东大学,2008.
[15] 王秀霞.中国基本公共服务均等化研究[D].济南:山东大学,2009.
[16] 温扬汉.江西省崇义县义务教育均等化问题研究[D].杭州:浙江大学,2009.
[17] 邢天添.中国农村义务教育财政支出绩效评估与优化[D].天津:南开大学,2009.
[18] 许慧才.以满意度为导向的政府绩效评估研究[D].成都:西南财经大学,2010.
[19] 杨晓霞.义务教育均衡发展改革中的利益整合研究[D].武汉:华中师范大学,2013.
[20] 张茂聪.论教育公共性及其保障[D].济南:山东师范大学,2010.
[21] 张晓杰.快速城市化过程中基本公共服务均等化问题研究[D].上海:复旦大学,2011.
[22] 钟耿.县际义务教育均衡发展评价研究[D].重庆:西南大学,2011.

6. 其他

[1] 顾明远. 教育公平绝不是平均主义[N]. 人民日报,2016-06-16(17).

[2]《国家中长期教育改革和发展规划纲要》中期评估——特殊教育专题评估报告[EB/OL]. http://www.moe.edu.cn/jyb_xwfb/xw_fbh/moe_2069/xwfbh_2015n/xwfb_151130/151130_sfcl/201511/t20151130_221728.html.

[3] 国务院办公厅. 国务院关于印发国家基本公共服务体系"十二五"规划的通知[EB/OL].(2012-07-20). http://www.gov.cn/zwgk/2012-07/20/content_2187242.htm.

[4] 济南时报. 济南小升初考试有多热? 有的学校 3000 人争 100 个名额[EB/OL]. [2017-02-01]. http://xiaoxue.eol.cn/zx/shandong/xsc/201608/t20160812_1439149.shtml.

[5] 教育部网站. 教育部关于印发《县域义务教育均衡发展督导评估暂行办法》的通知[EB/OL]. [2017-02-01]. http://www.moe.edu.cn/publicfiles/business/htmlfiles/moe/moe_1789/201205/xxgk_136600.html.

[6] 教育部网站. 国务院关于进一步完善城乡义务教育经费保障机制的通知[EB/OL]. [2017-02-01]. http://www.moe.edu.cn/jyb_xxgk/moe_1777/moe_1778/201511/t20151130_221655.html.

[7] 晋浩天. 2016 年残疾儿童义务教育入学率将达 90%以上[N]. 光明日报,2014-1-21.

[8] 特岗计划实施十年:今年将新招 7 万特岗教师,中国新闻网[DB/OL],http://edu.qq.com/a/20150911/039871.htm? tu_biz=v1.

[9] 世纪的承诺—来自中国实现澳"基本普及九年义务教育和基本扫除青壮年文盲"的报告[N]. 中国教育报,2001-04-09.

[10] 新华网. 国家西部地区"两基"攻坚计划完成情况[EB/OL].(2007-11-28). http://news.xinhuanet.com/edu/2007-11/28/content_7161608.htm.

[11] 袁贵仁. 深化教育领域综合改革[N]. 中国教育报,2013-11-20.

[12] 中国教育网. 教育部关于进一步推进义务教育均衡发展的若干意见[EB/OL].(2005-05-25). http://www.moe.edu.cn/publicfiles/business/htmlfiles/moe/s3321/201001/xxgk_81809.html.

7. 英文文献类

[1] Ahearn, M. C., Kilkenny, M., & Low, S. A. Trends and volatility in school finance [J]. American Journal of Agricultural Economics, 1990,91(1).

[2] Bird, R. M., & Smart, M. Intergovernmental fiscal transfers: international lessons for developing countries [J]. World Development, 2002,30(6).

[3] Briffaul, R. Adding Adequacy to Equity: The Evolving Legal Theory of School Finance Reform [J]. Columbia Public Law Research Paper No. 06-111,2006.

[4] Boyne, G. A., Meier, K. J., O'Toole, L. J. Jr., & Walker, R. M. Public services Performance, Perspectives on Measurement and Mangement [M]. Cambridge University Press, 2006.

[5] Card, D., & Payne, A. A. School finance reform, the distribution of school spending, and the distribution of SAT scores [J]. National Bureau of Economic Research Working Paper NO. 6766,1997.

[6] Clarke, E. Multipart Pricing of Public Goods [J]. Public Choice, 1971,11(1).

[7] Colemna, J. S. The Concept of Equality of Education Opportunity [J]. Haivard Education Review, 1968,38(1).
[8] Cordero-Ferrera, J, M., Pedraja-Chaparro, F., & Salinas-Jime'nez, J. Measuring efficiency in education: an analysis of different approaches for incorporating non-discretionary inputs [J]. Applied Economics, 2008,40.
[9] Davoodi, H. R., Tiongson, E. R., & Asawanuchit, S. How useful are benefit incidence analyses of public education and health spending? [J]. IMF Working Paper, 2004,03(227).
[10] Denhardt, R. B., & Denhardt, J. V. The new public service: serving rather than steering [J]. Public Administration Review, 2000,60(6).
[11] Dent, H. C.. (1979). Education in England and Wales [M]. London: Hodder and Stoughton, 1979.
[12] Entwistle, T., & Martin, S. From competition to collaboration in public service delivery: a new agenda for research [J]. Public Administration, 2005,83(1).
[13] Guzmán, F., Mont? a, J., & Sierra, V. Brand building by associating to public services: A reference group influence model [J]. Brand Management, 2006,13.
[14] Garms, W, I., & Smith, M, C. Educational need and its application to state school finance [J]. The Journal of Human Resources, 1970,3.
[15] Hamilton, W. Institutions[M]//Edwin R. A. Seligman, Alvin Johnson. Encyclopaedia of the Social Sciences. New York: Macmillan, 1932: 84.
[16] Hannum, E., & An, Xuehui., & Chernga, H-Yu. S. Examinations and educational opportunity in China: mobility and bottlenecks for the rural poor [J]. Oxford Review of Education, 2011,37(2).
[17] Ko, J. W. The impact of new funding formula on school finance equity in missouri [J]. Education, 2006,126(3).
[18] Kiesling, H. J. Pedagogical Uses of the Public Goods Concept in Economics [J]. Journal of Economic Education, 1990,21(2).
[19] Ladd, H, F., & Chalk, R., & Hansen, J, S. Equity and adequacy in education finance: Issues and perspectives [J]. Court Litigation, 1999,103(1).
[20] Marks, D. Academic Standards as Public Goods and Varieties of Free-Rider Behaviour [J]. Education Economics, 2002,10(2).
[21] Mitchell, W. C. The Prospects of Economics[M]// Backward Art of Spending Money and Other Essays. New York: Augustus M. Kelley, 1950: 373.
[22] Osborne, S. P., Jenei, G., Fabian, G., & Kuti, E. Government/non-profit partnerships, public services delivery, and civil society in the transitional nations of eastern europe: Lessons from the hungarian experience [J]. International Journal of Public Administration, 2005,28(9-10).
[23] Pettigrew, A. M. The Character and Significance of Management Research on the Public Services [J]. Academy of Management Journal, 2005.
[24] Rosenbloom, D. H.. The Context of Management Reforms [J]. The Public Manager,

1995,24(1).

[25] Roy, J. Impact of school finance reform on resource equalization and academic performance: Evidence from Michigan [J]. Education Finance & Policy, 2004,6(2).

[26] Ruggiero, J. Measuring the cost of meeting minimum educational standards: An application of data envelopment analysis [J]. Education Economics, 2007,15(1).

[27] Samuelson, P. A. The Pure Theory of Expenditure[J]. Review of Economics, 1954,36.

[28] Savas, E. S. On equity in providing public services [J]. Management Science, 1978,24 (8).

[29] Schütz, G. , Ursprung, H. , & Woessmann, L. Education policy and equality of opportunity [J]. KYKLOS, 2008,61(2).

[30] Simon, B. Education and the Social Order 1940 - 1990 [M]. New York: St. Martin's Press, 1991.

[31] Thomas, V. , Wang, Y. ,& Fan, X. Measuring education inequality: Gini coefficients of education. policy research working paper [J]. Social Science Electronic Publishing, 2001, 1(100).

[32] Thous, O. Leadership for Equity and Excel lence [M]. Califomia: Corwin press,2003.

[33] Turner, J. H. The Institutional Order: Economy, Kinship, Religion, Polity, Law, and Education in Evolutionary and Comparative Perspective[M]. Menlo Park, CA: Addison Wesley Longman, 1997.

[34] UNESCO. Framework for Action Education 2030: Towards inclusive and eduitable qulity education and lifelong learning for all. http://www.right-to-education.org/sites/right-to-education.org/files/resource-attachments/Education_2030_Incheon_Declaration_and_Framework_For_Action_2015_En.pdf.

[35] Van de Walle, S. The Impact of Public Service Values on Services of General Interests Reform Debates [J]. Public Management Review, 2006,8(2).

[36] Ver Eecke, W. Public goods: An ideal concept [J]. Journal of Socio-Economics,1999,28 (2).

[37] Vislie, L. , & Langfeldt, G. Finance, policy making and the organisation of special education [J]. Cambridge Journal of Education, 1996: 26(1).

[38] Walters, P. B. , & Robinson, J. , & Lamber, A. In search of equality in school finance reform [J]. Dissent, 2011,58(4).

[39] Wilson, K. , & Lambright, K. , &Smeeding, T. M. School finance, equivalent educational expenditure and income distribution: Equal dollars or equal chances for success? [J]. Center for Policy Research Working Papers, 2004,62.

后记

时光荏苒，终于到了收尾的这一刻，心中涌现百般滋味，万千思绪。本书的撰写是基于我的博士论文《义务教育公共服务均等化的制度构建》，并经过多次调整、修改和校对而成的。作为一名微生物学硕士，自2012年收到博士入学通知书的那一刻起，我便正式从理科的大门迈进了文科的殿堂。曾经每日与肠道微生物DNA、PCR、测序等生物知识为伍，穿梭于各种烧杯、试剂之间，到现在沉浸在教育管理的书海中，其转变过程中的各种艰辛尤萦绕于胸。犹记得每一节博士课程给我带来的新奇感与冲击，知识的浩瀚与博大曾令我感到些许无所适从；通过一段时间的学习与阅读，我终于可以理解并跟上老师的讲课思路，开始深刻地思考当今的教育问题；到如今，沙龙上我也可以思辨地阐述自己的观点，以及在无数个深夜挑灯撰写我的博士论文并整理成书，这一步步的知识沉淀和历练成长都将成为我人生不可磨灭的宝贵财富。

感谢我的导师郅庭瑾老师，在这些年的学习中给予了我多方面、多角度的指导，她的学术造诣、言行举止和处世作风都成为我学习的榜样。老师不仅是我的恩师，更是生活上的朋友。每每想到此处，我心中都会涌现出别样的感激。感谢我的父母，在本书的撰写中给予了我莫大的鼓励和支持，坚定了我继续前行的信心。没有你们的慈爱与呵护，就没有这本饱含辛勤与汗水的著作。感谢所有在我写作过程中给予我指点和帮助的老师、朋友和同门，你们给予我的力量支撑着我不断探索。

回想这五年的种种，艰辛与磨难相伴，彷徨与痛苦相随，但这一切没有打倒我，反而锻炼了我无畏艰难险阻的意志，坚定了我笑对人生的决心。抚摸着我人生中的第一本著作，豁然发现，心中曾经的波涛汹涌已幻化为水一般的平静，幸福与满足竟如此触手可及。这，也许就是知识的力量。历练不会停止，但我已无所畏惧！

柳欣源

2018年6月15日